U0356694

Machiavelli Selected Political Writings

政治与法律哲学经典译丛
Classic Works of Political and Legal Philosophy

马基雅维里政治著作选

[意] 尼可洛·马基雅维里（Niccolò Machiavelli）著
[英] 戴维·沃特顿（David Wootton）编
郭俊义 译

著作权合同登记号　图字:01－2007－4294号

图书在版编目(CIP)数据

马基雅维里政治著作选/(意)马基雅维里(Machiavelli,N.)著;(英)沃特顿(Wootton,D.)编;郭俊义译.—北京:北京大学出版社,2013.3

(政治与法律哲学经典译丛)

ISBN 978－7－301－22247－8

Ⅰ.①马…　Ⅱ.①马…②沃…③郭…　Ⅲ.①马基雅维里,N.(1469—1527)－政治思想－著作　Ⅳ.①D095.463

中国版本图书馆CIP数据核字(2013)第038218号

书　　名:马基雅维里政治著作选

著作责任者:[意]尼可洛·马基雅维里　著　[英]戴维·沃特顿　编
郭俊义　译

责 任 编 辑:李燕芬　周　菲

标 准 书 号:ISBN 978－7－301－22247－8/D·3286

出 版 发 行:北京大学出版社

地　　址:北京市海淀区成府路205号　100871

网　　址:http://www.pup.cn

新 浪 微 博:@北京大学出版社

电 子 信 箱:law@pup.pku.edu.cn

电　　话:邮购部62752015　发行部62750672　编辑部62752027
出版部62754962

印　刷　者:北京大学印刷厂

经　销　者:新华书店

965毫米×1300毫米　16开本　18.5印张　226千字

2013年3月第1版　2013年3月第1次印刷

定　　价:38.00元

详　目

导论　1

延展阅读　41

致弗朗西斯科·韦托里的信　44

君主论

尼科洛·马基雅维里致尊敬的洛伦佐·梅蒂奇殿下

第一章　君主国的类型及获得方式　52

第二章　世袭君主国　52

第三章　混合君主国　53

第四章　亚历山大征服的大流士王国为什么在其死后没有反叛他的继承人呢　61

第五章　应该如何管理生活在各自法律下的城邦和王国　64

第六章　依靠自己的军队和能力获得的新君主国　65

第七章　依靠他人的武力,或者依靠好运而取得的君主国　68

第八章　通过邪恶行为获得权力的人　75

第九章　公民君主国　79

第十章　如何衡量君主国的国力　82

第十一章　教会君主国　84
第十二章　军队的种类和雇佣军　86
第十三章　关于外国援军、本国军队及混合型军队　91
第十四章　君主的军务责任　94
第十五章　人们——尤其是君主——何以受人赞扬或指责　96
第十六章　慷慨和吝啬　98
第十七章　残酷与仁慈,受人爱戴是否好于被人畏惧,还是相反　100
第十八章　君主应当如何信守诺言　103
第十九章　如何避免被憎恨与被蔑视　105
第二十章　堡垒(以及君主们日常做的许多其他事情)是否有用　113
第二十一章　为获得名声,君主应做什么　117
第二十二章　君主选用的大臣　121
第二十三章　如何避免谄媚者　122
第二十四章　意大利的君主们为何丧国　123
第二十五章　人类事物中命运的分量及怎样抗争　125
第二十六章　奉劝将意大利从蛮族人手中解放出来　127

摘自《李维史》

尼科洛·马基雅维里致扎诺比·布昂德尔蒙蒂
和科西莫·鲁塞莱的问候

第一卷　136
前言　136
第一章　城邦的一般起源以及罗马的起源　138
第二章　共和国的不同类型以及罗马共和国的归类　141

第三章　罗马创设护民官的情势,以及制度的完美发展　146
第四章　平民和元老院的紧张关系使共和国自由而强大　147
第五章　自由的最可靠保护者应托付给平民抑或权贵;以及夺权者抑或维权者哪个最可能骚乱　149
第六章　罗马能否建立一个阻止平民和元老院冲突的制度　151
第七章　共和国若要维持自由,控诉权的必要性　155
第八章　诽谤对共和国多么有害,控诉权对它多么有益　158
第九章　为新共和国创建新制度,或彻底改造旧法律以变革旧共和国,有必要大权独揽　161
第十章　共和国和王国的创建者值得赞美,犹如专制创立者应受鄙视　163
第十一章　罗马人的宗教　167
第十二章　重视宗教的重要性,以及意大利因罗马教会剥夺信仰而导致毁灭　170
第十三章　罗马人如何应用宗教重建城邦,建功立业,制止内乱　172
第十六章　习惯于君主统治的民族,如果偶然获得了自由,也很难保有它　174
第十七章　腐败的人民获得自由后,也极难保有他们的自由　177
第十八章　在一个腐败但自由的城市中维护政治自由的方式;以及在一个腐败且不自由的城市如何确立它　179
第二十一章　那些没有自己军队的君主和共和国应受多大的指责　183
第二十六章　新君主务必使其控制的城邦和区域面目一新　184
第二十七章　人们难以知晓如何运用大善或大恶　185
第二十九章　人民抑或君主,哪一个更加忘恩负义　186
第三十二章　共和国和君主不应在危急之时才善待臣民　189

第三十四章　独裁官的权力对罗马共和国有益无害；以及违背公民意愿从他们手中攫取权力，而非他们自由投票让出的权力，对政治自由极为有害　190
第四十二章　人们是多么易于腐败　193
第四十三章　那些为自己荣誉而战的人是优秀而忠诚的士兵　193
第四十六章　人们的野心不断膨胀；起初仅为自保，后来则要侵害别人　194
第四十九章　那些创建之初是自由的城邦，像罗马那样，难以找到维护自由的法律；处于奴役之下的城邦要制定维护权利的法律，几乎是不可能的　195
第五十章　单个委员会或官员不应使城邦的管理停滞不前　198
第五十三章　平民时常被利益的假象所骗而自取灭亡；以及强烈的希望和由衷的许诺易于造成这种结局　199
第五十四章　德高望重之人抑制群情激奋的民众的能力　202
第五十五章　民众尚未腐败的城邦易于管理；社会平等的地方，难以建立君主国；以及不平等的地方，难以建立共和国　203
第五十八章　民众比君主更明智、更忠诚　207
第二卷　212
前言　212
第一章　罗马建立帝国，主要是因德行还是好运　215
第二章　罗马与之交战的民族，以及他们保卫自由的坚定意志　219
第三章　罗马城的伟大是依靠毁灭周边的城市，允许外邦人轻易地享用它的恩典　225
第十五章　弱国总是难下决断，以及决断迟缓总有危险　226

第十六章　我们时代的士兵不符合古代的水准　229

第十九章　获得新地盘的共和国,除非拥有良好的法律及罗马人的德行,否则只会给自己带来更多的伤害而不是伟大　232

第二十章　君主或共和国利用援军或雇佣军所遭受的危险　236

第二十七章　明君和共和国应满足于胜利;因为那些贪得无厌的人通常会失败　238

第二十九章　命运不想让人们阻挠她的计划时,就会遮蔽他们的心智　241

第三卷　244

第一章　政治党派、宗教团体以及共和国若想长久生存,就必须经常恢复其创立时的基本原则　244

第三章　如果要保护新获得的自由,就有必要杀死布鲁图斯的儿子　249

第七章　奴役取代自由或自由取代奴役的变革,缘何有些没有流血,有些却血雨腥风　250

第八章　若想推翻一个共和国,就应顾及它的居民　251

第九章　若想总有好运,就应因时制宜　254

第二十二章　曼利乌斯·托克图斯的严厉和瓦勒利乌斯·科维努斯的温和,为他们赢得了同样的荣誉　256

第二十九章　君主应对其臣民的过失负责　260

第三十章　想用自己的权威为共和国造福的公民,首先要消除嫉妒心;以及当敌人来犯时,应组织好城市防务　262

第三十一章　强大的共和国和杰出的人,都应持有同样的观点,即无论发生什么,绝不应丧失其尊严　265

第三十四章　人民支持某个公民时,传闻、言辞和民意所发挥的作用;以及人民在任命政府官员时,

是否比君主更英明 268
第四十一章 保卫祖国应不计荣辱,不择手段 272
第四十三章 特定地域的人群,其相同的天性历经数百年而几乎不变 273

索引 275

导　论

吊坠刑(strappado)作为一种酷刑,简单而有效。囚徒们被反背着双手捆着,拴手腕的绳子绕过滑轮或横梁把囚徒拉上高空。这种痛苦与折磨不言而喻,特别是当犯人悬在空中连续几个小时甚至几天。更恐怖的是,犯人会不时地被突然从空中坠下几尺后绳子又突然拉紧,这种情况下,犯人的肩膀很可能被绳子拉伤甚至脱肘,那种钻心的疼痛很难想象。

16 世纪的大部分国家,在对犯罪行为进行调查时,酷刑的使用是合法的。马基雅维里就知道里面的情况,因为在 1513 年 2 月 12 日他被请进了当局。事情的起因是他的两个亲戚因为阴谋推翻由梅蒂奇家族控制的佛罗伦萨新政府而被捕,在他们身上搜到了一份名单,马基雅维里就是其中之一。他可能在被捕不久就遭到了残酷的逼供——他听到其余罪犯凄惨的叫声和他们在等待降落时大声地喊叫"太高了! 太高了!"因为刑讯者并不想施加持续的伤害,并且计算骤然降落的次数也是不容易的。假设他在逼供下坦白了——或者承认了自己没有犯过的罪行——他将像他的两个亲戚一样被处死(他们中的一个,像马基雅维里一样,喜欢古代罗马:

他企求牧师把脑子里的布鲁图斯驱除出去,以便他像一个基督徒一样死去)。马基雅维里虽经六次骤停和长达六天的悬挂,但他不为所屈,力辩无辜。刑讯者对他的折磨也比平常长了点(通常一般是四次骤停),可能是因为他们被告知他是有罪的,或者是他的小而明亮的眼神激起了他们更惨烈的折磨。在给他的朋友佛罗伦萨驻罗马的大使弗朗西斯科·韦托里的信的末尾,他自豪于自己的抵抗力。[①]

他有罪吗?我们不知道。逼供者也不能断定他是无辜的。16世纪意大利的法官了解的是有罪和无罪的程度。例如,一个人可能因嫌疑而被判为有罪。[②] 马基雅维里就是这样被关进了监狱。他写了一首诗给曾经的朋友朱利亚诺·德·梅蒂奇,以尽可能保持尊严的语气要求他施以援助。他以前的朋友们也在积极行动,希望能够把他解救出来。幸运的是,朱利亚诺的哥哥乔万尼·德·梅蒂奇,被选为教皇,取名为利奥五世。在3月12日,马基雅维里和其他所有囚犯都被释放了。监狱的大门打开了,以便于让这些最不幸的人们能够参与到公共庆祝的队伍中来。但他仍被限定在佛罗伦萨地区,因为他仍旧被怀疑。

了解佛罗伦萨的领域范围——以佛罗伦萨为核心的周围25英里(40千米)——后,你就会对马基雅维里的受限区域有一个粗略印象。从这个城市乘车不用一天,你就会到达城市边缘。16世纪的意大利分成几个独立的国家(states),它们之间是复杂而多变的敌人与盟友的关系。佛罗伦萨以南40英里的地方是自治城市

① Roberto Ridolfi, *The Life of Niccolò Machiavelli*, trans. C. Grayson (Chicago: University of Chicago Press, 1963),133-88; Sebastian de Grazia, *Machiavelli in Hell* (Princeton, N. J.: Princeton University Press, 1989), 32-40; C. H. Clough, *Machiavelli Researches* (Naples: Publicazioni della Sezione romanza dell'Istituto universitario orientale, 1967), 33.

② John H. Langbein, *Torture and the Law of Proof* (Chicago: University of Chicago Press, 1977).

锡耶纳(Siena),向北50英里是教皇城市博洛尼亚(Bologna),西边的比萨更近些,它控制着佛罗伦萨沿阿尔诺河到大海的商路,它曾经是自治的,但现在处于佛罗伦萨人的控制之下(从1509年开始,主要应归功于马基雅维里)。因而,三个或四个可能的敌对国家能在几天内将军队部署在佛罗伦萨城外。在这种情况下,外交人员必须高度警惕。所以,政府及军队的顾问们永远不知明天会面临怎样的危机。

从监狱里出来后,马基雅维里返回了他的农庄。他依然能够看到7英里外的佛罗伦萨教堂的穹顶(布鲁内莱斯基于1420年设计的),但城市本身的规模不大(约有7万名居民),且囿于中世纪的城墙之内。农村与城市界线分明,马基雅维里沉湎于这穷乡僻壤的生活中。在那儿,他晚上读他最喜欢的作家的作品,尤其是李维的,并且他把自己想象成一个穿着托加袍的罗马人。这并非难以想象,因为16世纪的农村生活与2000年前的生活相比并非截然不同。锤子、锯子、钉子、犁以及镰刀都与罗马时的原型基本相符。

当然亦有一些重大的改变,基督教已经成为意大利的官方宗教达1200年了,尽管马基雅维里对之缺乏信任——他的朋友们会因他无信仰而取笑他,他也会拿他不去教堂开玩笑。[3] 印刷体书籍的发明大概于1440年左右,但在马基雅维里年轻时,印刷革命的影响才刚刚开始。[4] 他拥有书的数量可能很少,因为它们还很昂贵。因此,他要很费力地把自己所用的长卷书籍抄录出来,例如,卢克莱修(Lucretius)的著名的无神论著作《物性论》(De rerum na-

③ E. g., Vettori to Machiavelli, 23 November 1513; Machiavelli to Vettori, 19 December 1513; Francesco Guicciardini to Machiavelli, 17 May 1521: Niccolò Machiavelli, *Lettere*, ed. F. Gaeta (Milan: Feltrinelli, 1961) [*Opere*, vol. 6], 298, 308-309, 401-402.

④ Elizabeth L. Eisenstein, *The Printing Revolution in Early Modern Europe* (Cambridge: Cambridge University Press, 1983).

tura)整卷本。[⑤] 此时,战争中已开始使用枪炮,虽然马基雅维里认为火药的军事重要性被高估了。据说,1512 年的拉韦纳(Ravenna)战役是首次其结果由火炮决定的战役。[⑥] 在 1492 年,哥伦布已发现了新大陆,马基雅维里也把他在政治学上的发现比作是一块新大陆。

马基雅维里认为,他本人所在的城市国家与古希腊和古罗马的城市国家之间的种种差异中,最为重要的是宗教的差异,但比差异更重要的是两者的相似性。他对古代的这种强烈意识并不令人惊奇,因为过去的一百五十年里在艺术、法律、哲学和医学领域中所取得的最为引人注目的进步都立基于这样的原则:效法古人,重新发现被遗失的技能和被遗忘的思维方式。马基雅维里在写作时,这种行为仍在继续。例如,塔西陀(Tacitus)的《编年史》首次出版就是在 1515 年。马基雅维里在《论李维的前十年》中所参考的波利比奥斯(Polybius)的理论,通常只对很少几个懂希腊文的学者有用。马基雅维里不懂,因此他必须弄到手抄本的翻译和听希腊学者讲解关于波利比奥斯的观点。[⑦] 因为马基雅维里的进步与古典学识息息相关,也因为重新发现的东西总是被人信任的,所以,马基雅维里把他在研究政治学中所遵循的路径,像他称呼它们的那样是效仿"我的罗马"就很自然了。

1513 年,马基雅维里 44 岁。在 1469 年到 1498 年之间,我们几乎没有他的任何资料,只知道他的父亲是一个贫穷的律师("我

---

⑤ S. Bertelli, "Noterelle Machiavelliane," *Rivista storica italiana* 73(1961), 544-553. 马基雅维里生前曾出版过一部娱乐性的剧本《曼陀罗》和一首诗《十年》(the Decennale primo)。但他仅在一本书中展示了他的专业技能:《战争的艺术》(1521)。他的《君主论》以手抄本的形式流传着,在他死后才出版。

⑥ Carlo M. Cipolla, *European Culture and Overseas Expansion* (Harmondsworth: Penguin books, 1970), 38.

⑦ Arnaldo Momigliano, "Polybius' Reappearance in Western Europe," (1973) in his *Sesto contributo alla storia degli studi classici e del mondo antico*(2 vols., Rome: Edizioni di storia e letteratura, 1980), 103-123, at 114-115.

在赤贫中诞生"),但他尽力让自己的儿子接受了体面的教育。马基雅维里的父亲可能是私生子(illegitimate),这可能是马基雅维里从没有资格凭自身的本事参与佛罗伦萨政治的原因。[⑧] 他始终是一个雇员,从没有成为一个政治家。1498 年,由主张改良的修道士萨伏那洛拉(Savonarola)所鼓动的一个激进的、差不多是民主的政权被推翻,萨伏那洛拉本人被处死后,政府官员遭到了清洗,马基雅维里的名字却以佛罗伦萨共和国的第二国务厅的长官(chancellor)突然出现在册。可见,他的起点便是高级官僚。同一年,他被选为战时十人委员会核心委员的秘书,这意味着他有更多的机会处理军队物资的采购和后勤的工作。

作为文官,他最重要的成就是 1505 年至 1506 年间国民军的建制,这一支由佛罗伦萨人应征入伍组建的军队代替了或至少补充了佛罗伦萨(像意大利的其他国家一样)传统上对雇佣兵的依赖。同时,马基雅维里经常参与外交行动。为此,他走访了整个意大利,四次去法国,一次去座落在奥地利的神圣罗马帝国的宫廷。

14

由于其工作经历,马基雅维里是以职业的视角来看待政治的。他的工作是预测战争、保护联盟、准备防御、征集税款。战争从没消停过。[⑨] 1494 年,米兰的统治者鲁多维戈·斯福尔札(Ludovico Sforza)邀请法国为盟友入侵意大利。法国军队以破竹之势向前推进(马基雅维里引用了一句著名的格言:他们用一支粉笔就征服了意大利。粉笔是军需官发给士兵标志子弹的),他们也发现征服意大利的时机已经成熟,也会有丰富的战利品。意大利城市国家很

---

⑧ Nicolai Rubinstein, "Machiavelli and the World of Florentine Politics," in *Studies on Machiavelli*, ed. M. P. Gilmore(Florence: Sansoni, 1972), 5-28, at 7. 然而,Ridolfi 没有发现有说服力的证据:*Life of Niccolò Machiavelli*, 257, n. 4.

⑨ 1526 年 1 月 3 日,马基雅维里给珪恰蒂尼写信说:"在我的记忆中,毫无例外的是,战争要么开打要么被谈论……" *Opere*, 6:451; 关于译著,参见马基雅维里,*The Chief Works and Others*, ed. and trans. Allan Gilbert(3 vols., Durham, N. C.: Duke University Press, 1965), 2:991.

小，其资源无法与地域广大的法国、西班牙以及帝国相匹敌，而且意大利的雇佣兵已被瑞士的雇佣军轻易地击败。正因此，马基雅维里的余生，基本上都是在一个接一个的外国入侵中度过的，意大利国家也在为寻找强大的外国盟友而竞争，其花招就是做侵略者的同盟，而不是他的受害人。

如果意大利的各个城市国家的军事防御是脆弱的，那么正如马基雅维里所自夸的那样，意大利政府比北部邻邦有更多的政治技巧。因为一百多年来，五个意大利的国家（佛罗伦萨、米兰、那不勒斯、罗马、威尼斯）都在为争夺主导权而打得不可开交。他们已习惯于分分合合的盟友关系，而且为了及时了解对方最新动态而在对方中心城市设立常驻大使（如马基雅维里的朋友韦托里）。从这些人的信件中，我们可以探寻马基雅维里所训练的职业化政治技能的进展，最终它们形成了一套独特的道德价值。大约1490年，威尼斯驻罗马大使阿莫烙·巴巴罗（Ermolao Barbaro）写了一本以自己的职业外交为例的小册子。“大使的首要职责，”他说，“与政府的其他任何官员完全一样，即，什么对保全和壮大自己的国家最有利，就去做、说、建议和思考什么。”[10]马基雅维里穷尽十四年的时间忠诚地服务于佛罗伦萨政府，其所考虑的仅仅是权力，从没有或几乎没有想到道义（principle）。

在1494年至1512年间，佛罗伦萨政府由一个3000公民组成的大议会（Great Council）所控制（大约占成人男性公民的20%），

15

他们任期终身，并预计传给子孙。这些有钱有势的人们对政权的社会根基心生怨恨，因此解散了平民派（popolani）中的多数议会成员。尽管有此敌意，但在1499年后，当管理日常业务的城市核心委员会的职位是经由多数人选举的程序才能获得重要角色时，中

---

⑩ 转引自 Garrett Mattingly, *Renaissance Diplomacy*[1955]（Harmondsworth: Penguin Books, 1965），111。

间阶层和贫苦公民逐渐获得了对政府的控制权。这些委员会成员经常更换,因而逐渐增添了一些没有经验的成员。在 1502 年,他们决定选举皮耶罗·索德里尼做终身旗手(gonfaloniere)以保证政府的延续性。一开始,旗手的权力及角色就不明朗,但平民派(popolani)从他的任命中获得的比权势阶层要多。

在政治上,索德里尼相信与法国联盟的政策,但在 1512 年法国却没能保护佛罗伦萨免于教皇(即,亚历山大六世教皇)和西班牙人(他们占有了那不勒斯王国)的攻击。普拉托战役的失败,导致原先统治佛罗伦萨的索德里尼被驱逐,梅蒂奇家族重返共和国(city)。当然从 1434 年到 1494 年,梅蒂奇家族就并不仅仅是名义上的普通公民,他们实际上掌控着政权。1512 年 9 月初,在梅蒂奇的支持者中产生了关于政制改革的广泛争论。9 月 17 日,梅蒂奇家族的支持者巴利亚(Balia)通过政变攫取了应付紧急事变的权力,从而剥夺了大委员会的权力。正是由于反对新政权,已经在 11 月被释放的马基雅维里,又被怀疑犯有通敌罪(conspiring)。在 1513 年 8 月,教皇的侄子洛伦佐·德·梅蒂奇进驻并控制了佛罗伦萨,留下他的叔叔朱利亚诺在罗马。11 月 22 日,巴利亚(Balia)同意今后事情的决定权应由一个七十人委员会来决定,然而他仍旧把应付紧急事变的权力控制在自己手里。这样,佛罗伦萨政府名义上是由一个组织严密的寡头集团统治着,事实上仍处于洛伦佐·德·梅蒂奇家族的掌控之下。几天后,马基雅维里向其好友韦托里呈现了他的小册子《君主论》的初稿。

我想对阅读《君主论》的读者问的第一个问题是:由于马基雅维里从 1498 年到 1512 年都在担任公职,那他带有什么样的预设来研究政治呢?显而易见,《君主论》的大部分都是在描述马基雅维里的个人经历(例如,与教皇亚历山大六世的私生子恺撒·博尔吉亚的会晤,他曾于 1499 年到 1501 年间征服罗马涅(Romagna),并

16

威胁要入侵佛罗伦萨），而且该文主题在写于1506年的被称为《任性》（the Caprices）的书信中就已经显露出来[11]，尤其是，《君主论》着重强调了对统治者来说建立国民军的必要性，而组建国民军是马基雅维里做文官时重要的个人成就。

然而，最近几年，尤其是从 Carlo Dionisotti 首次发表于1967年的一篇重要论文引起关注开始，在学者中关于如何阐释马基雅维里在担任公职的那几年里的政治学产生了相当多的分歧。[12] Dionisotti 指出，一些当代学者把马基雅维里看做是索德里尼的代理人，并担心索德里尼在政变时期会利用国民军而把权力集中于自己之手。这种说法没有考虑到国民军的两个特征：国民军招募的成员来自农村，而非佛罗伦萨市（即他不是一支市民的军队而是一支臣民的军队）[13]；而且唐·麦克勒托（Don Micheletto）掌控着它，他是一位极为心狠手辣的职业士兵、恺撒·博尔吉亚以前的心腹、绞死刑的专家。从《李维史》中，我们得知马基雅维里后来觉得索德里尼应利用非法手段牢牢地控制住权力，并重创梅蒂奇家族的支持者。[14] 这样，可以认为在索德里尼没有实现马基雅维里的目标的前几年一个独裁政权已经确立。如果采纳这一观点，那在《君主论》中，马基雅维里仅仅是建议梅蒂奇家族去做他以前想让索德里尼

---

⑪ 马基雅维里，*Chief Works*，2：895-897。这封信曾被认为写给刚下台的索德里尼，但现在被认为写于早于1506年，其并不是写给索德里尼而是给他的侄子的，Giovan Battista：R. Ridolfi and P. Ghiglieri，"*I ghiribizzi al Soderni*，" la biblifilia 72（1970），53-74；M. Martelli，"I ghiribizzi' a Giovan Battista Soderini，" *Rinascimento* 9（1969），147-180.

⑫ Carlo Dionisotti，"Machiavelli，Cesare Borgia e don Micheletto"［1967］，in his *Machiavellerie*（Turin：Einaudi，1980），3-59. 参见 Roslyn Pesman Cooper，"Machiavelli，Francesco Soderini and Don Michelotto，" *Nuova rivista storica* 66（1982），342-357，and Robert Black，"Machiavelli，Servant of the Florentine，" in *Machiavelli and Rupublicanism*，ed. G. Bock，Q. Skinner，and M. Viroli（Cambridge：Cambridge University Press，1990），71-99。

⑬ Felix Gilbert，"Machiavell：the Renaissance of the Art of War"，in *Makers of Modern Strategy*：*From Machiavelli to the Nuclear Age*，ed. by P. Paret（Princeton，N. J.：Princeton University Press，1986），11-31.

⑭ Discourse，bk. 3，ch. 3.

去做的事情。如此说来,马基雅维里后来轻蔑地把索德里尼比作政治婴儿,可能就来自于这样的信念,即他错过了攫取权力的机会。[15]

反对这个观点的学者强调,马基雅维里是共和国的仆人,而不是索德里尼的。国民军从不对索德里尼个人负责,而仅对其政治对手列席其中的委员会负责。在《李维史》(有人相信马基雅维里从 1513 年开始写作这一著作)中,他就扮演了一个共和政体即参与式政府(participatory government)忠实拥趸的角色。这些反驳极为成功地消解了 Dionisotti 的观点,但却难以相信,马基雅维里不是一个政治中立的文官,就是一个由大委员会或选举成员组成的政府的仰慕者。John Najemy 曾指出马基雅维里经常困惑于没有遵守他能够胜任的政客义务。[16] 这不禁会觉得他的行为暗示了职业文官对被迫接受他的命令的业余文官的轻视,这种姿态会使他渴望建立更为专制的政府。[17]

我们要问的第二个问题是:马基雅维里写作《君主论》的目的是什么?毫无疑问,马基雅维里企图从梅蒂奇政府中获得官职。他把《君主论》的手抄本寄给他的好友,驻扎在罗马的弗朗西斯科·韦托里,信中说他正计划把它奉献给朱利亚诺·德·梅蒂奇,并征求弗朗西斯科他应如何做的建议。传统观点自然就是这样

17

---

⑮ 马基雅维里,*Chief Works*, 3:1463。

⑯ John M. Najemy, "The Controversy Surrounding Machiavelli's Service to the Republic", in *Machiavelli and Republicanism*, ed. Bock et al., 101-107.

⑰ 注意马基雅维里在 1520 年所强调的,佛罗伦萨需要有人来掌控:Niccolò Machiavelli, *Arte della guerra e scritti politici minori*, ed. S. Bertelli (Milan: Feltrinelli, 1961) [Opere, vol. 2], 265; *Chief Works*, 1:105; 以及 Giovanni Folchi 在 1512 年认为他享有这一想法:J. N. Stephens and H. C. Butters, "New Light on Machiavelli", *English Historical Review* 97(1982), 54-69, at 67。

的:在《君主论》中,马基雅维里是献策梅蒂奇如何治理佛罗伦萨。[18]他希望他的建议会被认为是一个良好的建议,因而他会获得一个职位,以期把他的政治抱负付诸行动。少数人的观点认为:马基雅维里的真实政治立场更为复杂:他知道他所提的建议是一个坏的建议,他所希望的是梅蒂奇政府由于采纳它而导致自身的毁灭。[19]

我认为,传统观点及少数人的观点从根本上误解了马基雅维里。事实上,《君主论》的真正研究对象并不是佛罗伦萨,书中讨论佛罗伦萨政治的部分仅仅是顺便附带的。[20] 大多关于如何治理佛罗伦萨的文本产生于1512年9月危机时期和1513年11月改革之前的几个月,它们的讨论很宽泛,涉及独裁政府等。如果马基雅维里想写此类文章,他已错失良机,因为到了12月,此类问题已有了关键性的结论。此外,如果他想受到雇用加入佛罗伦萨政府,他所着手做的也是行不通的。因为,在1513年8月之前,事实是洛伦佐而不是朱利亚诺在治理佛罗伦萨,那么马基雅维里应该联系的是他而不是朱利亚诺,他现在正在遥远的罗马。

---

⑱ E. g. Q. Skinner, *Machiavelli* (Oxford: Oxford University Press, 1981), 24; "Introduction" to N. Machiavelli, *The Prince*, ed. Q. Skinner and R. Price (Cambridge University Press, 1988), ix-xxiv, at xii-xiii。

⑲ 所涉及的观点,即使在我看来是错的,也很重要。参见 Garrett Mattingly, "Machiavelli's *Prince*: Political Science or Political Satire?" *American Scholar* 27 (1958), 482-91; Mary G. Dietz, "Trapping the Prince: Machiavelli and the Politics of Deception," *Amercian Political Science Review* 80 (1986), 777-99; Stephen M. Fallon, "Hunting the Fox: Equivocation and Authorial Duplicity in The *Prince*," PMLA107 (1992), 1181-95. 关于马基雅维里对欺骗的观点,Wayne Rebhorn, *Foxes and Lions: Machiavelli's Confidence Men* (Ithaca: Cornell University Press, 1988). Mattingly 方式的一个优点是,会是娱乐马基雅维里的一个解释。此外,有理由认为,马基雅维里并不想让有才智的读者把其在《君主论》中所说的话都当真——有人必定会推测至少最后一章的宗教语言的一部分是一则笑话。

⑳ Clough, *Machiavelli Researches*, 27-79. 在 Hans Baron 论文中有更多证据来支持这个观点(below, n. 48),但他好像并不愿意致力于此:See his review of Clough in *English Historical Review* 84 (1969), 579-582. 批判 Clough 观点的早期版本,参见 Gennaro Sasso, "Filosofia o 'scopo pratico' nel Principe?" in his *Studi su Machiavelli* (Naples: Morano, 1967), 81-110。对于不同的看法,我发现其并不令人信服,J. N. Stephens, "Machiavelli's Prince and the Forentine Revolution of 1512," *Italian Studies* 41 (1986), 45-61。

无论如何,《君主论》没有讨论那些与治理佛罗伦萨相关的关键问题,这些争论主要围绕着诸如是否应恢复前 1494 年宪法,平民派(popolani)是否应在政府中发挥作用,梅蒂奇家族与权势阶层的利益是否相等等问题。除了第 20 章有一个简单的附带外,马基雅维里在《君主论》中并没有涉及这些实际问题。[21] 因此,把《君主论》与致 1512 年的梅蒂奇家族的一封忠告函件,即《记梅蒂奇家族的战士》(Ricordo ai Palleschi),或与马基雅维里于 1519 或 1520 年写的如何恢复佛罗伦萨共和国的文章,即《佛罗伦萨史》(Discursus florentinarum rerum)相比较,是很肤浅的。[22] 也难以得出这样的见解,即《君主论》关于如何治理佛罗伦萨的建议是对马基雅维里于 1514 年早期针对洛伦佐政府的信函的支持。因为,他在该信函中所赞扬的与《君主论》中所推荐的政策大相径庭。[23] 要么这封信是伪善的,要么就是他认为梅蒂奇在佛罗伦萨应采取的行为与《君主论》中探讨的行为大不相同。

《君主论》是一部关于刚掌握权力的君主如何治理的论文。但在 1513 年,梅蒂奇在佛罗伦萨并不是刚获得权力。他们仅仅是重新恢复权力。他们有支持者,有一以贯之的政策,有政治导向。他们的问题也不是马基雅维里在讨论新君主时所应对的,甚至他从来都没有提到梅蒂奇家族的历史。

18

认可这些问题的读者,就会意识到《君主论》在总体上是关于新君主的,这是一种抽象分析,而非一本实用手册。[24] 只要读过马

---

[21] 至于例外,见下文。像梅蒂奇一样,Petrucci 试图在一个习惯于政治自由的城市中抓住权力不放。

[22] J. J. Marchand, *Niccolò Machiavelli, i primi scritti politici* (1499-1512) (Padua: Antenore, 1975), 533-535; *Chief Works*, 1:101-115; *Opere*, 2:261-277.

[23] Machiavelli, *Opere*, 6:331; *Chief Works*, 2:926-927. 这封信的写作日期并不确定,再次确定的日期是九月,John M. Najemy 在其 *Between Friends* (Princeton, N. J.: Princeton University Press, 1993), 277-278 的建议对这个观点并没有很大的影响。

[24] J. G. A. Pocock, *The Machiavellian Moment: Florentine Political Thought and the Atlantic Republican Tradition* (Princeton, N. J.: Princeton University Press, 1975), 160.

基雅维里与韦托里在1513年和1514年的书信,就会对这个令人信服的取舍深信不疑。1513年秋,马基雅维里渴望在佛罗伦萨谋到一个职位,但他自知机会渺茫,因为掌权者对他有所怀疑。[25] 他最大的希望是在罗马,因为在那里梅蒂奇教皇慷慨地资助佛罗伦萨人,并且在那里也便于联系弗朗西斯科·韦托里。1513年12月,韦托里希望马基雅维里受雇为特使在法国陪同朱利奥·德·梅蒂奇红衣主教,但这最终没有下文。[26] 一年后,1514年12月,韦托里筹划了一个看似有极大可能性来雇佣马基雅维里的机会,他要求马基雅维里写一份关于倘若法国和西班牙为占有米兰而交战时教皇应采取的政策的报告——马基雅维里建议结盟法国。教皇和梅蒂奇都读过这份报告,但像往常一样,当韦托里企图为这位朋友安排一个职位时,也没有职位可提供。[27] 假设没有怀疑马基雅维里与政府有不同的意见和利益,那为教皇规划外交策略的角色会使他的职业技能派上用场——尽管索德里尼一直赞成与法国结盟,以致马基雅维里担心他的建议不会显得是公正的。[28]

在《君主论》写作时期,马基雅维里和韦托里都相信有再就业的可能性。他们认为教皇——一个朝气蓬勃的年轻人——会采取必要的措施以确保梅蒂奇家族获得世袭政制。[29] 1513年夏,人们认为教皇想要得到帕尔玛和皮亚琴察。到了秋天,人们都在谈论法

㉕ 参见马基雅维里给韦托里的信,1513年4月16日:*Opere*,6:244;*Chief Works*,2:902. 马基雅维里期望朱利亚诺能够帮助他,因为他们在1494年梅蒂奇家族倒台前有过交往:M. Martelli,"Preistoria (medicea) di Machiavelli," *Studi di filologia italiana* 29 (1971), 377-405。

㉖ 韦托里给马基雅维里的信,1513年12月24日:*Opere*,6:312。

㉗ 参见1514年12月间在马基雅维里和韦托里之间的六封信:*Opere*,6:348-370。

㉘ 马基雅维里本人所担心的:1514年12月20日给韦托里的第二封信:*Opere*,6:366;*Chief Works*,2:958。

㉙ 参见1513年7月12日韦托里给马基雅维里的信,*Opere*,6:267-270。在我看来,这很可能直接激发了《君主论》的写作。也见,1514年5月16日韦托里给马基雅维里的信。

国人帮他从西班牙的费迪南德手中获得的那不勒斯，是为了把它给予朱利亚诺。因此，能够推测出《君主论》突出的部分就是费迪南德所占之地。1515 年早期，由于与法国的关系日趋冷淡，教皇便与西班牙和帝国交涉并为朱利亚诺获得了帕尔玛、皮亚琴察、摩德纳和里吉欧。弗朗西斯科·韦托里的哥哥保罗成为了其中一座城市的总督，因此马基雅维里显然也希望在那里获得一个职位。[30]

19

《君主论》正是在教皇为朱利亚诺夺取国家的语境之下写作的，在这里，马基雅维里所提的建议适合于任何在意大利新获得公国的君主。这些建议只能是普遍的，因为韦托里已经提醒他不清楚朱利亚诺将攫取哪块地域。[31] 但它必须为外来新君提供建议，他对这一地区没有任何预先的权力根基，并且，极有可能的是，这一地区历史上也没有被自治城市战胜过。因而，《君主论》的第一章到第 25 章就是为教皇的哥哥为获得他自己的国家所提的建议。我相信，马基雅维里原本相信他最终可能会获保罗·韦托里提供的工作，即一个新的领土国家的总干事(overall administrator)的工作。确实，马基雅维里在 1515 年 2 月被朱利亚诺任命，但却被红衣主教朱利奥·德·梅蒂奇否决了。

至于第 26 章中用令人振奋的、华丽的辞藻号召把意大利从野蛮人手中解放出来是否是以后所加的，应做更多的思考。有两个原因：首先，在马基雅维里和韦托里 1513 年的书信中没有任何暗示，要把外族人驱逐去意大利的渴望，而且我们业已看到马基雅维

---

[30] 1515 年 1 月 31 日马基雅维里给韦托里的信，*Opere*，6：374-375；*Chief Works*，2：962-963。我认为，我并没有被 Najemy 所提议的有极大诱惑力的解释说服，*Between Friends*，333-334. 马基雅维里的任命被红衣主教朱利诺·德·梅蒂奇否决：Hans Baron，"The Principe and the Puzzle of the Date of Chapter Twenty-Six"，*Journal of Medieval and Renaissance Studies* 21(1991)，83-102，at 99。

[31] 就像韦托里 1513 年 7 月 12 日所说："我并不想考虑设计哪种国家形态，因为这是随机变化的。"("Non voglio entrare in consideratione quale stato disegni，perché in questo muterà proposito，secondo la occasione.")马基雅维里，*Opere*，6：268-269。

里在1514年确实主张与外国权力联盟。其次,当朱利亚诺可能以意大利北部的一个国家告终时,这样的策略明显脱离现实就是显而易见的了。因此,我们应该接受 Hans Baron 的主张,即第26章写于1515年的1月和8月之间,这可能是有此主张的唯一的时期。1515年9月之后,法国在马里尼亚诺打败瑞士从而获得米兰后,就不再有驱逐外国人的希望了。[32] 最后,导论部分,即一封给洛伦佐的信,我们知道原本是想给朱利亚诺的,发生于本书的其余部分之后。它在日期上早于洛伦佐被选举为乌尔比诺的公爵的1516年9月,因为马基雅维里称他为 Magnificus,而不是 Eccellenza(这是书信中对公爵的正式称呼)。[33] 同时代的人(和许多现代的评论家)认为,他在鼓励洛伦佐凭他世人皆知的抱负成为佛罗伦萨的独裁者。但这好像是不可能的,因为1519年洛伦佐去世之后不久,他建议红衣主教朱利奥·德·梅蒂奇绝不能在佛罗伦萨建立一个君主制的政府。这更可能是对其在1516年早期所形成的新计划的回应,即使洛伦佐成为乌尔比诺的公爵。因此,《君主论》应写于三个阶段:第一到第25章写于1513年的6月和11月之间;第26章,可能写于1515年的早期,当时马基雅维里曾希望再次谋得一个职位;献词,写于1516年。

20

在这些阶段,马基雅维里并没有关注佛罗伦萨人的政治。《君主论》中令人吃惊之处是其极少提到佛罗伦萨和佛罗伦萨人,更为出乎意料的是,直到最终的寓言性结尾,压根就没有提到过梅蒂

---

[32] Baron, "The *Principe* and the Puzzle of the Date of Chapter Twenty-Six". 对于 Mario Martelli 认为第26章是写于1518年的讨论。("Da Poliziano a Machiavelli: sull'epigramma dell'occasione e sull'occasione," *Interpres* 2(1979), 230-254), 参见, Najemy, *Between Friends*, 177-185. 我没有被反对 Baron 的观点说服,却为几个反对 Martelli 的观点折服。

[33] Hans Baron, "Machiavelli the Republican Citizen and Author of *The Prince*" [1961], 载于"*In Search of Florentine Civic Humanism*" (2 vols., Princeton, N. J.: Princeton University Press, 1988), 2:101-151, at 130-131。

奇。然而,乍一看有两章与 1513 年佛罗伦萨的形势有紧密的关联:第五章(应该如何管理生活在各自法律下的城邦和王国)和第七章(依靠他人的武力,或依靠好运而取得的君主国)。另外,第九章(市民君主国)很清楚是关于城市政府讨论的。然仔细审视后发现,第五章是关于由已存在的国家合并而成的自由国家。既然梅蒂奇并不是早已存在的政府,那么这一章不会与 1512 至 1513 年之间的形势有关。然而,要不怀疑马基雅维里曾暗示梅蒂奇做佛罗伦萨的统治者亦很难。他提供了三个可供选择的策略:脱离以前独立程度很深的自由城市,并从中获得其荣誉;独自治理它;或者摧毁它。他从没谈论独自治理所涉及的因素——确切地说,如果他提倡在佛罗伦萨实施君主统治,他应该讨论什么——相反,他把摧毁它作为唯一确信的策略。因为,无论时代怎样久远,先前的自由城市只要让他们看到机会,就总是要起来反抗。如果《君主论》确实是关于佛罗伦萨的,那么本章就暗示马基雅维里并没有提供有益之见(因为摧毁城市之后会获得什么呢),而且佛罗伦萨人最终会重获自由。不是如一些人的推断,马基雅维里在故意提供坏的建议(他确实没有如此明显的意图),或写一个讽刺性的作品(那他为什么要呈给梅蒂奇呢),对此,我们应认识到,马基雅维里是在建议梅蒂奇不应着眼于佛罗伦萨,而是其他有更好机会夺取的地方。确实,许多佛罗伦萨人抱怨梅蒂奇在 1513 年所做的,认为这绝不是他们优先考虑的事情。[34]

第七章是关于梅蒂奇在佛罗伦萨的地位,这被想象成只有凭借西班牙的军队和西班牙人的支持才能如此。而事实上,梅蒂奇家族在这座城市有很深的根基,他从西班牙所获得的也仅仅是半心半意的支持,而且以后肯定不再依靠他们。因此这一章并不是

---

[34] 参见 1513 年 7 月 12 日韦托里给马基雅维里的信,*Opere*,6:268。

21 关于梅蒂奇 1513 年在佛罗伦萨的境地,而可能是朱利亚诺在那不勒斯的境地。

另一方面,第九章明显是把佛罗伦萨作为它的主题。但它所谈论的是"公民君主国",梅蒂奇家族中哪位应被他的同胞推举为君主呢?从法律上来看,梅蒂奇家族并不是佛罗伦萨的正式统治者,他们仅仅是公民;然在现实生活中,他们无疑是佛罗伦萨的统治者,但他们是自己选举自己获得这一地位的,而不是被选举的。而索德里尼成为统治者却是由于他得到了同胞们的青睐,因而这一章主要是对索德里尼地位的分析。[35] 就像马基雅维里在后期的作品《李维史》中所抱怨的那样,索德里尼没有对其对手采取果决的行动。他确实应参照斯巴达国王纳比德的例子。如果第九章是对梅蒂奇家族的建议,那几乎毫无用处,因为它建议公民君主应在民众中确立权力根基,而没有谈论梅蒂奇家族应如何着手做这些事情。尤其是,他坚持认为从选任官职转换为绝对的、世袭权力几乎是不可能的,而且,尽管他认为有某种策略可以让君主来巩固其地位,但却从没说这种策略是什么。就在他好像要提出某种切实可用的意见之时,马基雅维里却认为一切要取决于具体情况,因而他就把问题搁置起来了。在这一章和第 20 章中,马基雅维里批判了 1513 年 11 月的变革,提出了建立市民权力基础的必要,但这样的批判是不合时宜的,而且他好像也意识到了他的建议会不受欢迎。实际上,他是在建议如果朱利亚诺并不想让梅蒂奇当局和索德里尼一样短命,他应该改变自己的想法。

《君主论》必须要解释的关键一章是第八章,"通过邪恶行为获得权力的人"。马基雅维里在《君主论》里始终认为邪恶的策略尽

---

[35] R. Pesman Cooper, "Machiavelli, Pier Soderni and *Il Principe*," in *Altro Polo*: *A Volume of Italian Renaissance Studies*, ed. C. Condren and R. Pesman Cooper(Sydney: Fredrick May Foundation, University of Sydney, 1982), 119-144.

管能够获得成功却不应运用。然而,在这一章中,他明确区分了有效的策略与受人尊敬的策略。叙拉古的阿加托克雷和费尔莫的利韦罗托是采取有效策略的君主的例子,因而显然是马基雅维里主义。但"当然不应该把这叫做德行[美德或勇气]:屠杀他的臣民,背叛朋友,违背誓言,没有怜悯心和不信仰任何宗教"。把阿加托克雷同恺撒·博尔吉亚区别开来,马基雅维里在这个例子中是要赞成什么呢?[36] 这很容易看出,对马基雅维里而言,阿加托克雷并不是一个理想的君主。他没有效仿善,但博尔吉亚不是这样;他没有建立一个新秩序,博尔吉亚亦不是如此。其实,他具备博尔吉亚所有的优良品质,他有装备优良和忠诚的军队(这在马基雅维里的治国方略中是很重要的),而且,如博尔吉亚一般,他是巧妙运用残酷的手段以赢得臣民忠诚的楷模。他不像马其顿的菲利普一样把他的臣民看做畜生,因为我们被告知从长远来看,他是在尽一切努力来确保他的臣民受益。[37] 那么,他为什么没有受到敬仰呢?Victoria Kahn 在面对这个问题时,巧妙地主张马基雅维里在这里是在故意混淆和测试他的读者。他通过使自己的观点模棱两可,而把他的读者置于臣民的地位,以至于不能明晓他在《君主论》中所采取的策略。[38]

22

倘若在博尔吉亚和阿加托克雷之间没有真正差别,那这种解释是令人信服的,但事实上他们之间有一个极为确切的区别。阿加托克雷和利韦罗托都摧毁了自由的政府,谋杀他们的朋友和同胞,这是一个马基雅维里所无法原谅的罪行。因为恺撒不如喀提

---

[36] 参见1515年1月31日马基雅维里给韦托里的信,*Opere*, 6:375; *Chief Works*, 2:962。

[37] *Discourses*, bk. 1, ch. 26.

[38] Victoria Kahn, "*Virtù* and the example of Agathocles in Machiavelli's *Prince*," [1986] in *Machiavelli and the Discourse of Literature*, ed. A. R. Ascoli and V. Kahn (Iathaca: Cornell University Press, 1993), 195-217.

林所涉及的因素中,与成功毫不相干。[39] 如他在《佛罗伦萨史》所言,"在运行良好的共和国之上建立一个君主国,或在一个君主国昌盛的地方上建立共和国是很困难的,非人性的,也是任何虔诚和善良的人民所不齿的。"[40]可见,马基雅维里看起来是在教导以任何非道德的卑鄙手段追逐权力,而事实上,他清晰地讲授了两套道德价值:一是处理国家之间关系的,这里仅以成功为参照[41];另一个,更为复杂,涉及的是处理与自己同胞的关系,在此,手段必须由其所致力的目的来证明其正当[42]。犹如阿基斯和克列欧美涅斯所做的是为了巩固共和国而获取权力,这是令人钦佩的;而如果获取权力是为了确立长久的暴政,那虽然行为仁慈,却为人不齿。

我认为,马基雅维里要告诉梅蒂奇家族的是,如果他们在佛罗伦萨凭借政变把所有权力集中于自己的手中,其行径就是可耻的,倘若这确为他们的意图,那他们不难觅得令其满意的意见,但他不是适合这份工作的人。简言之,他在这里表明了自己是一个有原则性的共和党人,其坚持的是共和国不应该被其市民强力摧毁。他在下一章认为市民要想获得长久的权力是没有任何和平之路可寻的。结论很明显:新君主应把已习惯于君主统治的领土攫取为自己的领域。因此,就是那种认为马基雅维里在《君主论》里是建议梅蒂奇家族攫取佛罗伦萨的绝对权力的错误前提,妨碍了对本章(其含义已足够清晰)的理解。

23 最近,很多批评者认为《君主论》有意提供坏的建议,这很有讽刺性。其观点模棱两可,没有提供明确的指导意见。这些解释皆假定《君主论》的真正主题是佛罗伦萨的政治。回到 1513 年梅蒂

---

[39] *Discourses*, bk. 1, ch. 10.

[40] Machiavelli, *Opere*, 2:268; *Chief Works*, 1:107.

[41] 比如,*Discourses*, bk. 3, ch. 40.

[42] 参见 *Discourses*, bk. 1, ch. 9; bk. 3, ch. 41.《君主论》的第八章里,总在赞同成功的并不是马基雅维里,而是普通人。

奇的时代背景，马基雅维里的观点是以相对坦率的方式重现的——他是把自己作为一个迄今依靠教皇影响而成立的非特定的意大利政府的未来统治者的顾问来提供建议的。阅读《君主论》的一大诱惑是它好像就是写佛罗伦萨的，因为我们了解太多这一时期佛罗伦萨的政治情况，当然，马基雅维里了解得更多。但在1513年，马基雅维里想在佛罗伦萨谋得一个职位是很渺茫的，他也知晓这一点。因此，在《君主论》中，他很明智地从事自己的兴趣，也试着把这些解释给梅蒂奇，因为他相信他们能够在其中找到可以接受的东西。任何其他的解释都会把《君主论》看做是不连贯的、模棱两可的、自相矛盾的，也不可能使梅蒂奇家族和马基雅维里两方中的任何一方受益。

当然，这种解释的优势之一是它大大地简化了《君主论》和《李维史》之间争论不休的关系问题。一种是径直回到16世纪的观点，《君主论》就是暴君的指南，而《李维史》就是一本爱好自由者所写的书籍。那么，如何去解释这两者的关系呢？最为浅薄的解释就是马基雅维里改变了自己的想法。但是，大部分学者曾认为马基雅维里几乎在同一时间写了这两本书。那这种观点难以回避的是，《君主论》好像在一处论及了《李维史》(我将保留对共和国的探讨，因为我会在另一场合细致地论述它)，而《李维史》中也多处论及了《君主论》。[43] 因此，有人认为《李维史》一定写于《君主论》之前并在它之后才杀青。

因而，很多学者主张，《君主论》和《李维史》的区别并没有他们看起来那样大。一种观点认为，《君主论》并不是赞成暴政，而是抨击它。这个观点极为重视第八章，认为本章的大部分论述对整本书的主旨来说是个特有的例外。它也强调，马基雅维里主张君主

---

[43] 《君主论》第八章的第一句有时被作为是《李维史》的参考（比如，令人意外的是，Baron，Machiavelli：Citizen and Author，112），尽管对我来说，这是对第九章的参考。

只有在得到臣民的拥护时才是安全的，因而他力劝君主应奉行让他们受益的策略。[44] 另一观点以马基雅维里在《李维史》中经常关注的思想为着眼点，即专横的立法者夺取政权的目的是为了制度改革和构筑长久的政治秩序。[45] 倘若君主是这样的人，事情就简单了。但马基雅维里在《君主论》中从没谈论如何建构一个不是依靠某人的勇气，而是依靠非人格化的制度的问题。第三种观点认为，马基雅维里相信共和国仅在条件有利的情况下才能建成，佛罗伦萨缺乏这样的条件，从而共和国只是政治理想，君主政治才是现实的。[46] 这一观点好像有悖于马基雅维里在《佛罗伦萨史》中的观点，在那里，他认为在佛罗伦萨的当时境况下共和主义是切合实际的。第四种观点认为这两本书基本价值观念是一样的，因为马基雅维里所关心的是国家的征服能力，无论其本身是共和国还是专制国。[47] 这显然准确，但它回避了一个问题，就是马基雅维里是在为其同胞倡导君主制还是参与式的自治政府？

24

在一系列重要的论文里，Hans Baron 主张《君主论》和《李维史》确实是不能相容的，对此，最简单的亦是最正确的解决之策就是：马基雅维里首先写了君主论，然后才撰写《李维史》，在这两本书之间，他改变了想法。[48] 其内在证据是《李维史》的大部分内容写

---

[44] J. H. Whitfield, *Machiavelli* (Oxford: Blackwell, 1947).

[45] John Plamenatz, "In Search of Machiavellian *virtù*," in *The Political Calculus*, ed. A. Parel (Toronto: University of Toronto Press, 1972), 157-178.

[46] Federico Chabod, *Machiavelli and the Renaissance* (New York: Harper and Row, 1965).

[47] Mark Hulliung, *Citizen Machiavelli* (Princeton: N. J.: Princeton University Press, 1983).

[48] Hans Baron, "The *Princpe* and the Puzzle of the Date of the *Discorsi*," *Bibliotheque d'Humanisme et Renaissance* 18(1956), 405-428; 同上, "Machiavelli the Republican Citizen and Author of *The Prince*"; 同上, The *Principe* and the Puzzle of the Date of Chapter Twenty-Six。

于1517年左右。[49] 在《李维史》的前言中，马基雅维里说，如不是为了扎诺比·布昂德尔蒙蒂(Zanobi Buondelmoni)和科西莫·鲁塞莱(Cosimo Rucellai)，他可能从不会写这本书，并且，我们知道直到1515年他才遇到他们。科西莫(Cosimo)死于1519年，因此，既然与死者不会有信函，即使是献词，那这一著作正如我知道的那样一定写于1515年和1519年之间。因为我们知道1513年马基雅维里在写作《君主论》时，他与韦托里有大量的信函往来。倘若他在大约同一时间从事另一个计划，那他就极有可能在书信中提到它。根据Baron的观点，简明的结论就是：除了前言和最后一章外，《君主论》写于1513年；《李维史》写于1515年之后。《君主论》中一些看似不是如此的至关重要的句子，只是以后插入的，是马基雅维里在1516年写作呈现给洛伦佐的前言时附加的。

我有时会认为这种观点基本上是正确的，但我首先指出，我为《君主论》的辩护提供了调和《君主论》和《李维史》的另一种方式。如果《君主论》不是论述在一个自由城市中如何攫取权力的问题，那么马基雅维里写它时，同时又在写称颂共和政治的著作，就是极有可能的。他可能会正当地认为，封建制度的那不勒斯和资本制度的佛罗伦萨都能够从不同的政府形式中获利。[50]

Baron应当会认为《李维史》中没有任何部分写于1513年之前，那么我们能够推断出《君主论》中暗示相反意思的关键句是一个插入吗？评论家几乎一致认为这论及到《李维史》，并且都同意 25

---

[49] 随着时间的推移，有很多针对《李维史》的写作时间和马基雅维里计划的变化的讨论。其中最有影响的是，Felix Gilbert，“The Composition and Structure of Machiavelli's *Discorsi*”[1953]，载于 *History*：*Choice and Commitment*（Cambridge, Mass.：Harvard University Press, 1977），115-133；最近的是，F. Bausi, *I “Discorsi” di Niccolò Machiavelli. Genesi e strutture*（Florence：Sansoni, 1985）。

[50] 载于 *Discourse*, bk. 1, ch. 55，马基雅维里坚持认为在那不勒斯或罗马涅建立共和国是不可能的。

它是一本参考书。但这本不必如此。[51] 马基雅维里给朱利亚诺·德·梅蒂奇写信,是因为相信他对他有好感,而且朱利亚诺很清楚,马基雅维里在佛罗伦萨被梅蒂奇政府怀疑为敌人,并被折磨过,最近才从监狱里出来。有人可能会推测,如果马基雅维里仅仅是为了转移对他的批评,他会不得不承认这个问题。我们的判断并不是说马基雅维里曾写过共和国,而仅在于他曾谈论过它。并且,他强调他想搁置这个讨论,并不是弃之不顾,而是后面讨论——过去的就是过去的。马基雅维里对所思考的共和国做了何种讨论,在1513年冬,他无疑是想要置之脑后的,但这种讨论也一定要承认吗?是持续了很久的讨论吗?答案如此明确,以致我很困惑不曾有人想到它。马基雅维里所涉及的讨论,就是发生在城市监狱里他在绳子的末端摇晃时。他的讯问者所感兴趣的如果不是他的共和国的观点,他所致力于的共和国的事业,那是什么呢?

这样误导了几代学者的一句话,我怀疑,其原本仅是马基雅维里对自己厄运的揶揄的个人玩笑。在1513年秋,马基雅维里觉得有一种难以抑止的需要,他既凭借抓住套子里的小鸟而让自己再次遭受折磨(他把这一活动描述为"dispettoso et strano",我把它翻译为"肮脏的和古怪的"),又去取笑自己曾有的遭遇。例如,他在1513年寄给朱利亚诺十四行诗时,附带了自己亲手抓的一只画眉(trush)做礼物,他为画眉的瘦骨嶙峋而道歉,但补充道,瘦骨嶙峋的他却没有阻止讯问者死死咬住他。[52] 而且,在给韦托里的信里他写道:"你的这封信对我来说,比绳索更可怕。"[53]在《君主论》里,他若无其事谈到的,并不是遭受折磨的身体和绳索,而是关于政治理论中的抽象问题的合理讨论——但他期望朱利亚诺能够立刻明白

[51] 这一点,我要感谢 R. F. Tannenbaum。

[52] Machiavelli, *Chief Works*, 2:1015. 也见 on thrush-hunting, 参见1514年2月25日致韦托里的信,*Opere*, 6:327-30; *Chief Works*, 2:938-941。

[53] Machiavelli, *Opere*, 6:239; *Chief Works*, 2:900.

其所指。

布昂德尔蒙蒂和鲁塞莱都是在鲁塞莱花园(指鲁塞莱家族所拥有的花园)中聚在一起谈论政治和历史的团体成员,这群富有的年轻人反对梅蒂奇家族,赞成共和(布昂德尔蒙蒂在1522年谋杀红衣主教朱利奥·德·梅蒂奇失败后被判处流放)。《李维史》中对自由的称颂,确实会使我们期望在一部作品中把这个圈子中所谈论的问题写下来。如果马基雅维里在1513年不赞成共和,那在1517年他显然也如此。然而,这将引起另一个仍没有唤起的值得注意的问题,就是除了《君主论》,马基雅维里写作其早期作品《卡斯特拉卡尼传记》的意图。他在1520年访问卢卡(Lucca)之时,撰写了这本卡斯特拉卡尼略传,卡斯特拉卡尼是卢切斯(Lucchese)的暴君,他曾在14世纪早期征服过很多地方。

26

《传记》令人困惑之处在两个方面:首先,它大部分是虚构的,而非事实的。马基雅维里虚构的故事是卡斯特拉卡尼是一个弃婴,被教士抚养长大;他否认卡斯特拉卡尼有自己的孩子,而事实上他有很多;他为了说明其《战争的艺术》的理论而捏造了很多战争。这些虚构可能避开了一些不谙卡斯特拉卡尼生活细节的读者,但好似为激起读者的猜疑之心,马基雅维里以一长串歌颂卡斯特拉卡尼的格言作为结尾,但其中的大部分都有古典渊源。写入故事中的这些别的地方的格言,很明显是针对其首批读者的,即鲁塞莱花园里的成员。

其次,《传记》对此人只有歌颂,别无其他。然事实上,在卢卡,此人从市民手中攫取权力,摧毁共和,并且(根据马基雅维里的论述)残忍地屠杀他的同胞。如此来看,卡斯特拉卡尼就是另一个阿加托克雷,因此,《传记》作为一篇称颂有成就的暴君的论文,通常会与《君主论》比较。如果它与《君主论》是在同一时间里写作的,那必定会影响我们对它的解释;事实上,这对《李维史》的拥护共和政体的作者来说,好像是一本极为陌生的书。卡斯特拉卡尼非常愿意像恺撒那样,以致他渴望像恺撒一样的死法;但在《李维史》中,马基雅维里对恺撒却只有鄙视。[54]

幸而,一个非常简单的解释是可行的。1520年之前,马基雅维里已凭借《曼陀罗》和《战争的艺术》两本著作立足于文坛。他的朋友们一直为他在梅蒂奇政府中谋求职位,因为他的财政状况一直很窘迫。1520年,他们为他筹划了一次受雇来写佛罗伦萨史的计划。[55] 因此,在写作《传记》期间,马基雅维里必定主要致力于显示他确有能力撰写史学,这是他以前从没有涉足的事情。但另一方面,他不得不正视这样的事实:他因活动于反抗梅蒂奇的圈子而仍有声誉。他需要某种方式来证明他不会把佛罗伦萨的历史写成抨击梅蒂奇家族的历史。在访问卢卡期间,当他偶然发现了这本由卢切斯的市民尼可洛·泰格(Nicolao Tegrimi)写的《卡斯特拉卡尼传记》时,他一定很高兴找到了解决问题的简单方法。泰格是一位狂热的共和人士,但他撰写了称颂暴君的论文,以一种间接的方式来讨好已被委任为大使的卢卡的盟友米兰的斯福尔扎公爵。[56] 马基雅维里打算效仿他,凭借称颂卡斯特拉卡尼来说明其共和思想的灵活性。然而,尽管他明确表明了他的历史是虚构的而不是事实,从而使自己与书中所表达的观点保持一定的距离,但如果卡斯特拉卡尼是一个虚构的人物,那叙述者不也是一个杜撰者吗?

27

依据这一解释可知,《传记》并没有诚实地陈述马基雅维里的观点,这在《君主论》的第八章中有更为清晰的表达。这是对马基雅维里极端愤世嫉俗思想的一次相当拙劣的模仿,犹如《曼陀罗》(一个年轻人在一个狡诈的咨询者的帮助下,诱骗一个老年人让他

---

[54] *Discourse*, bk. 1, ch. 10.

[55] 参见马基雅维里于1520年4月和11月之间的书信:*Opere*, 6:386-397。

[56] Louis Green, "Machiavelli's *Vita di Castruccio Castracani* and its Lucchese Model," *Italian Studies* 42 (1987), 37-55.

和其妻子睡觉)那样。马基雅维里凭借极为大胆的不道德方式描述"马基雅维里主义"来自娱自乐。我认为,《君主论》并不是一部讽刺性的作品,而《传记》接近于这一说法。但我们会怀疑马基雅维里并没有兴趣为了拍马屁而扭曲自己的信念。[57] 借用第欧根尼·拉尔修的想法,他记载道,卡斯特拉卡尼曾经唾弃一位讨其欢心的人,而献媚者的回答是:"渔夫为捕获一条小鱼而有被海水淋湿之虞,那我为了收获一条鲸鱼为什么不能被口水淋湿呢。"[58]这种拍马屁的行为,显然会使马基雅维里感到,他自己的立场是多么的可耻啊!

无论可耻与否,策略成功了。马基雅维里得到了撰写佛罗伦萨史的工作,他一直工作到把整卷书呈现给朱利奥·德·梅蒂奇,那时已是克莱门特七世(Clement VII)教皇,时间是1525年5月。尽管写作得到了梅蒂奇家族的赞助,但在《历史》中却没有必要让马基雅维里像其在《卡斯特拉卡尼的传记》所做的那样放弃原则。他对一个朋友解释说,他只是不得不把对梅蒂奇家族的批评通过其反对者的嘴中说出来。[59] 凭借这种权宜之计,他写了梅蒂奇家族消费史,表明了人们应对他们的统治保有敌意,这也能够使他的反对梅蒂奇家族的朋友们欣然拜读其大作。尽管如此,但遗憾的是,他是梅蒂奇家族赞助的受益人的事实,却在1527年梅蒂奇家族被推翻时陷他于不利的境地。马基雅维里死于这一年,其政治意义上的地位依旧不被承认。

行文至此,我仍然认为《君主论》的大部分内容写于1513年的下半年,其时朱利亚诺被预期能够获得由他本人治理的新国家。 28

---

[57] 参下。

[58] Niccolò Machiavelli, *Istorie fiorentine*, ed. F. Gaeta (Milan: Feltrinelli, 1962) [*Opere*, vol. 7], 36; *Chief Works*, 2:555.

[59] Felix Gilbert, "Machiavelli's *Istorie fiorentine*," 载于 *History: Choice and Commitment*, 135-153, at 142-143。

《李维史》是之后写作的，在1515年和1519年间，因而它关注自治式的共和国。这些观点有悖于传统之见，即认为《君主论》和《李维史》几乎是同时写就的；也与公认的观点即这两本书都在讲述佛罗伦萨的政治问题不一致。多数学者都倾向于认真对待这两本书，但一些人认为《君主论》是一部讽刺性的作品，而另一些人则认为马基雅维里贯穿于其作品的是欺骗和诡诈。[60] 后者的观点对我来说难以理解，因为当时的著作是为私下传阅而写的，不是公开发行的，尽管我已表明对《卡斯特拉卡尼传记》一书有明显可疑之处。

现在我转向近几年学者为之大伤脑筋的马基雅维里的语言问题。为了理解马基雅维里，我们必须牢记，他所谈论的政治词汇与我们现在所用的相去甚远。16世纪的意大利人还没有这样的词汇，如"selfish"或"selfless"、"egotistic"或"altruistic"以及"anarchy"或"alliance"。[61] 甚至没有像我们现在所理解的"politics"这一词的涵义。对于"politics"，马基雅维里的同时代人指的是关于优良政府（通常是指城市国家）的理论。[62] 对于争夺或抓牢政权的策略，他们便用"l'arte dello stato"，大概是"政治技艺"的意思。但马基雅维里用了一些词汇或短语来讨论在我们谈论政治时所涉及的一些问题（而且必要时，他创造一些新词，如用"self-charity"来指自私）。因而，在我们把他的著作译成20世纪的英语时，常常要人为避免应用一些现代术语。

---

[60] 比如，Leo Strauss, *Thoughts on Machiavelli* (Glencoe, Ill.: The Free Press, 1958); Harvey C.. Mansfield, *Machiavelli's New Modes and Oders: A Study of the "Discourses on Livy"* (Ithaca: Cornell University Press, 1979)。

[61] Russell Price, "Self—Love, 'Egoism'and *ambizione* in Machiavelli's Thought," *History of Political Thought* 9(1988), 237-261.

[62] Maurizio Viroli, "Machivelli and the Republican Conception of Politics," 载于 *From Politics to Reason of State*(Cambridge: Cambridge University Press, 1992), 126-177. 这与我本人所强调的观点相符，Viroli 的论文 亦是如此，"the absence of any *politico*-rooted in *The Prince*"(128)，但对马基雅维里来说，由于 *civile* 与 *politico* 是同义词，因此对之给予过度的重视可能是错的。

然而,马基雅维里所应用的很多词汇乍看起来很容易翻译,而事实上却是难以确定的。我们首先要留意的词汇,就是"principe"。马基雅维里的书名通常被译为"the prince",但对于"principe",马基雅维里从来都不是指王的儿子的意思,他的这一术语通常意指"统治者"(因而此书应被译为《君主论》),而"principato"是指所有权力集中于一个人手中的制度(如君主政体、专制政体)。但是,马基雅维里有时用这个词表示"首领",于是,军队的长官称之为"un principe",犹如称呼共和国的民选官员一样;他偶尔也会称呼没有官职但却长期掌握佛罗伦萨政治的梅蒂奇家族为"princes",意思是"事实上的君主"。共和国的词汇是"principe di se stesso",即自治。马基雅维里的"princes"享有政权(states)。当他讨论作为国家首脑,或者统治国家的王时,或者当他谈论政治技艺时,这没有任何问题。有时,马基雅维里用"stato"一词处与我们现在的"government"或"power"词汇相符,比如在论述一个新政府或获得权力时。但是,"stato"的含义有时更为接近"身份"的意思——梅蒂奇并非政府首脑,但他们享有"uno stato",即在佛罗伦萨他们享有一种特殊的私人实权,有权威、有身份。要成为"un principe"就要享有"un stato",但马基雅维里用这两个词时比我们现在的"ruler"和"state"所指的范围更为宽泛。

29

在赞许某人时,马基雅维里一般是指他们的"virtù",但这时他的意思通常并不是基督教意义上的品德(virtue),因为他对谦恭和贞洁没有兴趣。有人可能会认为他的品德观是异教徒的,而他确实意识到了该词源于"vir,man"(优秀的人)。有人可能把他的品德观想象为具有男子汉气质的,如勇敢、谨慎、忍耐、真诚和正义。但情况并非如此,因为马基雅维里也赞成鲁莽的行为,只要他们取得成功;他也拥护弱者为了生存的必要或为取得胜利所采取的计谋;他也相信统治者必须准备着要去撒谎、谋杀和非法地行为,因而，他们必须精通欺骗的艺术，表面一套背后一套，树立与事实迥异的公众形象。在采纳这些观点时，马基雅维里有意反对西塞罗的观点，西塞罗认为诚实、正义等始终为处事之本。[63] 马基雅维里所认为的有德行的人更为接近于演艺精湛的人（virtuoso）（当然，"virtuoso"在马基雅维里的词语中是形容词，而"virtù"则是名词）。就像一个技艺超群的钢琴家能够用演奏乐曲击败别人一样，在马基雅维里的世界里，一个有德行的将军会赢得战争，其他人则会面临失败；一个有德行的政治家会夺取政权，其他人则会失去它。如此，德行就具备了特定的角色——有德行的士兵是强壮的和勇敢的；有德行的将军是机智的和果敢的。有德行的人拥有那些在其选择的行为中能够取得成功的品质。

有德行的人会知晓何时抓住机会，会意识到需要做什么。他确认为机会之处其他人看到的仅仅是困难，意识到是必要性之时其他人则相信他们可以自由选择。然而即使德行也不能保证成功——因为随着形势的变化，他可能是不幸的，一个更为有德行的人可能战胜他。于是，德行就会发现自身与幸运经常互相斗争。睿智之人通常会采取适当措施限制幸运的范围，但他也认识到大胆的、看起来鲁莽的行为通常能够获得成功。如果"virtù"是男子汉气质的一部分，那么幸运就为女性所掌握。这就是马基雅维里的表达方式，没有一样事情会像成功般接踵而至，一个人要为自己创造好的运气。

30

然而，与这些格言不同，马基雅维里是令人不快的，而且有意如此——现代读者仅仅注意到《君主论》的第二十五章中的男人与女人之间的暴力，但是16世纪的读者会强烈地感受到幸运属于女

---

[63] Marcia L. Colish, "Cicero's *De Officiis* and Machiavelli's *Prince*," *Sixteenth Century Journal* 9(1978), 81-93.

性,而特别惊诧于社会地位高低之间的暴力。[64] 我认为,从马基雅维里的性别言论迅速跳跃到把他看做是父权制的大男子主义者是错误的。[65] 如果他似乎格外地认可妇女能够合法地掌握权力,那卢克蕾齐亚(Lucrezia)就是《曼陀罗》的英雄,她确实有能力"统治一个王国"。[66] 克莉齐娅(Clizia)可以被读作是对男人气质的批评,或被描述为"一个原始女性主义者"。[67] 马基雅维里好像只钦佩弗利的伯爵夫人,她像男人般残忍无情,随时准备为了获得权力而牺牲自己的子女。[68] 如在更为宽泛的社会背景下,也许值得记忆的是,马基雅维里在写《君主论》时,他本人所遭受的毒打和虐待。一般来说,他把幸运刻画为女性是在于要管理他,而非他要管理她。幸运就像他捕获的画眉一样,显现的并非是马基雅维里男性权力的意识,而是他的无权力的经历。那么,她同样会激起复仇的幻想就不令人惊奇了。

掌控幸运,对成功是很重要的,但是并不是所有目的都值得追求,也不是所有的手段都是正当的。马基雅维里认为有德行的人所追求的并不仅仅是名声,而是荣誉。非必要的残忍和流血没有任何荣誉和德行;相反,过分地厌恶暴力终究会使事情更糟。因

---

[64] John Freccero, "Medusa and the Madonna of Forli: Political Sexuality in Machiavelli," in *Machiavelli and the Discourse of Literature*, ed. Ascoli and Kahn, 161-78, at 163-64.

[65] 没有标准的讨论也许是错的。参见 Hannah Pitkin, *Fortune is a Woman* (Berkeley, Cal.: University of California Press, 1984), and Wendy Brown, *Manhood and Politics* (Totowa, N.J.: Rowman and Littlefield, 1988), 71-123。关于文艺复兴时期的性别观, Ian Maclean, *The Renaissance Notion of Woman* (Cambridge University Press, 1980) and Constance Jordan, *Renaissance Feminism* (Ithaca: Cornell University Press, 1990) 两篇论文有所帮助。

[66] Giulio Ferroni, "Transformation and Adaptation in Machiavelli's *Mandragola*" [1972], in *Machiavelli and the Dicourse of Literature*, ed. Ascoli an Kahn, 117-144, at 99.

[67] Ronald L. Martinez, "Benefit of Absence: Machiavelli Valediction in *Clizia*," in *Machiavelli and the Discourse of Literature*, ed. Ascoli and Kahn 117-144 at 139.

[68] Freccero, "Medusa and the Madinna." 马基雅维里甚至用于描述伯爵小姐的性器官的术语通常都只适用于男人(175—176)。

此，马基雅维里倡导的是"暴力经济学"。[69] 既然历史是胜利者的历史，那么成功，即使需要谋杀和欺骗，也可能导致的是荣誉而不是声名狼藉。然而，有些目的本身是可耻的。没有人为了建立无政府状态和暴政而想去摧毁一个优良的政府；也没有人想去做恺撒。政治家们都应向往建立一个让社会大众过上舒适生活的良好政府。这不仅是成功的最佳处方，而且也是道德上值得钦佩的唯一目的。

因而，马基雅维里渴望创造秩序。"Odini"一词的含义是：那些使政府稳定的宪政条款和制度安排，它经常出现在《李维史》中。然而，为了建立和维护政府，"特殊的"措施通常是必要的——统治者，甚至是个人，为了恢复优良的政府或确保稳定可能不得不在法律之外行事。如果马基雅维里坚信那种使正义可行的秩序，那他就不会相信人们总要在法律之内行为。

31

德行和幸运，机会和必然，羞耻和荣誉，宪政秩序和特别措施，这些是环绕马基雅维里思想的核心两极，其作品的张力来自于他企图平衡它们，使两者并列、难分伯仲。[70] 但在《李维史》的内在思想中有更为深切的关注，就是自由。马基雅维里有时把在秩序井然的政府下的生活称为"公民生活或政治生活"（il vivere civile or il vivere politico）。国王能够做到这一切，马基雅维里也确实多次赞扬了法国，在那儿皇家独裁和贵族暴政都在议会制定的法律下进行。尽管在独裁或暴政的政府中有更多可以探寻的东西，这一点至少是被期望的，但更好的仍是自由生活（il vivere libero），或自治

---

[69] Sheldon S. Wolin, *Politics and Vision* (Boston: Little, Brown, 1960), 220-224.

[70] 对马基雅维里有意运用的对比性的观点、风格和语调的精妙分析，参见 Ferroni, "'Transformation' and 'Adaptation'," 同上，"Le' cose vane' nelle *lettere* di Machiavelli", *La rassegna della letteratura italiana* 76(1972), 215-264。

政府。[71] 大多数平民(plebs)所要的仅仅是安全;少数真正公民的人民(the popolo)想参与政治生活;少许贵族(the grandi)想做领袖。在一个有巨大的社会不平等之地,尤其此地的"grandi"是拥有城堡和武装家丁的土地贵族时,那在此地成立人民自治政府是不可能的。但在一个有一定程度平等,而且权贵们也不能为所欲为的城市国家里,成立人民自治政府就是可能的,而且只要有可能,它就会被追求。

马基雅维里颇有说服力地阐述了平民自治政府优于一个人的统治。他相信,人民比任何个人都是更好的法官,并且哪里有自由,哪里就繁荣。首先,人民能够更换他们的领袖以适应变化的形势。所以其他任何政治制度都没有如此适应运气的变化。一个有德行的人有使自治政府成功的那些品质:勇气、自我牺牲、正直。此时,马基雅维里的愤世嫉俗好像变成了理想主义。[72] 但是,应谨记的是,马基雅维里认为人们很容易被腐化,并且总有自私的倾向。没有一个立基于利他主义的政治制度有望成功,即使在此年轻人从孩提时代就被管教要在公共服务中追求荣誉和不计代价地避免可耻行为。确实,马基雅维里极少谈及关于责任和义务,原因很简单,他并不期望人们会认真对待它们。

那么,什么能够使自治政府具有成功的可能性呢?马基雅维里的回答具有极大的原创性。他认为,是利益的冲突,尤其是贵族 32

[71] Nicola Matteucci:"Il *vivere libero*... è usato esclusivamente per le repubbliche," "Machiavelli Politologo," in *Studies on Machiavelli*, ed. Gilmore, 209-248, at 222. 对比 Baron, "Machiavelli: Citizen and Author," 114。马基雅维里的自由观由 Patricia J. Osmond 提供了一个有助于理解的语境,"Sallust and Machiavelli: From Civic Humanism to Political Prudence," *Journal of Medieval and Renaissance Studies* 23(1993), 407-438。

[72] Quentin Skinner, "The Republican Ideal of Political Liberty," in *Machiavelli and Republicanism*, ed. Bock et al., 293-309, at 301-306. 对我来说,他好像是对马基雅维里进行理想化的阅读,文中用了这样的措辞,"甘愿服务于公众的利益"和"我们一生都要全身心地献身于公共事业"。对同一问题可与他的早期讨论相比较,*Machiavelli*, 64-67:"尽管派系完全由私利所驱使,但他们好像受到一只看不见的手的指导来促进公共利益……"

(grandi)与人民(popolo)之间的利益冲突。只要个人追求的是真正的集体利益,而非仅仅个人利益,那优良的政府就会产生,即使他们认同的集体利益仅是城市中某一社会团体的利益。在《李维史》中,马基雅维里通过赞同罗马的元老院和人民之间的冲突而提出了新见解;在《佛罗伦萨史》中,他又注重作为利益集团合法代表的行会,他甚至对1378年的梳毛工人起义表示同情,因为较穷工人的利益在行会里没有充分表达出来。[73] 因此,马基雅维里把立基于各种经济利益与不同的社会地位之间的冲突看做是不可避免,并认为是有益的。在这些冲突致使权力与混合宪政能够制衡之地,类似于共同善(il bene commune)的东西就会产生,而且自私的、短视的个人也会像有德行的公民那样行为。

佛罗伦萨的历史确实是一部内部冲突的历史。[74] 那么,为什么佛罗伦萨注定有个糟糕的败局,而罗马人却取得了历史上无可比拟的功业呢?马基雅维里的回答是,这取决于生产性的冲突和破坏性的冲突之间的不同。他把"sette"(团体、党派、派系)称为跨经济和身份团体的个人联合,诉诸一个假定的原则(如在佛罗伦萨,教皇派(Guelfs)与保皇党(Ghibellines)的对抗,梅蒂奇家族的支持者与反对者的对抗)。这样的冲突只会导致政治分赃,试图为无代表性的少数人垄断政治权力。政治派系的成员可能会认为他们是在追求更大的利益,但事实上他们的行为在实践中总是腐败的和自私自利的。马基雅维里把派系之间的冲突看做是毁坏性的,而把阶层之间的冲突看做是建设性的。

---

[73] John M. Najemy, "*Arti and Ordini* in Machiavelli's *Istorie fiorentine*," in *Essays Presented to Myron Gilmore*, ed . S. Bertelli and G. Ramakus (Florence: La nuova Italia 1978), 161-91. Mark Phillips, "Barefoot Boys Makes Good: A Study of Machiavelli's Historiography," *Speculum* 59(1984),585-605.

[74] 参见,Gisela Bock, "Civil Discod in *Machiavelli's Istorie fiorentine*," in *Machiavelli and Republicanism*, ed. Bock et al, 181-202。

因此，马基雅维里认为，在适当的条件下，成功的有德行的自治是可能的，尽管必定会伴随着冲突、骚乱、或不时地诉诸特殊措施。马基雅维里的愤世嫉俗使谨慎的乐观主义正当化，但重要的是要认识到其乐观主义所适应的狭窄范围。如果利益冲突在一个城市里能够带来有益的结果，那么马基雅维里就没有方法来调解国家之间的利益冲突。国家之间总是不得不兵戎相见。成功的城市会是很好备战的城市，既然进攻是最好的防御形式，那么城市的自由有必要以奴役别人为根基。[75] 被征服的城市至多可以享受有限度的公民生活（vivere civile），就像君主国的臣民。自由不过是少数人的特权，在城市反抗城市，国家反抗国家的冲突中，仅有最适合者有望生存。在罗马，内部冲突所凝聚的能量向外喷洒助燃了外部征服，仅有如此的军事自由才值得拥有，参与式政治也只有在如此严明军纪之地才可能。马基雅维里这个目睹了惨遭洗劫的城市、毁坏的庄稼以及饥饿的人群的人，是无法想象一个无战事的世界和无战争谣言的现实的。[76] 因此，只要想取胜就得施展诡计。

马基雅维里是一位杰出的作家，因此我们需要考虑他在作品中呈现其观点的方式。马基雅维里的两部重要著作《君主论》和《李维史》，都以艺术家为参照开始，马基雅维里也确信他本人的政治科学与同时代的艺术之间有可对照之处。[77]《君主论》伊始于马基雅维里把自己比作一个这样的艺术家：描绘一幅崛起于平原的连绵山脉的风景画，这只有隔一段距离才能洞察土地的轮廓和形状。马基雅维里是以一个世纪后的视角来写作的，并且艺术家马基雅维里描绘了其深度和广度。可以把马基雅维里时代的绘画，

---

[75] 马基雅维里确实考虑过城市联邦的可能性，像古代托斯卡纳那样，但是这个问题只能被推迟，因为这种联邦的自由取决于对邻居的征服。

[76] 参见对“论抱负”三行联句的最好的翻译，载于 de Grazia, *Machiavelli in Hell*, 165-166。

[77] 我很感谢 Matthew Carrington 同我对这一问题的讨论。

同马基雅维里坚决不写观赏性的修辞文章反而想描绘他们之所是的样子相比。[78] 正如浏览一幅文艺复兴时期的绘画，看到的是一个他能够身临其境的世界，而不是把这幅绘画作为一种装饰性的外观，因此马基雅维里是想让你把他的著作看做是政治世界的窗口。《君主论》的目的就像莱昂纳多·达·芬奇为恺撒·博尔吉亚所绘制的鸟瞰地图一样，使他能够设想自己新征服的版图。在行动之前，这里有军队行军的路线，有遭到攻击而被迫退守的天然堡垒。马基雅维里或许洞悉这些图形，并对其大为惊叹。[79]

马基雅维里在其著作里仅有一次提到过一位艺术家，他在《佛罗伦萨史》中赞扬了伟大的建筑家和雕刻家布鲁内莱斯基。[80] 布鲁内莱斯基曾参与了一次改变一条河道的计划，其目的是孤立卢卡市，以便于能更为容易地围困它。该计划最终彻底失败了，如同马基雅维里的企图——与最伟大的艺术工程师列昂纳多合作——为了切断比萨与大海的联系而改变阿尔诺河河道一样。但是，我认为马基雅维里并不会只因为布鲁内莱斯基是一位军事工程师就赞赏他（他对他用了最高的赞扬词，"virtù"，他通常只运用于政治家和将军）。布鲁内莱斯基的雕刻作品极为逼真，以致观赏它们时，人们会忘记自己是在看一幅艺术品而以为自己正在看一个真人。因此，马基雅维里也旨在把其艺术才能掩盖在现实主义的外表下。当然，现实主义和任何其他主义一样是人为的结果，因为这种忠实于自然的表象其本身是一种错觉。但是为了达到这种效果，马基雅维里一直在记述人和其行为，甚少论述作者和其言语。他的《李

---

[78] Michael Baxandall, *Painting and Experience in Fifteenth-Century Italy* (Oxford: Oxord University Press,1972),14-23.

[79] Ludwig H. Heydenreich, "The Military Architect," in *Leonardo the Inventor*, ed. L. W. Heydenreich, B. Dibner, L. Reti(New York: McGraw-Hill, 1980), 11-71.

[80] Machiavelli, *Opere*,7:303-4; *Chief Works*, 3:1214. in *Discourse* bk. 1,ch. 1. 他也提到过 Deinocrates,像 Brunelleschi 、Leonardo 和 Machiavelli 本人一样是一位土木工程师。

维史》极少谈论李维,因为马基雅维里感兴趣的是罗马的政治,而不是罗马的作家。[81]

马基雅维里接受的是人文主义的教育,而传统的人文主义是一种专注于文本的学科。伟大的作家被模仿、引证、释义,知识成了炫耀的资本。马基雅维里预料到他的读者有人文主义的教育背景,并明确意识到会参照西塞罗和但丁。人文主义教育的核心是修辞学的学习,学生们练习修辞手法直到他们习以为然。马基雅维里也许期望他的读者能意识到《君主论》的第十六章到第十八章是一位技艺精湛之人的实实在在(paradiastole)的杰作,该重新描述的行为是为了改变它的道德含义。[82]

马基雅维里之前有许多人文主义者写过如何教育君主的文章,在论文里他们夸示他们的知识和修辞技能,驱策君主变得如他们那般博学与雄辩。马基雅维里与此不同,《君主论》和《李维史》都摒弃了人文主义者专注于文本和把一种劝说术的修辞学作为至高无上的政治技能的做法。[83] 当然,马基雅维里时常会叙述政治家和将军的演讲,并确认他们的重要性,《君主论》也回荡着马基雅维里和他的君主、马基雅维里和读者、臣民和他们的君主、君主和他们的顾问们之间的想象的、隐式的交谈。[84] 但依马基雅维里之见,行为远重于言语;华丽的言辞与军队相比难堪大用。[85] 他本人的作品所提出的并非作为一种政治活动的形式,而是一种它的并不完

---

[81] 很明显,他在《君主论》的第十四章中主张西庇阿效仿居鲁士,本章并没有介绍西庇阿效仿色诺芬。

[82] Quentin Skinner, "Thomas Hobbes: Rhetoric and the Construction of Morality," *Proceedings of the British Academy* 76(1990), 1-61, at 23-25.

[83] 参见 Machiavelli, *Opere*, 2:518; *Chief Works*, 2:724。

[84] Salvatore di Maria, "La struttura dialogical nel *Principe* di Machiavelli," *MLN* 99(1984), 65-79.

[85] Quentin Skinner, "*The Foundations of Modern Political Thought*" (2 vols., Cambridge: Cambridge University Press, 1978), 1:129-131.

整的替代品。[86] 因而,马基雅维里抨击了由人文主义所维护的传统的价值阶层。他提出要用简洁取代华丽的口才,用经验取代知识,用行为取代言语,用诡计取代诚实。因此,人文主义的所有文学手法都应为深受其害的人承担责任,除了其重要的伤害者是人文主义自身外。

我认为有人所主张的这是马基雅维里好似在开辟一个新世代的原因之一是正确的。[87] 但是马基雅维里的描述现实的主张已经刺激了许多后现代读物。[88] 学者们急于认为,他的文本像所有其他文本一样,未能涉及自身之外的任何事情,他们认为,马基雅维里的观点是在自身之内做折返跑,他的话语转变他们的含义,直到读者远离了依凭地图所确立的坐标,最终迷失了方向。[89] 根据这个观点来看,用马基雅维里的著作作为一个人行为的指南,就像试图进入一幅图画一样徒劳无用。

35

马基雅维里的确想让自己的文本有点神秘,就像恺撒·博尔吉亚刺杀雷米罗·德·奥尔科(Remiro d'Orco)或尤尼乌斯·布鲁图斯处决自己的儿子一样,他们企图仅仅抓住人们注意,也想用一

---

[86] A. R. Ascoli and V. Kahn, "Introduction" to *Machiavelli and the Discourse of Literature*, ed. Ascoli and Kahn, 1-15.

[87] Robert Hariman, "Composing Modernity in Machiavelli's Prince" [1989], in *Renaissance Essays II*, ed. W. J. Connell (Rochester, N. Y. : University of Rochester Press, 1993), 224-250.

[88] E. g. Eugene M. Garver, "Machiavelli's *The Prince*: A Neglected Rhetorical Classic," *Phillosophy and Rhetoric* 13 (1980), 99-120; Michael McCanles, *The Discourse of "Il principe"* (Malibu: Undena, 1983); Thomas M. Greene, "The End of Discourse in Machiavelli's *Prince*," *Yale French Studies* 67 (1984), 57-71; Barbara Spackman, "Machiavelli and Maxims," *Yale French Studies* 77 (1990), 137-155; 同上, "Politics on the Warpath: Machiavelli's *Art of War*," in *Machiavelli and the Discourse of Literature*, ed. Ascoli and Kahn, 179-193; Jeffrey T. Schnapp, "Machiavellian Foundlings: Castruucio Castracani and the Aphorism," *Renaissance Quarterly* 45 (1992), 653-676。

[89] 马基雅维里本人感兴趣的图表是与之相关的,J. R. Hale, "A Humanistic Visual Aid. The Military Diagram in the Renaissance", *Renaissance Studies* 2 (1998), 281-298,强调了《战争的艺术》中所附有的图表是标新立异的。

种难以用言辞深入浅出地表达的令人费解的符号把对立的观点(正义和残忍,仁慈和无情)并列对照。尽管如此,我认为马基雅维里并不乐意接受他的文本对世界没有价值以及没有提供任何切合实际的建议的主张。他做文官已经多年了,已习惯于他的指令被服从,不会考虑理解的问题。《君主论》的目的就是成为行动的指南,把它对现实的参照仅仅当做是修辞而不予理会就等于把它作为失败品而不予理会。

然而,马基雅维里深刻地意识到了理论和行动之间的隔阂,也深知自己的事业可能没有实际意义。他的《君主论》和《李维史》都是写给那些他期望将来有能力把其理论付诸实践的人,然而,尽管他的理论强调了行动适应环境的必要性,但他很少建议如何去实施。马基雅维里回顾过去并留意一些当代事件以寻觅能够效仿的实例,就像一个厨师在搜集各种食谱一样。但是为什么人们会期望在一种场合下有效的东西在另一场合也要有效呢?马基雅维里强调,如果社区的政治文化已变化——如果它变得腐败了,或变得有德行了——那么曾失败的策略现在就会有效,反之亦然。常常会有这样的情况,一个问题的两个截然不同的解决方法都能够成功,因此就没有必要盲目地模仿一个成功的策略。也常常会有这样的情况,一样的政策,即使在相似的环境中执行,也会有不同的结果,因为任何成功之事取决于政治家的个人风格以及他的令人折服的才干。那么,企图劝说人们违反他们的秉性行事,或让他们扮演一个角色而不是做他们自己,是没有任何意义的。那么,马基雅维里所做的只是在劝说政治家要去效仿其他人,要慢慢地忘掉他们自己吗?对此,主要看看马基雅维里一直提议的效仿罗马人的问题,他们无人可以效仿,也没蓝图可循。总之,马基雅维里所强调的是,仅有智慧之人才能鉴别好的建议和坏的建议,而有智慧的人起初几乎不需要建议。可见,要理解马基雅维里的建议并非那么简单。[90]

36 “一些人在引用罗马人时,总会犯错!他们应该在正当学习他们的方法之前,有必要待在一个像他们那样的城市。”[91]这是马基雅维里的朋友奎齐亚迪尼对他的批评,对于这一批评,他没有直接回答。《君主论》开始于一幅有真实感的绘画。《李维史》则开始于罗马雕塑的碎片,它们从土里被挖出来,在学者中流传,被艺术家模仿。对碎片的模仿并不会使你修复破碎的雕像;采用老式风格制造的新雕塑并不是罗马的,而是现代的。马基雅维里像他那个时代的艺术家一样,对此清清楚楚,但他仍然认为成功的要诀在于效仿古人。奎齐亚迪尼抱怨到,效仿罗马的人就像驴子在假扮赛马一样;从马基雅维里的角度来看,他并不耐心于那些缺乏抱负和甘愿做个二流来凑合的人。不与幸运做抗争就接受她,也许是谨慎的,但绝不会是荣光的。

倘若对我们这一代的读者最大的折磨,即马基雅维里的观点所存在的——博尔吉亚和阿加托克雷之间、修辞和现实之间、效仿和自我表现之间——区别,是难以克服的,那 16 世纪和 17 世纪的读者则会发现他是坦诚的,甚至在他教导他们如何去欺骗时。培根说道:“我们非常感激马基雅维里和那个社会的其他作家,他们公开并诚实地宣布或描述人们做什么,而不是人们应该做什么。”[92]但描述人们做什么就是在讲授不道德。“凶残的马基雅维里!”莎士比亚这样称呼他。他作品中的一个角色问道:“我是政客吗?我

---

[90] John D. Lyons, “Machiavelli: Example and Origin,” 载于 *Exemplum: the Rhetoric of Example in Early Modern France and Italy* (Princeton. N. J.: Princeton University Press, 1989), 35-71; Timothy Hampton, *Writing from History: The Rhetoric of Exemplarity in Renaissance Literature* (Ithaca, N. Y.: Cornell University Press, 1990), 62-79。

[91] Francesco Guicciardini, *Ricordi*, ed. R. Spongano (Florence: Sansoni, 1951), 110; 同上, *Maxims and Reflection of a Renaissance Statesman* (New York: Harper and Row, 1965), 69.

[92] Francis Bacon, *Works*, ed. J. Spedding, R. L. Ellis, D. D. Heath (15 vols., Cambridge, Mass.: Riverside Press, 1863), 3:31; 6:327.

奸诈吗？我是马基雅维里吗？”[93]自从马基雅维里的著作于1559年被编入索引以来，他的名字就与邪恶联系在一起。然而，几乎没有作家对此有更为广泛的阅读、更为深刻的评论，事实上，也没有作家有如此坚定的忠心和倾慕。

我们只要开始研究马基雅维里，就会发现自己面对着一系列互相冲突的形象，在其中确定一个连贯的人的图像或一个始终如一的教条是非常困难的。在《君主论》中，马基雅维里似乎在倡导专制；然而在《李维史》中，他却赞扬自由。我们甚至发现在这些著作里有些关系紧密的观点，但我们也会想到有些观点是不能调和的。君主想使自己的权力最大化，就必须为自己的臣民的利益服务；一个社会要增强自由，就必须要征服和奴役其他社会。马基雅维里在展望未来——他宣布他已经发现了一块知识的新大陆，一些人也认为现代性是从他开始的；但与此同时，他也回顾以往——他只有一个建议，就是我们要效仿罗马人，一些人认为他最好被视为复兴了罗马价值观。一些人，像培根一样，把他视为一门新的、客观的政治学的奠基人，其研究的对象不是“应该是什么”，而是“是什么”，不是希望和恐惧，而是现实；其他一些人则认为他是一个理想主义者，经常为正义、自由和平等而奋斗。一些人认为他是一位愤世嫉俗者；而另一些人则认为他是一位道德主义者。看起来，他是开放的同时也是真实的，然而却是政治的和狡猾的。

37

当提到马基雅维里时，任何读者都会打定主意要去协调他思想里面的不可协调的内容。在这篇导论中，我试图概述一些当前学界中主要的根深蒂固的正统观点，同时提出若干可选择的观点，其中一些在我看来是有说服力的。马基雅维里是以我们描述他的方式来认识自己的吗？他至少会对我们坐下来同他谈论政治的想

---

[93] Shakespeare, 3 *Henry* 6, 3.02. 193; *Merry Wives of Windsor*, 3.01.101.

法表示感激,就像他同李维讨论政治一样。

在后面的翻译中,我尽力让他以自己的声音说话。在我之前,其他人已经对他的作品逐字逐句地翻译了,这更接近于马基雅维里的文本。我主要关心的是意义和风格的表达,这是警言式的,生动的,劝说性的。马基雅维里从来不是一个呆板的、可敬的、学究式的作家,这曾是其他翻译作品所呈现的形象。[94] 是时候停止谈论他了,因为我已经尽力让他为自己辩护了。

---

[94] 诺齐克认为良好的翻译应该就像是译者本人在写作一样:“但是德国语言,甚至是莱辛式的散文,又如何能够效仿马基雅维里的节奏呢,在《君主论》里,他让我们呼吸到了佛罗伦萨的干燥微风,以及忍不住以一种喧嚣的欢乐所显现的极为严肃的事,这与他所冒的——思想的跌宕、难解、棘手、危险、快节奏以及极为放荡的诙谐幽默的——危险相比,也许不无是一个艺术家的恶意所为。” Friedrich Nietzsche, *Beyond Good and Evil*, trans. R. J. Hollingdale(Harmondsworth: Penguin Books, 1973), 41-42.

延展阅读

马基雅维里的《君主论》和《李维史》的标准版是由 S. Bertelli 主编的《尼科洛 · 马基雅维里》的第 1 卷以及由 S. Bertelli 和 F. Gaeta 主编的 *Opere*(Milan: Feltrinelli, 1960-1965,第 8 卷)。我始终都遵循这个版本,仅在《君主论》第 8 章的倒数第二句采用了哥达(Gotha)手稿。尽管为图方便,我引用信函的版本都是同一系列,但现今更好的版本是由 F. Gaeta 主编的(Turin:UTET, 1984)。马基雅维里的英文版中选材最广泛的是由 A. Gilbert 主编和翻译的 *Chief Works, and Others*, (3 vols. , Durham, N. C. : Duke University Press, 1965)。

马基雅维里思想最为精简的介绍是,Quentin Skinner,*Machiavelli*(Oxford:Oxford University Press, 1981)。有两本论文集也不错, *Machiavelli and Republicanism*, ed. G. Bock,Q. Skinner and M. Viroli (Cambridge: Cambridge University Press 1990) 和 *Machiavelli and the Discourse of Literature*, ed. A. R. Ascoli and V. Kahn (Ithaca: Cornell University Press, 1993)。对马基雅维里的传记做过有益探讨的是,Sebastian de Grazia, *Machiavelli in Hell*(Princeton, N. J. :

Princeton University Press, 1989),尽管与 Alberto Tenenti,所写的 "La religione di Machiavelli,"(载于 *Studi storici* 10 (1969), 709-48.)相比,其对马基雅维里有关基督教的看法并不令人信服,有两篇关于马基雅维里的论文影响很大:Hans Baron, "Machiavelli the Republican Citizen and Author of *The Prince*" [1961], rev. ed. in H. Baron;*In Search of Florentine Civic Humanism*(2 vols., Princeton, N.J.: Princeton University Press, 1988), 2:101-51; Isaiah Berlin, "The Originality of Machiavelli," in *Studies on Machiavelli*, ed. M. P. Gilmore (Florence: Sansoni, 1972), 149-206. 马基雅维里在 1513 年 12 月日致韦托里的信函中可以从 John M. Najemy 所写的 "Machiavelli and Geta: Men of Letters," (载于 Ascoli and Kahn 所编的 *Machiavelli and the Discourse of Literature*, 第 53—79 页)中挑选出细细阅读。

有 6 篇关于马基雅维里所用词汇的论文介绍了其所用的关键词:Russell Price, "The Senses of *virtù* in Machiavelli," *European Studies Review* 3 (1973), 315-345; J. H. Hexter, "*Il principe and lo stato*" [1957] in *The Vision of Politics on the Eve of the Reformation* (London: Allen Lane, 1973) 150-178; J. H. Whitfield, "On Machiavelli's Use of *ordini*" [1955], in his *Discourses on Machiavelli* (Cambridge: W. Heffer and Sons, 1969),141-162, 和 "The Politics of Machiavelli," 同上,163—179; M. Colish, "The Idea of Liberty in Machiavelli"[1971], in *Renaissance Essays II*, ed. by W. J. Connell (Rochester, N. Y.: University of Rochester Press, 1993), 180-207; Hannah Pitkin, "Fortune," in her *Fortune is a Woman* (Berkeley, Cal.: University of California Press, 1984), chapter six。

最近对马基雅维里政治思想的广阔背景进行研究的是:Maurizio Viroli, *From Politics to Reason of State* (Cambridge: Cambridge university Press, 1992)。对马基雅维里时代的佛罗伦萨政治进行研究的是,H. C. Butters, *Governors and Government in Early Sixteenth Century Florence*, 1502-1519(Oxford: Clarendon Press, 1985)。对马基雅维里思想的影响力进行审视的是,Felix Gilbert, "Machiavellism"[1973], in his *History: Choice and Commitment* (Cambridge, Mass.: Harvard University Press, 1977), 155-176。最后,对1935—1985年间有关研究马基雅维里的众多学术成就进行汇总的是,Silvia R. Fiore, *Niccolò Machiavelli: An Annotated Bibliography of Modern Criticism and Scholarship* (Westport, Conn.: Greenwood, 1990)。

答谢:我衷心感谢 William Connell, Alan Houston, Donald Kelley, John Najemy, Quentin Skinner, Robert Tannenbaum, Maurizio Viroli 以及 Blair Worden 对导论的草稿所提的意见以及 Jack Hexter 和 Paul Spade 对翻译部分所提的意见。他们的友善体现在对同行思想懒散以及语法错误的指正上。Matthew Carrington, John Kavcic,以及 Lesley Sutton 教导我的远超我给予他们的。文中所出现的错误由我一人承担。

1

致弗朗西斯科·韦托里的信

致尊敬的佛罗伦萨驻罗马大使,我的恩人,弗朗西斯科·韦托里殿下

阁下,"上天的恩爱总是那么及时,永远不晚。"[①]之所以道出此言是因为,如果我还不曾混沌的话,我认为我已经难觅你的善意了,因为你已好久没有给我写信了,而我又并不确定其中的原因为何。我搜肠刮肚所想到的解释,在我看来都是不足道的,除了这一可能性,即你可能收到别人的信说我并不很在意你给我的信。但是,除了菲利波和保罗[②],我并没有把它们给任何人看。

我最近收到你的来信是上个月的23号。信中得知你毫无挑剔地履行了职责,甚是为你高兴并回信鼓励你要坚持下去,因为凡是为了别人的幸福而牺牲自己便利的人,注定会为自己带来不便,也不会因此而得到感激。既然命运打算操控世间之事,她就必定会留有一定的自主权;同时我们应谨记命运对我们的忠告,不要阻

---

① Petrarch, *Trionfo della Divinita*, 13.

② 保罗是韦托里的哥哥;菲利波是双方很亲近的朋友。

碍她,直到她恩准人类在一些事情上享有发言权为止。这对你来说,就是要更为努力地工作,更为关注事件的发展;对我来说,就是离弃自己的农舍,大喊:“我在此!”

对于你的友善,除了在信中向你说说我是如何度日以外,我无以回报。如果你想跟我换换,我倒是很乐意做这个交易。

我依旧靠我的农庄生活,因为近期我在佛罗伦萨的时间,总共不超过20天。过去一段时间,我亲手制作了捕鸟器。我会在凌晨起床,准备粘鸟胶,背着一包鸟笼出门,因此我看起来就像盖塔(Geta)带着安菲特律翁的书籍从海港回来一样。[③] 我总会捉到至少2只画眉,但从未超过6只。9月的时光就这样打发过去了。[④]如今,我已经放弃了这个污秽而古怪的癖好,现在向你谈谈我近来的生活。

我拂晓起床,走进我正在让人砍伐的森林。在这里,我会花2个小时来检查前一天做完的工作,跟伐木工人聊天,与他们或者靠近他们干活的人总会有些争执。我能告诉你上千个有关木材交易的故事,既有与弗洛西诺·达·潘扎诺(Frosino da Panzano)的,也有与其他一些想要木材的人的。尤其是弗洛西诺,他没有对我打声招呼就把木材捆绑起来,在我要其付款时,他想扣除十里拉,他说这是四年前在安东尼奥·圭恰迪尼(Antonio Guicciardini)家玩牌时他赢我的。我发怒了,威胁要指控他偷了运木头的马车夫的东西。然而,乔瓦尼·马基雅维里出面解决了我们之间的分歧。巴提斯塔·圭恰迪尼(Batista Guicciardini)、菲利普·吉尼奥尼(Filippo Ginori)、托马索·德·贝尼(Tommaso Del Bene)以及其他很多公民在寒风刮起时都想从我这儿买一些木材。我对所有人都做了

---

③ 参见 John M. Najemy, “Machiavelli and Geta: Men of Letters,” in *Machiavelli and the Discourse of Literature*, ed. Ascoli and Kahn, 53-79。

④ Ridolfi 指出,马基雅维里意指写于11月份,因为这是捕捉画眉的月份。

承诺，并向托马索供应了一捆木材，但到了佛罗伦萨，却变成了半捆，因为他、他的妻子、他的仆人以及他的儿子把木材堆积起来，他们看上去就像加布拉(Gabburra)在星期四和他的伙计们屠宰一头公牛的样子。⑤ 我认识到这只会让我赔钱，于是，我告诉其他人我已无柴可卖了。他们大声地抱怨着，尤其是巴提斯塔，他认为这与普拉托战役一样糟糕。⑥

我离开了那片森林后，去了一处泉水，又从那儿去了捉画眉的地方。我随身带了一本书：但丁、彼特拉克或某个小有名气的诗人的，诸如提布卢斯(Tibullus)、奥维德(Ovid)之类。我研究他们的爱情和恋人，回忆我曾有的，这些遐想能让我享受片刻。然后我顺路走向一家客栈，与路过这里的人聊天，问问他们那里有些什么新闻。我搜集这些鸡零狗碎的信息，以便研究人类各种各样的爱好和偏见。午餐时间到了，我回家与家人坐在一起，享用着这个贫瘠的农庄和我微薄的祖产所生产的食物。吃完后，我返回那个客栈。此时通常会有店主、屠户、磨坊主和两三个窑主在那儿。我差不多整天都在与他们玩牌。我们陷入了无休止的争吵和数不清的谩骂。通常，我们每次下的赌注很少，然而，即使你在圣卡夏诺(San Casciano)也会听到我们的吼声。与这些乡巴佬在一起，我一扫心中阴霾，也能忍受命运对我的敌意。我乐于让命运看到我是如此的堕落，因为我想知道她是否会对她的所作所为感到羞愧。

3

夜幕降临时，我回家了，进入我的书斋。在房门口，我脱下沾满灰尘和泥巴的工作服，换上朝服，整我威仪，进入古人所在的往昔的宫殿。在那里，我受到他们的盛情款待，享用着只有我才能发现的精神食粮，这是我天生就适合的风味。我毫无惧色地与他们

---

⑤ 换句话说，就像屠夫把一只公牛转化成小小的牛排，因此，托马索和他的一家把一大堆木头变成小小的、整齐的、廉价的一堆木头。

⑥ 1512年的普拉托战役导致了索德里尼的倒台、梅蒂奇家族的回归，以及马基雅维里本人被解职。

交谈,问他们何以如此行为,他们亲切地回答我的问题。在4个钟头里,我没有任何顾虑,世间烦恼皆被置之脑后,我不怕贫穷,也不怕死亡。我与他们完全融为一体了。

但丁说过,除非把你所学的东西记录下来,否则对于研究是毫无意义的。因此,我把与古人的交流中所习得的最为重要的事情都做了笔记,写了一本小册子《君主论》[7]。在这本小册子里,我尽可能深层次地探讨了与我的主题相关的问题,探讨了君主国的概念、君主国的种类、如何获得它们、怎样保有它们、为何失去它们。如果我以往的任何作品曾让你满意的话,这本小册子也不会令你不满的;君主,尤其是新君,也会喜爱它。因而,我把它呈现给了朱利亚诺殿下。[8] 菲利波·卡萨维吉亚曾阅读过它,他能够同你谈谈这本书的基本内容和我与他讨论的一些情况,虽然我仍然在对它进行扩充和修改。

4 阁下!你可能希望我应该放弃这种生活,到你那里与你共享生活。我当然愿意如此,然而,让我踌躇的是我至少要6周的时间才能完成这部著作。尽管我有点担心那儿的索德里尼家族[9],但如果我过去,我不得不与他们交际。因此,我担忧的是我本打算能够返回家园,却发现自己已深陷囹圄。因为,虽然这个政府制度良好、根基深厚,但毕竟刚成立,因而总会有所猜忌;再说,这儿并不缺乏精明之士,他们为了得到如帕高洛·贝特尼(Pagolo Bertini)一般的名声,会再次把我关进监狱,任由我为解脱而烦心。我倒是希望你说服我这种担心是没道理的,如果这样,我会竭力在6周之内去拜访你。

我已经与菲利波谈论过这本小册子,向他讨教是否应把它呈

⑦ 马基雅维里称之为 *De principatibus*。

⑧ 朱利亚诺·德·梅蒂奇,是他的哥哥教皇利奥五世之后的梅蒂奇家族的地位最高的成员。

⑨ 皮耶罗和他的哥哥红衣主教弗朗西斯科此时在罗马。

现出去;如果把它呈现出去,是否是我亲自来呈现,还是由你来呈现。我担心的是,如果我没有亲自来呈现,朱利亚诺恐怕看不到它;甚至更糟的是,那个叫阿尔丁杰里(Ardinghelli)[10]的家伙会从我最近的著作中捞取荣誉。当然,呈现它亦有有利之处,因为我已极度贫困,我的财源已耗尽,而且我也难以忍受这种贫穷而丢脸的现状了。总之,我希望当权者梅蒂奇家族会使用我,哪怕是安排我一个卑贱的工作。因为,即使我不会赢得他们的好感,可只要我为他们所使用,那我能责怪的也只能是我自己。至于我的著作,倘若他们看完它,他们会看到,在这十五年中,我没有把时间耗费在睡大觉和玩乐上,而是一直在研究这种治国之术。谁都会乐于使用一个从其前任雇主所犯的错误中吸取大量经验的人。至于我的诚实,应该没有疑问,因为我一贯信守诺言,现在也不会改变它。像我这样一个四十三年来一贯诚实而正直的人,是不会改变品行的;而且我的贫穷足以为我的诚实和正直提供佐证。

因此,衷心希望你再次给我来信,看看你对此事的看法。向你致以最好的祝愿!

尼科罗·马基雅维里　于佛罗伦萨

1513年12月10日

---

[10] 教皇利奥五世的秘书。

君主论①

尼科洛·马基雅维里致尊敬的

洛伦佐·梅蒂奇②殿下

---

① 《君主论》附有详细说明和注解的版本，参见 *Ll Principe*, ed. L. Arthur Burd (Oxford: Clarendon Press, 1891, repr. 1968)：这个版本是意大利文，但说明和注解却是英文。

② 洛伦佐(1492—1519)是洛伦佐殿下(1449—1492)的孙子，皮耶罗·德·梅蒂奇(1471—1503)(1492—1494 为佛罗伦萨的君主)的儿子以及乔万尼·德·梅蒂奇(1475—1521)的侄子，他在1514年成为利奥五世教皇。洛伦佐于1516年成为乌尔比诺公爵。我们知道，马基雅维里原本是想把《君主论》呈献给洛伦佐的叔叔和利奥的哥哥，朱利亚诺·德·梅蒂奇(1479—1516)。

凡是企图获得君主青睐的人们，通常都是把自己认为最有价值的或是能够给君主带来乐趣的东西作为献礼。因此，君主通常会获得马匹，盔甲，锦绣、宝玉以及诸如此类配得上君主身份的饰品。现在我向殿下献出我的一片忠诚，倾我所有，我认为最有价值的就是我对伟人事迹的了解了，这得益于我对当代政治的长期经验和对古代经典的不倦研究。长期以来，我不懈追问和推敲的就是如何成为伟人。现在，我把它写成了一个小册子献给您陛下。 5

尽管我自知这本小册子尚不足以获得您的垂青，但深信，出于您的仁爱，您是会接受它的，因为除了让您能够在极短的时间里了解我经过多年的艰难困苦所领悟的一切外，没有什么更好的礼物了。对于这本书，我没像其他人一样用诗意的语言、铿锵和瑰丽的章句或一些华而不实无关宏旨的言辞来装扮他们的作品。我之所以没有美化它，是因为我想要依靠各种各样鲜明的例子和主题的重要性来赢得赞誉。 6

我希望，它不会因为一个身份低下而卑微的人却敢于探讨君主的作为及对个中的相关政策作出评价而被认为是自负的。因为正如那些描绘风景的人一样，为了描绘山峦及高地的特征就置身于平原，而为了考察平原就高踞山顶。同样为了恰当了解底层阶级的行为，就需要成为一个君主；而为了更好地了解君主的行为，就需要是底层阶级的一个成员。

因此，祈求殿下接受我所敬献的这个小小的礼物吧。如果您细细研读并仔细揣摩，你就会了解我最为热切的期盼：愿您达到您的命运之神和您的其余品质能够使您达到的伟大地位。如果殿下您能够从您所处的巍巍极顶偶尔撇一下山谷里的风景，您就能觉察到我是多么无辜地忍受着我不该得到的无休止的恶毒的攻击啊！

第一章　君主国的类型及获得方式

所有统治人们的政府形式,存在过的或者仍存在的,要么是共和国要么是君主国。君主国要么是继承的,君主的先人们一直在此地占据着王位,要么是新人。如果是新建立的君主国,要么是全新的,就像米兰的斯福尔扎[③],要么是世袭君主国的附庸,如被西班牙国王[④]合并的那不勒斯王国。这样获取的领土,要么是早已习惯于在君主的统治下生活,要么向来都是自由的。而获得的方式,要么是依靠他人的军队,要么是自己的军队;要么是幸运的,要么是由于能力。

第二章　世袭君主国

这里,我将只就君主国的问题展开讨论。至于共和国的问题我将略而不谈,因为我在别处早有详细论述。我将根据前文的划分,来讲讲君主国的不同类型,探讨一下君主国应该怎样维持政权和治理国家。

7

我认为,在人们已经习惯于家族统治的世袭国里比在新的国家里保有政权的困难小得多。因为君主只要不触犯他的皇宗皇祖的制度,如遇有意外事件,能随机应变,就足够了。因此,一位世袭的君主即使才能平庸,亦能保有他的地位,除非遇有某种异乎寻常的格外强大的力量,才可能被篡位。但即使他被夺权了,当篡夺者一旦遭遇小小的挫折,他就能够光复政权。

---

③ 斯福尔扎在1450年获得米兰。参见第十二章。

④ 天主教徒费迪南德(1452—1516)于1504年获得那不勒斯。参见第三章和第二十一章。

例如,意大利的费拉拉公爵就是一例。其所以能够抵御1484年威尼斯人和1510年教皇尤利乌斯的侵袭,就是因为他的家族长久以来都是这个国家的君主,此外别无其他原因。因为世袭君主触怒人民的原因和必要很少,因此他自然会更为人们所爱戴。除非他品行恶劣异常惹人憎恨,他的臣民自然而然地会向着他,这是顺理成章的。而且由于家族统治年代久远且绵绵不断,人们对于他们是如何获得政权的,以及要推翻他们的记忆就会湮灭殆尽;因为,想变革政府的人所利用的条件就是政府每一次变革中所制造的冤情。

第三章 混合君主国

新君主国会面临一系列的问题。首先,君主国并不是全新的,而是在旧的基础上附加一部分新的,这样的君主国我称之为"混合"。那里的不稳定局势是一切新君主国都要面临的固有的困难,常见的问题在于起初人们愿意更换他们的君主,并且相信这种更换使得他们的处境得到更好的改善,这样的信仰促使他们拿起武器反对他。但是他们错了,因为不久以后他们发现,在实际生活中他们更加糟糕了。其原因是自然的,且也是必然的(typical):新君主出于必要的权力巩固而不得不做的依靠其军队来对付他们以及无数的其他的损害,都会不可避免地开罪于新的属民。这样,当你获得权力时,你就使你怨恨的人统统成为你的敌人,另外,你又不能继续保持对帮助你取得政权的人的善意,因为你无法满足他们原先对你的期望。你又不能采取强有力的措施对付他们,因为他们对你负有恩义。即使你拥有压倒一切的强大的武力,在占领一个地方时,你也应该获得当地人的支持。正是基于这样的原因,法

8

国国王路易十二丧失米兰的速度与其占领米兰的速度一样迅速。[5]第一次收复米兰仅仅需要洛多维科自己的军队就够了,因为原先给他打开城门的人们,发现他们的预期是错误的,以及对未来利益的希望也不过是梦幻罢了,他们不再能够容忍新君主的统治了。

的确,当一个君主在叛乱地区重新获得权力时,他更有可能维持它。因为叛乱给了一个机会,让他采用更为强硬的策略来惩治罪犯,搜查可疑分子,做好有针对性的防范工作,从而确保自己的地位。因此,第一次使法国国王丢失米兰,仅仅需要洛多维科公爵在边境上振臂高呼就可以了,但是要使法国国王再一次失去米兰,那就必须全世界联合起来反对他,并必须把他的军队歼灭或驱逐出意大利[6],其原因有如上述。

然而,他确实两次丢失米兰。我们已经论述了他第一次几乎肯定会丢失的原因;现在我们应该谈论他第二次丢失的原因,并看看他应该采取什么样的补救方法?以及任何一个处在法国国王位置上的人要保有他的权力应采取什么比他更有效的办法?

让我们先谈论那些被一个牢固君主制的国家合并的新国家,它们或者与合并它们的国家属于同一地区,使用同一语言,或者并非如此。如果是,要保有这些国家就很容易了,尤其是当他们不习惯于自由生活时。他所做的仅仅是清除过去统治者所幸存下来的家族成员就可以了。至于其他的方面,只要让它们保持以往的状态,尊重他们已经形成的风俗习惯,人们就会安之若素。可见,如果老的地域与新的地域享有同样的习俗,那新臣民就会安心地生活下去。正如在布列塔尼、布尔戈尼、加斯科涅和诺曼底所看到

---

⑤ 路易十二(1462—1515)于1498年成为法国国王并于1499年入侵意大利。他在1500年2月获得米兰并于4月丢掉它。

⑥ 路易在诺瓦拉战役(1500年4月)中重新占领米兰,再次丢失它是在拉文纳战役(1512年4月)后。弗朗西斯科·斯福尔扎的小儿子洛多维科·斯福尔扎在1494年到1500年统治米兰。

9

的，这些地方已经长时期地归属法国了。尽管语言不同，但他们的习惯是一样的，所以他们相互间就能很容易地容忍对方。任何获得这些紧邻的人，如果想保有他们，需要注意两件事：(1) 他必须确保以前的君主没有后嗣；(2) 他不能改变原有的法律或增添新的赋税。如果他这样做的话，他们会在极短的时间内与他的世袭制国融合在一起。

但是当你占领的地域有不同的语言、不同的习俗和不同的制度的时候，那么你就会面临很多的问题，如果想保有它的话，就要有极好的运气与极高的智谋(resourcefulness)了。其中最好的、亦为最有效的政策之一，是新君主亲自前往并驻守在那里。这会使占领地更加稳固，更加持久。这就是土耳其的苏丹王在希腊所做的。[7] 如果他没有驻守在那里，任何想保有它的措施都是很难有效果的。因为如果你在现场的话，你就会明察秋毫，麻烦一有苗头，你就会察知，并迅速采取相应的措施。而如果你远离这一地方，只有当问题变得严重的时候你才能知悉它，要想纠正为时已晚。此外，如果你亲自驻守在那里，那里的臣民将不会受你的官员侵夺；他们会将这些人强夺的事情直接上诉到君主你这里。结果是，那些愿意做奉公守法的人势必更加爱戴君主，而那些居心叵测的人则势必更加害怕你。至于那些想从外部进攻这个地域的人，则不得不再三斟酌，因为如果你驻守在当地，丢掉它就是你的耻辱。

另一个更好的策略是，派遣殖民迁入到一个或两个地方，他们会牵制那些新的臣民。这样做是很有必要的，因为你要么这样做，要么就是驻守很多的军队在那儿。殖民的花费并不多。你花费很少或无须花费就能够建立和维持他们的生活。而你所触犯的仅仅

---

[7] 君士坦丁堡于1453年成为土耳其帝国的首都。

是你为新居民而夺取了一部分人的住房和土地的那些人,而他们仅仅占此一区域人口的极少部分。同时,这些被你触犯的人亦是分散居住的和贫穷的,他们不会对你构成任何伤害。其余的人都没有受到伤害,因此他们是不会骚乱的。同时,他们也会处事谨慎,唯恐犯错,因为害怕他们邻居的命运将会降落到他们的头上。我断定,这种殖民活动是经济的、也是比较可靠的,留有反抗的机会不多;正如以上所言,那些被伤害的人,既分散又贫困,没有反抗的条件。这里,要注意一个普遍的规则:对人民,要么安抚要么镇

10 压。如果你只是轻微伤害他们,他们就会报复你;但是如果你重创他们,他们就无能为力了。所以,人们对他人的侵害应该是那种不用担心受到报复的侵害。

但是,如果在那里驻军来代替建立殖民地的话,那花费就多得多,因为军队将消费掉所有从新的疆域上获得的收益。结果,你的得益将变成损失。此外,你的军队也会比殖民得罪的人更多。你的军队会频繁调防,一会这儿,一会那儿,整个国家的人都会不堪其扰。结果是每个人都在遭受痛苦,因此他们都会成为你的敌人。尽管他们被打败了,但由于他们是待在自己的家里,他们是能够伤害你的敌人。因此,无论从哪方面来看,驻军是无用的,而殖民却是有益的。

再说,任何人如果发现他所拥有的地盘与他所继承的地盘在风俗上不同,他应该使自己成为比自己更弱的邻国的领袖和保护者,并且着手削弱强大的邻国的势力。他也应该注意不让与自己势力相当的外国人有任何干涉的机会。常有这样的事情发生:那些属地中的人由于心怀不满,或者由于他们的野心没有得到满足,或者由于害怕他们领主的势力,而促使外国人插手进来。很久以

前,埃托利亚人就是这样把罗马人引进了希腊[8];其实,罗马人所占领的任何地方都是由当地人引入的。这就是事物发展的规律:当外来人进入该地区的时候,所有当地比较弱小的势力,由于对那个凌驾于他们头上的政府的嫉妒作祟,就会与外来势力联手。所以,对于弱小的国家,入侵者不费吹灰之力就会得手,因为他们会迅速与他所征服的国家结盟。他所注意的仅仅是不要让他们变得强大和有很大的影响。凭借着自己的军队和他的新盟友的支持,他便能轻易击败那些强大的政府,从而使自己成为这个地区所有事情的仲裁人。不懂得如何成功地扮演这一角色的人,将会迅速地失去他所占领的领地,并且,即使他拥有他,他也会感到有无穷的困难和烦恼。

罗马人在他们占领的区域,认真地遵循这些信条。他们派遣殖民地;安抚弱小的君主,但又不让他们增强势力;打击强大的势力,并不允许外来势力获得支持。仅仅举希腊这个地方的例子就足够了。[9] 罗马人施恩于阿契亚人和埃托利亚人,他们镇压马其顿王国。他们驱逐了安提奥科斯。[10] 尽管他们信任阿契亚人和埃托利亚人,但他们从没有允许他们去建立独立的权力;同样菲利普[11]的阿谀奉承也没有使得他们把他当做朋友而不把他打倒;安提奥科斯的势力也没有威胁到他们,从而使他在那个地区保住一点地盘。

11

在这样的事情上,罗马人所做的就是所有明君都应该做的:不仅要关注当下的危机,同时也有预计到将来所遇到的,并且尽其所能阻止它。因为如果你很好地预计到了后面的麻烦,那么你就能

---

⑧ 公元前211年,参见 Livy, bk. 26, ch. 24。

⑨ 马基雅维里所指的这一事件发生在公元前192年到公元前189年之间,参见 Livy, bk. 37。

⑩ 叙利亚国王安提奥科斯三世。

⑪ 马其顿的菲利普五世。

够轻易地采取适当的行动补救它,但如果你等到灾难临头,那么处方就会失效,因为已病入膏肓。这就像医生谈论肺痨时那样:开始时,治疗容易,诊断难。但是,过了一段时间,如果没有被确诊并且对它也很随意的话,那就是诊断容易治疗难了。对于政治来说,亦是如此。如果你过早地预计到了问题之所在,他们就易于处理。但如果你对它没有及时察觉,并且让它发展到任何人都知晓的地步,那么此时做任何事情都已为时过晚。

罗马人总具有前瞻性,在问题到来之前就采取行动。他们从来没有为了避免战争而推迟行动,因为他们明白战争不能回避,拖延时日,只会使你的对手获益。因此为了避免与菲利普与安提奥科斯在意大利进行战争,他们就尽早下手在雅典与他们进行交战。尽管他们是有可能避免这些战争的,但这并不是他们想要的。他们绝不会欣赏我们今天的智者们的口头禅:"时间会带来利益"。相反他们依靠的是他们的勇气和谨慎,因为任何事情都有可能发生,随着时间的流逝,它所带来的既有好处,亦有坏处;既有坏处,亦有好处。

让我们后头再看看法国国王,他们是否遵循了我前面所列举的一些信条。我将讨论路易斯而不是查尔斯,其原因在于他在很长一段时间里拥有意大利的地盘,所以我们能够更好地理解他所遵循的政策。[12] 我们将看到为了保有他的地盘,他的做法与他的继承者的做法适得其反。

12

路易斯国王是被威尼斯人的野心引入到意大利的,他们企图通过他的入侵而控制半个伦巴第。我并不想指责国王与威尼斯人结盟的决定。由于他想在意大利谋求立足点,而在那里他也确实

---

⑫ 查尔斯八世(1470—1498)从1492年开始统治法国,并于1494年侵略意大利。在1494年他加冕为那不勒斯的国王,但他于1495年被迫离开意大利。他的军队在1512年的第二次诺瓦拉战役中被彻底击败。

没有朋友(事实恰恰相反,是由于查尔斯国王的行动而使他进入意大利的所有门路被关闭了),于是他不得不去寻找他所能找到的联盟。当然,如果他在其余的事情上处置妥当的话,他的决定也许是很好的。当国王征服伦巴第以后,他立刻恢复了查尔斯国王早已失去的威名。热那亚投降了,佛罗伦萨人成了他的朋友。曼图瓦侯爵、费拉拉公爵、本蒂沃利、弗利夫人以及法恩扎、佩扎罗、里米尼、卡梅里诺、皮昂比诺等地的君主,还有卢卡、比萨以及锡耶纳的市民,都争相与他结交,成为朋友。这时威尼斯人才意识到了危险,为了获得伦巴第的两个城镇,却使法国国王成为意大利2/3领土的掌管者。

现在我们设想一下,如果他遵循我前面列举的信条,善待他的新朋友,并保护他们,他保护和维护他的朋友的话,那他要保持自己在意大利的威望不会是困难的事。他们尽管人数众多,可是既弱小又胆怯,一些人害怕教会,一些人害怕威尼斯人。因此除了对他保持忠诚外,别无选择。依靠他们的支持,他能够轻易地击败那些仍然强大的敌对势力。但是他进入米兰后却反其道而行之,帮助教皇亚历山大占领罗马涅。[13] 他没有意识到,他的决策疏远了他的朋友和那些投靠他的人,从而削弱了自己的力量;却助长了教皇的力量,使其不但拥有宗教权力,也在世俗权力上有了进一步的加强。因此,他不得不一错再错,为了抑制亚历山大的野心,阻止他占领托斯卡纳,他被迫再次进军意大利。助长教皇的力量和丢掉他的盟友他还嫌不够,他伙同西班牙的国王瓜分了他垂涎已久的那不勒斯王国。[14] 本来,他在意大利拥有至上的权力,现在他却与其他人共享这一权力,这使一些野心家和心怀不满的人有了回旋

13

⑬ 参见第七章。

⑭ 1500年路易斯同意与天主教徒费迪南德分割那不勒斯王国,但整个国家于1504年都丢给了他。

的余地；本来，他可以把他掌控下的一位国王留在那不勒斯，现在他却把他清除出去，并让一个渴望排除法国人的人代替了他。

想获得新的地盘或为了达到目的而采取的任何手段是非常自然和正常的，他们应该受到褒奖，或至少不应该被谴责。但如果他力所不能，却仍然一意孤行的话，那么就会铸成大错并留下骂名。假如法国拥有入侵那不勒斯的足够的军事能力，他尽可以这么做。但如果他没有足够的能力的话，他就不该分割这一地盘。如果说为了法国人在意大利能够立足，伙同威尼斯人分割伦巴第是情有可原的话，那么对那不勒斯的分割应该被谴责，因为上述理由在这里是行不通的。

这样，路易斯犯了以下四个方面的错误：他浪费了与弱小国家结盟的机会；他助长在意大利本已强大的国家的力量；他没有亲自驻扎在意大利；他没有在那里建立殖民地。即使他在世的时候，如果没有下一个错误即入侵威尼斯，也不会有坏的后果。如果他没有增强教会的势力，把西班牙引入意大利的话，他就有理由也有必要去入侵威尼斯。但当做了他所做的以后，他决不应该同意灭亡威尼斯的政策。因为只要威尼斯人保持着强大的势力，其他人（教皇和西班牙人）是不会觊觎伦巴第的，因为威尼斯人除了自己想控制伦巴第之外是不会让它落入其他人之手的；再者，其他人也不会把伦巴第从法国人手中夺过来而拱手让给威尼斯人，而且，也没有勇气同时与两个国家交战。

有人可能这么回应，路易斯国王为了避免战争允许教皇亚历山大攫取罗马涅，西班牙国王拥有那不勒斯。我与先前的观点一致：一个人决不能为了避免战争而对麻烦置若罔闻，因为战争是不可避免的，拖延时日，只会对自己不利。如果其他人保有这样的希望，国王屈服于教皇帮助他获取罗马涅是有条件的，即教皇同意他离婚并让罗阿诺的红衣主教担任枢机主教，我会在后面谈论君主

14

是否守信以及在什么程度上遵守他们的誓言时作答。

因此,路易斯国王丢掉了伦巴第,是因为他没有遵循那些占有并保有领土的人所遵守的信条。由此而发生的事情就不会令人惊奇了,可以说很正常,也能想象得到。我曾在南特与罗阿诺枢机主教谈过这些事情,此时瓦伦蒂诺(通常称之为亚历山大的儿子凯撒·博尔吉亚)还拥有罗马尼阿。枢机主教对我说,意大利不懂战争。我则告诉他,法国人不懂政治,因为如果他们懂政治的话,他们将不会允许教皇获取这么多的权力。经验证明,教皇和西班牙国王在意大利势力的扩大受益于法国国王,相反他们也造成了他的自我毁灭。鉴于此,我们得出一个还没有(或从来没有)被证明是错误的一般规律:谁使他人权力强大,谁就会自取灭亡;因为他或者是通过自己的才智,或者是通过自己的势力而使他人权力强大,然而一旦他权力强大了,就会对这两点感到不安。

第四章　亚历山大征服的大流士王国为什么在其死后没有反叛他的继承人呢

当你思考保有一个新占领的国家所面临的难题时,通常都会困惑:亚历山大大帝只用了几年的时间就成为亚洲的主宰,刚刚结束霸业,他就死了,此时你定会想象到会有针对整个帝国的叛乱。[15]然而,亚历山大的后继者们却继续占领它,除了由于他们自己的野心而在内部发生的冲突之外,并未遇到任何困难。我的解释是,有史以来的君主国,有两种不同的统治方式:要么是个人和他的仆人的统治,后者承蒙君主的恩惠和钦准,经任命为大臣辅佐君主统治王国;要么是君主和贵族来统治,后者并非是君主恩准的,而是来

---

⑮　亚历山大于公元前334年至公元前327年之间占领了亚洲,于公元前323年去世。

自于他们高贵的血统。他们有自己的领地,自己的臣民:这些臣民把他们奉为自己的主人,对他们有着天然的感情。在由君主及其仆人所统治的国家里,君主本人有更大权威,因为在其所有的领地中,除他之外无人有权统治。即使他的臣民服从其他人,但这么做是因他是君主的大臣和代理人,他们对这些下级官员不会产生任何特殊的爱戴。

在我们这个时代,有个很明显的例子来说明这两种统治类型:土耳其的苏丹和法国的国王。整个土耳其王国中都是由一个帝王统治,其他的人都是他的仆人。他把王国划分为若干省[16],并派遣行政人员,为了规制他们,他可以根据自己的心愿来调动和替换他们。但是,法国国王却置身大批世袭贵族之间,这些贵族享有为他们的臣民所公认的权利,并被他们爱戴。他们有自己的世袭特权,因此国王想不冒风险地剥夺他们是不可能的。把这两个国家进行比较,你会发现攫取苏丹王国是非常困难的,但是,一旦你获得了它,将会非常容易保有它。

夺取苏丹王国之所以困难,其原因有二:王国的大臣们不会邀你入侵,也别指望国王周围的大臣们会反叛他。其原因我都已经解释了。因为,他们都是他的奴仆,对他都有义务,要腐蚀他们就会很难;即使能腐蚀他们,对你也不会有很大的作用,因为他们不可能获得人民的服从,理由如前所述。因此,任何想入侵苏丹的人必须考虑到他面对的是一个团结一致的土耳其,他要依靠的是自己的力量,而不是他的反对者的骚乱。但是一旦他击败了他们,并彻底摧毁了他们的军队,以至于他们不能再重振旗鼓的话,那么让他担心的就只有君主家族了。一旦他除掉了他们,那他就可以高枕无忧了,因为再也没人能够左右人民了。正如入侵者在取胜之

---

⑯ 行政区。

前没有获得支持一样，胜利之后他们也没有什么好担心的。

法国的情况正好相反。只要获得了一些当地贵族的支持，要入侵他们是很容易的。因为在这样的王国中，总是会发现一些不满意的人，他们希望通过变革来谋利。只要能够把他们争取过来，就能够让你轻易地进入王国，并助你获胜。但是当你保有权力时，你就会面临那些你曾经的盟友和那些你击败的贵族们给你带来的无穷问题。仅仅杀死君主和清除他的家族成员是不够的，因为其余的贵族将会推举新的领袖来叛乱。你不可能赢得他们的忠诚或把他们斩草除根，因此只要一有机会，你就会有丢失王国的风险。

16

现在，如果你考察大流士的统治是何种类型的话，你会发现与苏丹的统治相似。因此，对亚历山大来说必须依靠自己的力量打败他，并夺取他的领土。一旦他得胜，而大流士也死了，亚历山大便能牢牢地控制着他的新王国，理由已如前述。只要他的继承者们团结一致的话，他们便能轻松地控制着王国；在王国中，除了他们之间的内斗外，不会遇到任何抵抗。但是依法国模式来建制的国家一旦获得，就不会这样轻松了。这就是西班牙、法国[17]和希腊对罗马的反叛如此频繁的原因。因为在这些领地上，有很多小王国，只要人们没有忘记传统，罗马人就不会高枕无忧。一旦这些小王国的记忆完全淡化了，这主要是由于罗马人的长期统治，他们就能牢固地拥有这些领地。即使以后，当罗马的一些派系内斗时，每一派都会由于他在此区域的帮派中所确立的威信，而得到他们的支持。这些地方的人们，由于原先的君主家族已经被铲除了，除了罗马人，他们无人可以爱戴了。一旦你考虑了这些因素，就不会对亚历山大能够轻易地保有亚洲，而其他的统治者（皮尔胡斯只是其

---

⑰ 马基雅维里所用的“France”一词既指现代的法国也指古代的高卢行省。因为他的一个信念是法国人没有变，我保留这个单词作为他的信念提示，即古代世界和现代世界之间有确切的联系。

中一例)在维护其统治时就很困难,感到惊奇了。关键不在于征服者的能力大小,而在于被征服者的情况不同。

17

第五章 应该如何管理生活在各自法律下的城邦和王国

当依靠征服而获得一个已经习惯于在各自的法律下自由生活的国家时,为了继续占有他们就需要遵循三个策略:一是毁灭他们;二是亲自驻扎;三是让他们继续生活在他们自己的法律之下,从他们那里收取贡品,且在那儿缔造一个效忠于你的行政与政治势力集团。既然势力集团是政府首脑所扶持的,他的成员就会知道没有他的友谊和他的权力他们将无法生存,因此他们就会竭尽全力来维护你。对于一个习惯于自治的城邦的治理,只要你不想毁灭它,那让它自己的市民来治理要比其他的手段容易得多。

斯巴达人和罗马人就是这样的例子。斯巴达人依靠扶持寡头政府控制了雅典和底比斯,然而,他们又失去了它们。[18] 罗马人为了持续占有卡普阿、迦太基和努曼齐阿而灭掉了他们,这样就永远不会失去他们了。[19] 他们或多或少采用与斯巴达人相似的策略来治理,让希腊城邦自治并施行自己的法律,但失败了,最终为了维持统治他们被迫灭掉了许多城邦。因为实在是没有其他更为可行的办法了。谁要成为习惯于生活在自己法律下的城邦的君主而没有摧毁它,最终的结果就是被它摧毁。无论它何时反叛,它都会在自由之言辞中觅得力量并企图恢复古代宪政。它的臣民们不会因

---

⑱ 斯巴达人策划的寡头政治从公元前404年至公元前403年统治雅典,从公元前382年至公元前379年统治底比斯。

⑲ 卡普阿于公元前211年,迦太基于公元前146年,努曼齐阿于公元前133年。

为时间流逝以及得到的好处而遗忘他们先前的自由。除非你将那里的土著居民驱散开，否则无论做什么，采取什么样的预防措施，都不会毁灭到对自由的记忆和古老制度的吸引力。一有危机，他们就会恢复它们。这就是在佛罗伦萨人奴役了几百年后的比萨所发生的。[20]

但是，当一些城邦和地区已经习惯于帝王的统治，也铲除了君主的家族之时，那事情就会不同了。他们已经习惯了唯命是从。他们的老君主已经去世，他们也不同意在他们内部有人能够代替他，他们不知道如何自治了。因此，他们就不能很快武装反抗，新君主就能够轻易地拉拢他们并以强力维持自己的政府。但在先前的共和国里，其生命力更强，仇恨更深，复仇的欲望也更烈。对自由的缅怀使他们无法平静下来。因此，最佳策略就是消灭他们或亲自驻扎到他们中间。

18

第六章　依靠自己的军队和能力获得的新君主国

谈论一个完全的新王国时（即国家本身没有统治者，亦不是君主国），相信没人会对下面伟人的例子感到诧异。因为人们总是踏着别人走过的路，效仿别人以前的行为前行。但你不能与以前的路安全合辙，也不容易效仿你所选择的人的能力。因此，谨慎的人总是跟随者伟人的步伐，效仿那些真正杰出的人。这样，即使他在能力上逊于他们，他们的一些能力也会惠及到他。就像一个有经验的弓箭手，射击的目标如果很远，超出他的射程范围，他就会瞄准目标的上方，这并不是为了击中它，而是通过把目标抬高而击中目标。

---

⑳ 比萨被佛罗伦萨从1406年到1494年所控制，并在1509年再次被控制。

我认为，在一个完全新的王国里，新君主在保有权力时所遇到的困难有大有小，这主要依靠他的能力的强弱。在这种情况下，你是得益于运气或能力而由一介平民直接成为君主的。而且运气和能力也能助你克服一些困难。然而，很少依靠运气的人更有可能维持统治。对任何一个完全新的君主来说，由于他没有其他的地盘，因此别无选择他只得亲自驻扎在他的王国中，这是一大优势。那些并非仅仅由于运气，而主要是依靠他们本身能力的君主们。依我来看，这些伟人当属摩西、居鲁士、罗慕路斯、忒修斯和其他像他们一样的人。㉑

19 很显然，我们不应讨论摩西的能力，因为他仅仅是一个代理人，他根据神给予他的指示而行为。因此，他之所以受到尊崇，并不是因为他本人的能力，而是由于他有资格与神交谈的荣耀。还是让我们来谈谈居鲁士和其他征服或创建新王国的人吧。你会发现他们都是值得敬佩的。你看看他们每个人的作为和方略，你会发现尽管他们没有比摩西更好的导师，但他们所做的与摩西所做的并没有非常明显的不同。再看看他们的功绩和生活，你将发现他们所主要依靠的是机会。他们抓住了能够使他们获得想要的机会。没有机会，他们的能力就无法得以施展。当然，如果没有能力的话，到手的机会也会白白丢失。

因此，身陷埃及，且被埃及人奴役和压榨的以色列人，对摩西来说是必不可少的。只有这样他们为了摆脱埃及人的奴役，才会愿意跟随他；对罗慕路斯来说，没有留在阿尔巴是必要的，刚一出生就被抛弃也是适当的，否则他不可能成为罗马王和罗马的创始人；对居鲁士来说，必要的是看到，波斯人对米堤亚人的统治充满

㉑ 居鲁士于公元前550年左右战胜米德斯人并创建了波斯帝国。罗慕路斯是罗马的神话般的创始人。忒修斯杀死了米诺陶洛斯，于公元前1234年创建雅典。马基雅维里把他们看做是杰出的历史人物。

敌意以及米堤亚人由于长期和平而导致羸弱颓废;忒修斯如果没有发现雅典人一盘散沙,他的能力也无法得以施展。所以,机会使他们功成名就,而他们杰出的政治能力也使他们能够洞悉机会,并利用这些机会使他们的国家高贵祥和,日趋昌隆。

这些通过坚定的意志力成为君主的人,虽然获得王国异常艰难,但是要维护它就轻而易举。他们获得权力而面临诸多困难,主要来自于为政府的创建和安康而不得不创设新的规章制度。稍作停留,细细想想就会看到,没有比一个领袖创立新制度更为艰难困苦了,其成败更为难以把握,其成功的风险更为莫测。因为,创始者使所有受益于旧制度的人成为敌人,而仅仅得到那些期望受益于新制度的人极为冷淡的拥护。其冷淡,部分来自于对法律所支持下的反对者的恐惧,部分来自于他们本身对之缺乏信任。因为人们只有确确实实经历了新事物后,才会真正相信它。因此,无论何时只要新秩序的敌人有反击的机会,他们就会凶猛地攻击它,而其他人只会半信半疑地抵抗。因此,君主和他的拥护者都是危险中人。

20

但是,我们要使倡导者的事态有意义的话,就需要了解他是依靠自己的力量还是依靠他人的支持,即我们需要了解的是,为了达到目的,他是否应必须恳请支持,还是诉诸武力。在第一种情况下,他肯定不会有一个好的结果,而且一事无成。但是,当他能够依靠自己的力量诉诸武力时,他通常能够克服所面临的种种危险。所以,有武装的先知都获胜了,而没有装备的都失败了。此外,还有另一个原因,人们在本性上都是变化无常的,说服他们相信某件事是很容易的,但要让他们坚信不疑却很难。因此,你必须未雨绸缪,他们不再信任时,你就用武力迫使他们相信。摩西、居鲁士、忒修斯和罗慕路斯如果没有武装的话,人民是不会长期服从他们创立的新制度的。这就是在我们时代的吉罗拉莫·萨伏那罗拉修士[22]身上所发生的,他和他的新制度在多数人对其失去信任时毁灭了,因为他没有任何方法使他曾经的信任者坚定信任,又没有迫使不信任者去信任。

因此,新国家的奠基人会面临无数的困难,沿途布满危机,他们必须依靠自己的能力和坚定的意志来克服它。一旦克服了困难,他们就开始被人尊崇了,除掉忌妒他们卓越才识的那些人后,他们就会被顶礼膜拜。他们就会享有权势、安全、荣耀和幸福了。

我们看到这些高贵的例证后,我想再附加一些稍逊于他们的一个例子。然而他们有一些相似性的东西,我想这个例子是具有代表性的,就是叙拉古的锡耶罗[23]。他从平民一跃成为叙拉古的君主。同样,他没有依靠任何的幸运,只是抓住了机会。遭受压迫的叙拉古人选他做他们的军事长官;当然他也理应成为他们的君主,他在成为君主之前就已经很有名了,史上有记载说:"除了一个王国之外,他做国王的条件都具备了"。他解散了旧军队,建立了新军;放弃了老盟友,缔结新交。由于他的盟友和士兵都是他的人,他就为创建他之所愿的任何政治制度打下了根基。同样,他在获得政权的过程中克服了很多的苦难,在保有时就容易多了。

21

第七章　依靠他人的武力,或者依靠好运而取得的君主国

那些由平民一跃而成为君主的人,如果仅仅是由于好运,虽在

㉒ 吉罗拉莫·萨伏那罗拉是多米尼克派的托钵修士和享有先知的牧师。他从1494年梅蒂奇家族被驱逐到1498年里主宰着佛罗伦萨的政治,之后他作为一个异教徒而被处死。

㉓ 锡耶罗二世于公元前269年成为叙拉古的国王。马基雅维里的信息来源是Polybius,bk. 7, ch.8,以及Justin, bk. 23, ch. 4。

获得权力时毫不费力,但保有它就异常艰难了。在获取政权的路上,他们平平稳稳,因为他们跳跃了所有的障碍,一旦他们掌握政权,危险就会接踵而至。我现在谈论这样的人,他们被给予一个国家,或者是通过金钱的交易,或者是由于把国家移交给他的人的善意。在希腊时代有很多这样的人,爱奥尼亚和赫里斯蓬的城邦的君主就是由大流士所立,他们只能为了大流士的安全和荣誉而坚守城邦。[24] 一些罗马皇帝也是这样,他们依靠收买军队而由平民直接获得皇位。[25] 这些君主完全依靠的是赋予他们权力的人的善意和好运,而这两者是完全不可靠的和反复无常的。这样的君主不知道如何去保有他们的地位,而且也保不住。之所以不知,是因为他们是一介平民,除非他们是一个有杰出的和巨大才能的人,才可以在没有任何训练和经验的情况下发号施令;之所以不保,是因为他们没有可以依靠的忠诚和献身精神的军队。

此外,突然兴起的国家,像自然界中速生速长的事物一样,不可能根深叶茂,一遇干旱,就会迅速地枯萎,一遇暴风雨,就会凋谢。除非,如上所述,那些迅即成为君主的人享有杰出的才能,立刻知道如何保有幸运恩赐给他们的礼物,并采取那些其他人在成为君主之前所做的措施,他们就能找到维持下去的方法。

22

依靠能力或依靠运气成为君主的,我想补充两个在我们的时代发生的例子:弗朗切斯科·斯福尔扎和恺撒·博尔吉亚。弗朗切斯科依靠正确的手段和杰出的能力,从普通平民成为米兰公爵。他获取其位时历尽艰难困苦,保有他就不会有什么困难。[26] 另一位,恺撒·博尔吉亚,普通人称其为瓦伦迪诺公爵,则是借着他父

㉔ 在这里,马基雅维里是指公元前6世纪在亚洲和赫里斯蓬地区中说希腊语的城市。

㉕ 参见第十九章。

㉖ 参见第十二章。

亲的好运而取得了国家,但运气泯灭时他也失去了它。[27] 尽管在这个依靠别人的军队和运气而获得的国家中为了巩固自己的地位,他运用了一个审慎和有能力的人所应该采用的所有的措施和行为。就像我以前所说的,如果他在起初未能奠定根基,事后可以通过杰出的能力来弥补,尽管建筑师会有一个令其痛苦的历程,建筑物也有坍塌的危险。这样,如果我们考察博尔吉亚所做的,我们就会看到他已经为将来的权力奠定了坚固的根基。我认为讨论他的策略并非多余,因为除了他的例子外,我想象不出有更好的例子劝诫新君主了。而且,如果他的策略并没有取得成功,这并不是他的过错,而是由于极端恶劣的运气。

教皇亚历山大六世在着手使自己的公爵儿子成为君主时,在当时和此后都面临着相当多的困难。首先,他找不到任何办法来使他成为教皇辖区之外任何地方的君主。他也知道,他不能从教皇的手中攫取土地来给恺撒,否则他将不得不克服米兰公爵和威尼斯人的对抗,因为法恩扎和里米尼已经处于威尼斯人的保护之下。另一方面,他也明白,意大利人的武装力量,尤其是那些他能够使用的,都控制在那些担心教皇势力扩展的人手中。因此,他不信任奥西尼、科隆内以及他们的盟友,而且也没有其他可以求助的人。[28] 所以,他必须打破这一框架,使他的对手处于混乱状态,他就有可能控制他们。事实证明很容易,因为他发现威尼斯人出于自身的原因,而决定邀请法国人入侵意大利。他不仅没有反对,而且还通过结束路易斯国王的婚姻来推波助澜。于是,法王在威尼斯人的帮助和亚历山大的同意下进军意大利。他一到米兰,教皇就从他那里借军攻击罗马涅,而罗马涅由于害怕法王屈服了。

23

[27] 恺撒·博尔吉亚(1475—1507)是 Rodrigo Borgia(1431—1503)的私生子,他于1492年成为亚历山大六世教皇,于1499年开始对罗马涅的征服。

[28] 关于奥西尼和科隆内,参见第十一章。

这样，一旦恺撒成为罗马涅公爵，并击败科隆内后，要想保有他的新领土并有进一步的征服时，他就要面临两个障碍。首先，他的军队看来并不可靠。其次，法王可能要反对他。他已经利用了奥西尼的军队，但他们有可能放弃他。他们不仅要阻碍他有更多的收获，而且还要攫取他已经获得的。而法王也可能有这样的心思。当公爵占领法恩扎后又去攻打博洛尼亚时，他发现奥西尼对此已没有了兴趣，这印证了他的猜测[29]；至于法王，当他夺取了乌尔比诺公国后侵入托斯卡纳时，路易斯迫使他放弃了这一行动，他看透了他的心思[30]。于是，公爵决定不再依靠他人的军队和好运了。

他所做的第一件事，是削弱在罗马的奥西尼和科隆内家族的派系。他把所有与这些家族结盟的贵族们都争取过来，使他们成为他的人，给他们重重的赏金，并根据他们的不同地位来让他们担任文武官员。这样，在几个月的时间里，派系的感情纽带就被瓦解了，他们开始效忠于公爵。另一方面，当他把科隆内家族的力量瓦解之后，他也在寻找机会消灭它。不久他觅得良机，并充分利用了它。对于奥西尼来说，当他意识到——尽管为时已晚——公爵和教皇力量的强大将是他们的末日时，他在靠近佩鲁贾的马吉奥内召集会议。结果，乌尔比诺爆发了叛乱，罗马涅发生了骚乱，这几乎摧毁了公爵，但他在法国的帮助下克服了所有的抗拒。[31] 而且，为了重振权威，又认识到他既不能信任法国，也不能信任其他外部的力量，并且还要阻止他们联合起来反对他，他决定欺骗他们。他异常成功地隐瞒了自己的真实意图，以至于奥西尼家族的代表保罗·奥西尼开始与他讲和。公爵抓住任何机会讨好保罗，给他金

24

[29] 1501年的春天。
[30] 1502年的夏天。
[31] 1502年的10月。

钱、布料和马匹。于是,奥西尼的领袖们毫无戒心地被带到了西尼加利亚,在那里他们任凭他来摆布。[32] 公爵除掉了他们的领袖并赢得了追随者的效忠,他感到他已经为将来的权力打下了很好的基础。他已经控制了整个罗马涅和乌尔比诺公国地区,而且看起来,他好像已经说服了罗马涅,并赢得了他的人民的支持,因为他们已经开始享受崭新富足的生活。

既然这个问题值得注意,效仿恺撒的行为也是明智的,所以我想进一步详述我刚才所说的。一旦公爵征服罗马涅,他会发现它已经处在孱弱贵族的统治之下,他们不是在管理而是在剥削他的臣民,他们制造冲突,使臣民四分五裂而不是团结一致。结果是整个区域充满了强盗、盗匪和其他各种类型的刑事犯罪。因此,他认为要想使这一区域恢复和平并服从他的命令,就有必要成立一个优良的政府。他委任麦瑟·雷米罗·德·奥尔科来管理,并授予其绝对的权力。此人冷酷机敏,短期内就恢复了和平而团结的局面,并获得了巨大的声望。此时,公爵认为这种不受制衡的权力不再是必要的了,因为他害怕人们会憎恨他。于是他在地区的中心建立了公民法庭,委派了一位优秀的法官来负责,并且在出庭前要求每一个城市都要指定一名律师来代理。由于他知道过去的严厉措施已经引起了一些人对他的敌意,因此为了消除人们的恶念并把他们完全争取过来,他要表明的是,如果有什么残忍的行为,责任也不在他,罪在那位铁石心肠的大臣。为此,他觅得机会,并利用了它。一天早晨,他在切泽那广场将雷米罗·德·奥尔科分尸
25 两半,尸体旁有切割过的木板和一把血淋淋的刀子。[33] 这种残忍的场景使罗马尼阿的人民既高兴又震惊。

---

[32] 他们于1502年12月31日被捕。一些人当场被杀害了,另一些人也在几周后被害。

[33] 1502年12月26日。

让我们回到刚才的话题。我曾说,公爵发觉自己已经十分强大了,并且也采取措施预防了当下的危险,因为他已经按计划建立了军事力量,并且摧毁了大部分可能威胁到他的邻近力量。因此,如果他想要更多的收获的话,需要解决的是法国国王的问题,因为他知道法王已经认识到他对待博尔吉亚的政策是欺骗性的,不会再允许他有更多的征服了。因此博尔吉亚开始寻找新的盟友并搪塞法国,当他们派军进入那不勒斯王国以便进攻在那里围攻加埃塔的西班牙人时,他就是这么做的。[34] 他的意图就是免受其害,如果教皇亚历山大还在世的话,相信他很快就会成功。

这些就是他对当下事物所采取的措施。但他也需要考虑将来的问题。首先,他担心新教皇可能对他有敌意,甚至可能取回亚历山大给予他的。面对这种威胁,他打算采用四项策略来对付:第一,清除他已经夺得的土地上的君主家族,目的是打消教皇让前君主复辟的想法。第二,如上所述,他开始寻求罗马贵族的支持,以便于他能够用他们去牵制教皇。第三,尽力争取红衣主教团的成员做他的盟友。第四,在教皇去世之前尽可能获得更多的权力,以便他能依靠自己的力量来抵御首次攻击。亚历山大去世之前,他已经成功做完了其中三件;第四个也几乎要完成了。对于那些被废黜的君主,他能杀的都杀了,仅有少数幸免于难;罗马的贵族成了他的支持者;他在红衣主教团里组建的派系也很大。至于下一步的征服,他开始计划征服托斯卡纳;他已经占领了佩鲁贾和皮昂比诺,并且也把比萨置于他的保护之下。一旦他不再对法国国王心存顾虑(他其实没必要顾虑,因为法国已经把那不勒斯丢给西班牙了,因此法国和西班牙都可能要讨好他),他就会随意夺取比萨。之后不久,卢卡和锡耶纳也会很快屈服,这部分是出于对佛罗伦萨

26

[34] 1503 年。

人的忌恨,部分是由于害怕。对此,佛罗伦萨人无可奈何。

如果他成功地做成了这些(亚历山大去世的那一年他几乎就要成功了),他就会获得更多的权力和更多的威望,以至于他能够完全自立。他就不再依靠他无法控制的事件和其他人的政策,而是靠着自己的权力和能力。但当恺撒·博尔吉亚挥剑征战5年后,亚历山大就去世了。[35] 他发现他所统治的地区,在两个强大的敌军之间,自己的罗马涅比较坚固,其余的都不牢靠,而且自己也已病入膏肓。但公爵智勇双全,他知道得失取决于什么,而且他已经在很短的时间里打下了非常坚固的根基,因此,如果他没有腹背受敌,或者如果他有一个好的身体,他定能克服所有的困难。

之所以说他根基牢固,是以事实为证的。在罗马涅,在去世后的一个多月里人们还是效忠于他。在罗马,尽管他已半死不活,他还是很安全。尽管巴利奥尼、维泰利、奥西尼进入罗马,但是还没有一个人追随他们攻击公爵。因此,如果他没有能力决定谁应该是教皇,他至少能够否决他不信任的人。因此,如果亚历山大去世之后,他的身体状况良好的话,他也会毫无困难地处理他的问题。在尤里乌斯二世当选教皇的那天[36],他曾告诉我,他曾自问如果他父亲去世他能够做什么,并且他很自信他能够应对这个形势。但从没想到的是,他父亲去世之后,他的生命也快走到尽头了。

回顾公爵的所作所为,我仍旧没发现可指责的地方。对我来说,我已经把他看做是,那些依靠好运和凭借外人的军事力量而获得政权的人效仿的恰当的例子。因为,他机智勇敢、抱负远大,他理应如此行为;仅仅因为亚历山大的短命,以及自己的患病,他的计划才没有如愿。因此任何获得新政权的人要采取的政策就是:

27

[35] 1503年8月18日。

[36] 1503年10月28日。当Giuliano dello Rovere(1451—1513)的叔叔成为西克斯图斯(Sixtus)教皇四世时,他于1471年被任命为圣·皮耶罗·阿德·温库拉(San Piero ad Vincula)枢机主教。关于马基雅维里对教皇的评价,参见第十一章和第二十五章。

摧毁敌人,争取盟友,赢得战争,无论是通过武力还是欺骗,使自己的臣民既爱戴又恐惧,使自己的士兵对你既忠诚又尊敬,清除那些能够或将要伤害你的人,革新旧制度,既严厉又宽容,宽宏大量,解散不忠诚的军队,组建新军,与各国国王和君主建立盟友关系,要么对你殷勤相助,要么不能与你为敌——在最近的一段时间里,找不到有比恺撒·博尔吉亚更好的效仿模本了。

他的错误仅仅是让尤里乌斯当选为教皇,这是一个错误的选择。就像我以前所说的,他即使不能选择谁来做教皇,他也应该投票反对他不喜欢的人来做,而且他决不应该同意以前与他有过冲突的枢机主教,或当选后将有可能对他感到害怕的人当选。因为,人们会由于害怕或憎恨加害他。与他有过节的还有圣·皮耶罗·阿德·温库拉、科隆内、圣·乔治、阿斯卡尼奥,如果这些人被选为教皇的话,除了罗阿诺和西班牙人之外,其余人都会惧怕他。西班牙人是他的亲戚和盟友;罗阿诺由于法国的支持而享有权力。因此,公爵的首要目的应该是要确保一个西班牙人被选为教皇,如果不行,他也应该同意罗阿诺当选,而不是圣·皮耶罗·阿德·温库拉。如果认为施以好的恩惠能使有权力的人忘记从前所受的伤害,那就是大错特错了。可见,公爵在选举上的失策,最终导致了他的毁灭。

第八章　通过邪恶行为获得权力的人

不过由普通公民跃为君主还有两种方式,这不完全是由于运气和能力。对此,我不能略而不谈,尽管他们中的一类在我讨论共和国时有更多的讨论。首先,是通过一些邪恶或凶残的行为而获得权力;其次,是由于他的同胞相助而成为自己国家的君主。在此,我将对第一种方式展开论述,将举两个例子为佐证,一个是古

28 代的，一个是现代的。我认为，对于那些要致力于此的人们有这两个例子足够了，而我并不想评论这种方式的功过。

西西里人阿加托克雷成为叙拉古的国王，尽管他不仅是一介平民，地位卑贱且极端贫困。[37] 他是陶工的儿子，终生都过着邪恶的生活。然而，他精神和身体的邪恶的行为是如此的有力量，以至于他参军后，从普通士兵中被提拔到执政官。由于官运亨通，升得很高，他决意要成为君主并保有权力，他想通过武力而不是依靠其他人来占有他的同胞原先同意给他的。他与迦太基的阿米乌卡雷密谋，此人是正在西西里作战的敌对军队的指挥官。一天早晨，他召集叙拉古的人民和参议员们开会，仿佛是要讨论国事，在发出一个事先安排的信号后，他让士兵杀死了所有的议员和那些豪门大户。清除他们之后，他便成为这个城邦的君主，而且不曾遇到任何阻力。尽管迦太基人两次打败他的军队，甚至推进到他的城墙之下。他不仅能够防御自己的城市，而且他留下一部分军队来抵抗围攻，用剩下一部分军队袭击在非洲的迦太基人。这样，在很短的时间里，他就化解了迦太基人的围攻，并威胁要征服它。最终，他们被迫与他讲和，把西西里留给阿加托克雷以换得他们在非洲的安全。

如果考察阿加托克雷赫赫功业，你会发现他很少受到运气的青睐；因为，像我所说的，他之获得权力并不是依赖于别人的帮助，而是依靠自己，历经无数的艰难险阻，在军队中逐级提升直到获得君权，并且依靠大胆且有风险的策略保有了它。

当然，不应该把屠杀同胞、背信弃义、违背誓言、毫无怜悯之心和没有宗教信仰称为能力（品德和有勇气的）。依靠这些卑鄙的手段，虽可以获得权力，但并不能赢得荣耀。如果考虑到阿加托克雷

---

[37] 阿加托克雷（361—289B. C.）于公元前317年控制了叙拉古，马基雅维里的信息来源于 Justin, bk, 22。

29

在面对危险时所表现的无畏和自信，在生死关头以及身处逆境所显示出来的骨气，我们就没有任何理由认为他逊色于那些杰出的将军。但另一方面，由于他野蛮残暴、残酷无情以及不计其数的邪恶的行径，意味着把他颂扬为一个杰出的伟人是错误的。不管怎样，此人的成就既非运气，亦非能力，与这两者无关。

在当代，亚历山大六世担任教皇期间，在费尔莫有个利韦罗托，他幼年丧父，由他的舅舅乔万尼·弗利西亚抚养。[38] 一到参军的年龄，他就加入了保罗·维泰利的军队，企图通过有良好的军事训练而在军队中觅得一个好前程。[39] 当保罗去世时，他在保罗的兄弟维泰络佐手下当差。由于他聪慧过人，而且身强力壮，活气横溢，他很快成为维泰络佐军队的二把手。不久，他便认为为他人服役是有失尊严的，因此，他密谋占领费尔莫，依靠的是城邦里的一些喜欢自己的城邦被奴役而不是自由的市民的帮助，以及维泰络佐的援助。他给他的舅舅写信说，离家多年了，他很想去探望他和故乡，顺便谈谈自己的遗产。他说除了荣誉别无所求。因此，为了让他的同胞看到他并没有虚掷光阴，他想带着 100 多名骑兵，一些是他的朋友一些是他的仆人荣归故里。他言辞凿凿地对他舅父说，如果费尔莫的军民很隆重地接待了他，这不仅仅是自己的荣耀，而且也是他舅父的荣耀，因为是他把自己抚养大的。

乔万尼尽其可能地帮助他的外甥，使他得到了费尔莫当地居民的隆重欢迎，并把他安排在了自己的家里。几天之后，他有时间来安排实施他的邪恶计划了。他在舅舅家里举办了一个盛大的宴会，邀请了他的舅舅和费尔莫大部分权要人物参加。酒足饭饱，客人们业已欣赏了此类宴会的惯常节目。利韦罗托一本正经地谈论

---

[38] 利韦罗托（生于约 1475 年）于 1501 年占有费尔莫。博尔吉亚在 1502 年 12 月在僧阿利亚（Sinigallia）杀死了他。

[39] 佛罗伦萨人于 1498 年任命维泰利为他们军队的指挥官，并于 1499 年处死了他。参见第十二章。

30 一些严肃的问题，大谈教皇亚历山大和他的儿子恺撒的伟大以及他们的丰功伟绩。当他的舅舅乔万尼和其他人开始关注这一话题时，他起身说这种事情应该在一个更为私人的场所讨论，并退入了另一个房间，乔万尼和其他人也跟了进来。他们刚坐下，士兵们就从藏身之处冲出来，把他们全部杀死了。屠杀一结束，利韦罗托就骑马纵横，占领整个城市，并包围了政府官邸。这些当权者是如此的害怕，以至于他们同意归顺他，建立以他为首的新体制。消灭了那些心怀不满以及可能加害于他的人后，他颁布了新的民事和军事的规章制度以巩固自己的权力。在位一年，他不但牢牢控制了费尔莫，而且让周遭城市担惊受怕。就像我所说的，当恺撒·博尔吉亚在西尼加利亚除掉了奥西尼和维泰利后，如果他没有被公爵所欺骗，那除掉他就像除掉阿加托克雷一样困难。利韦罗托在弑亲一年后被抓，与在勇气和邪恶方面都是他的导师的维泰络佐一起被绞死。

你可能会疑惑，像阿加托克雷一类的人，秉性不忠及残酷，如何能够在自己的祖国年复一年地安全生活，并免于外敌的入侵。为什么他的臣民们没有密谋反对他呢？毕竟，即使在和平时期，仅仅依靠残酷并不能使其他的君主保有权力，更别说是在骚乱的战争时期了。在这儿，我想区分一下残酷的善用和滥用。善用残酷（如果能够称赞邪恶的话）是指为了确保自身的权力，可以偶尔使用，而且以后除非为了确保他的臣民的长期利益，否则不再重复使用。滥用残酷，是指即使起初阶段很少流血，但流血事件不是日渐减少，而是与日俱增。善用残酷的人会发现神灵和他们的臣民都会既往不咎，就像阿加托克雷事件一样；而滥用残酷的人却难以自保。

因此，结论是：如果你控制了一个国家，你必须把你有必要犯的罪明确下来，并一次彻底地解决掉。这样，你就无须一再残忍，并且由于不再重复你的邪恶行径，你能够使得臣民有安全感，并且通过施以恩惠而赢得他们的支持。相反，要么由于怯懦，要么由于受人挑拨，决断失误，那他不得不整日刀不离手。他不会依靠他的臣民，因为他们从没相信过他，其原因是他对他们的侵害层出不穷。因此所有的伤害你必须一蹴而就，那么人们就会淡化它的余威，对你的冒犯也会很少。另一方面，施以恩惠则要慢慢来，以便于人民能够体会到其中的好处。

31

尤为重要的是，无论发生什么，也无论是好是坏，君主都不必更改策略。因为如果你适逢邪恶时期而被迫变革的话，那你不会从你所做的伤害中获利，而且你所做的善事对你也没有用，因为人民会认为你是被迫做的，不会对你有一丁点的感激。

第九章　公民君主国

然而，亦有另一种可能性，就是普通公民不是通过邪恶或残暴的行为，而是由于他的同胞的支持成为他的祖国的君主，我称他为公民君主（记住我正谈论的权力，既不是依靠纯粹能力也不是仅仅靠运气，——这种情况下所需要的是幸运的机敏），我将指出获得这种权力需两种方式：人民的支持和权贵的偏爱。因为在每一个城市里，都会有两个敌对的等级。他们总有分歧：人民不想被权贵差遣和压迫；而权贵总想差遣和压迫群众。在每个城邦中这两个不可协调的冲突总会产生三种可能后果中的一个：君权、自由或无政府状态。

君权的产生要么是基于人民要么来自权贵，这取决于哪一方希望从中得利。因为，如果权贵担心他们不能控制人民，他们就会为他们中的一员树立声誉，使其成为君主以便在他的庇护下获得他们的目的。一方面，人民如果担心他们将被权贵压榨的话，他们也会为他们中的一员树立声誉，并使他成为君主，其目的是利用他的权威来保护他们。在保有权力方面，在权贵的帮助下获得权力的人要比在人民的帮助下获得权力的人困难得多，其原因在于，前者，君主是被一群自认为与他是平等的人包围着，因此他不能按照自己的意志来发号施令或差遣人员。相反，在人民的支持下获得权力的人却是孑然自立，围绕他的人中没有人或几乎没有人不准备服从。此外，君主不会很体面地给于权贵们所想要的，因为总会伤害到一些人；但人民却与此相反，因为人民与权贵相比对名誉的要求少些，其原因是后者想去压迫，而前者不想被压迫。另一方面，如果大众都反对你，你将难以安稳，因为他们人数太多了；但权贵们就做不到这点，因为他们人数很少。

32

一个被人民反对的君主更为担心的是他们不会支持他；但被权贵反对的君主所担心的就不仅仅是缺乏支持了，而是更为可怕的，他们会伤害他。因为，权贵们的眼光要长远一些，也更为狡猾些；他们会及时地采取行动保护自己，并为了权力而讨好自己的对手。最后，君主不能消灭人民，他必须与他们一同生活；然而，如果离开权贵，君主也会很好地过下去，因为他能够随时设立或废黜贵族，而且也能够随心所欲地给予和收回他们的身份。

为了使问题更为明晰，我认为在考察权贵时有两个更为重要的视角：他们行事时是否与你的命运为转移。如果是，又不贪婪，就应该给予尊重和爱护；如果不是，对这样的人要分为两类：一类是，如果他们保有独立是出于胆怯或缺乏勇气，那么你应该利用他们，尤其是那些会看眼色的人，因为如果你在顺境时，他们会助你成功；即使身处逆境，你也没有什么可以担心的。一类是，如果他们保有独立是出于算计和野心的话，他们替自己想的要比替你想的多。君主为了自保必须反对这样的人，把他们公开地宣布为敌人而让他们心生畏惧，因为当你身处逆境时，他们就会帮助别人来推翻你。

任何依赖人民的支持而成为君主的人都要确保他们的支持,这并不难,因为他们所要求的仅仅是免于压迫。但那些违背人民意愿而依靠权贵们支持成为君主的人,首要之务就是把人民争取到他的阵营来,这也不难,那就是为他们提供保护。因为,本来人民会认为担心身受其害,而现在却蒙受其恩,就会对他更为感恩戴德,他会发现,比起那些支持他成为君主的人,人民更为迅速地对他有好感。君主赢得人民支持的方式是很多的,这些方法要因时制宜,不要墨守成规,在这儿我不会深入探讨。我的结论极为简单,就是君主必须获得人民的支持,否则,在逆境时他将无所依靠。

33

斯巴达的君主纳比斯成功抵御了希腊联军和无敌罗马军团的袭击,保住了他的祖国和他所拥有的权力。当面对困难时,他所做的就是控制了几个不忠的人;但如果人民都反对他的话,这么做可能就无济于事了。[40] 请不要拿那个陈腐的谚语“立基于民,犹如沙石建屋”来反对我的观点。如果一个普通公民立基于民,在被敌人或者官僚逮住后,期望人民能够解救的话,此谚语所言非虚。在这种情况下,自己很容易有挫败感,就像罗马的格拉古和佛罗伦萨的乔治·斯卡利的遭遇一样。[41] 但如果你是一位君主并且你也很信任你的人民,你也能够发号施令且能够大胆地行动,也不会为逆境所困,你也采取了其他的必要措施,并且如果你依靠自己的勇气和谋略来鼓舞人民的士气,那么你从来不会为他们所负,你会发现你已经奠定了坚实的根基。

我们正在谈论的公民君主国在由宪政转变为独裁制时,就会

---

[40] 纳比斯(约公元前240年—前192年)于公元前207年成为斯巴达的国王,李维提到其在80岁时被暗杀,参见 Livy,bk. 34。

[41] 格拉古兄弟和盖尤斯·显普洛尼乌斯(Gaius Sempronius[公元前163年—前133年])是农业改革的倡导者,他们死于叛乱。斯卡利在1378年梳毛工人起义期间是佛罗伦萨平民派的领袖,但他于1382年因攻击当局而被处死。

危险重重。这样的君主,要么独自施政,要么依靠政府官员施政。第二种情况,君主的地位会更不稳定,更加危险。因为他们要完全依靠那些被任命为政府官员的公民的合作,特别在危难时刻,他们能轻易篡夺他们的权力,要么直接采取行动反对他,要么就是拒不服从。对君主来说,一旦危机来临,才想到抓取绝对的权力,未免太迟了。因为公民和他的臣民,已经习惯于服从政府的权威,在这种情况下,也不会听从他的命令;而且在危难之际,他所信赖的人很少。因此,这样的君主不能在天下太平时,期望万事都会称心如意。因为,其时所有公民都能意识到政府为他们所做的,人人都会心系国家,人人都会对他信誓旦旦,人人都会原意为他献出生命。但当时局艰难时,当政府需要公民的时候,支持他们的人就很少了。君主不要期望去做这种实验,因为首次实验就是致命的。因此,明智的君主要确保他的公民,无论在什么情况下都对他和他的权威有所祈求。如果他能做到这点,他们就会一直忠实于他的。

34

第十章　如何衡量君主国的国力

当对君主们进行分类研究时,还有一个因素需考虑,这就是君主在必要时,是否有足够的资源独立自主,还是总依靠与其他君主的结盟。更准确地说,我认为,那些能够依靠自己的军力或财力组建一支能在战场上不惧任何对手的军队,就是能够独立自主的君主;同理,那些不能在战场上迎击潜在的敌人,而是被迫躲在城墙后面或城堡里进行防御,就是那些需要依靠援助的君主。我已经谈论了那些独立自主的君主,在适当的时候会再谈。关于第二种情况,我只有奉劝这种君主,放弃固守城邦之外的地方的想法,他所能做的就是修筑防御工事和做好物资储备。那些能够巩固城防的君主,如果能够根据我上面所述的以及下面要述的方法来处理好与臣民的关系,我相信,任何想攻击他的敌人都会再三慎重考虑的,因为人们在面对明显困难的事情时总是很勉强的,而且可以想象的是,攻击一位壁垒森严、又受到人民爱戴的君主是非常不容易的。

德国的城市都是自由的,城市外围的地域很少,而且是否服从皇帝要看个人的意愿。在他们的地盘上,他们既不害怕皇帝,也不害怕周边的任何君主,因为他们的城防如此坚固,以至于每个人都会认为获得他们将是旷日持久和异常艰难的。他们都修筑了适当的壕沟与城垣,并配备了足够的火炮。他们在公共仓库里常常储存了足够一年用的食物、饮料及燃料。此外,为了保证人们的温饱以及保证税收,他们总有办法向大多数人提供在那些事关城邦繁荣的行业中常年工作的机会。他们也强调军事训练并为此制定了很多规章制度。 35

因此,一位拥有坚固的城防又没有与人民为敌的君主,是不会受到侵犯的。假如有人真的来侵犯他,最终也会耻辱地离开,因为政治形势变幻莫测,要让一支军队在一个地方整整一年除了围困什么也不做,是不可想象的。也许有人会说,如果人们在城外有资产,眼看着它被烧毁了,他们就不会耐心地坚守防御,而且随着时间的流失,以及他们自身利益的损失,他们就会遗忘对君主的忠诚。对此,我的回答是,一位果断而有力的君主总能克服这样的困难,有时会鼓励他的臣民,想到挽救就要到来;有时会恐吓他们,如果他们跪拜求饶敌人将会如何;有时会采取适当措施控制住那些煽动闹事之徒。此外,敌人来犯之时,很自然地会在乡野烧杀抢掠,此时如果士气高昂,决意抵抗,君主就不应踌躇不决,因为几天后,当士气低落时,损害已经产生,要阻止它已晚了。那时他们就会准备与他们的君主更多的合作,因为在保卫他时,他们的房屋被毁,财物被洗劫,这使他们认为君主有负于他们。从人的本性而言,收受恩惠都能使人产生义务感。因此,如果你通盘考虑了全部情况就会明白,对于一位明君,如果粮食和装备充足,那就不难使自己的臣民在抗击围困时始终对自己效忠。

第十一章 教会君主国

在君主国中,尚未讨论的就只有教会君主国了。就它们而言,36 所有困难都发生在拥有它们之前。获得它们要么靠能力,要么靠运气,但要保有它们,却不能靠此两者,因为它们是依靠源远流长的植根于宗教的制度来维持的。这种制度已经进化出非常强大的力量:无论他们的君主怎样生活和行为,都会支持他把持权位。只有教会君主拥有国家但不必加以保卫,拥有臣民而不必管理他们。但是国家尽管没有保卫,却不会受到侵略;臣民尽管没有受到治理,却不会心生怨怼,并且他们既不想也没有能力更换君主。只有这些君主才是安全的和幸福的。但由于他们是由一个更高的为人类所不能理解的权力所统治,我就不再谈论了,因为它们是由神建立和维持的,也只有自以为是的鲁莽的人才会对它们加以谈论。然而,如果有人问我,教会何以能获取如此多的世俗权力。教皇亚历山大六世之前,意大利的君主们,不仅是自称为君主的那些人,而且每一位男爵和领主,无论多么小,都会轻视教皇在世俗上的权力。而现在,法国国王却在它的权力面前发抖,因为,教皇已经把他踢出了意大利,而且也把威尼斯人毁灭了——尽管此事人人皆知,但我认为对主要策略重新回忆一下也不是多余的。

在法王查理入侵意大利之前,这一地区是由教皇、威尼斯共和国、那不勒斯国王、米兰公爵以及佛罗伦萨共和国所控制。[42] 这些统治者主要关注两件事:一是要确保不能让国外势力武装入侵意

---

[42] 查尔斯八世于1494年入侵意大利。

大利;二是要确保他们中的任何人都不能扩张自己的地盘。其中,教皇和威尼斯人是最让他们担忧的。为了阻止威尼斯人扩张,其余各国必须像当年保卫费拉拉那样结成同盟。[43] 为了遏制教皇,他们依靠的是罗马贵族。这些贵族被分裂为两大派系:奥西尼派和科隆内派,并让他们之间互相抵牾。由于这两个派系经常在教皇眼皮底下手执武器,这使得教皇心虚胆怯。尽管偶尔出现一个像西克斯图斯四世一样有抱负的教皇,但无论是运气还是能力都不能使他免于这些烦恼。

37

真正的原因是教皇在位时间短暂。教皇平均在位十年,十年时间不足以摧毁其中一个派系。假设一个教皇几乎摧毁了科隆内派,但继位的教皇有可能与奥西尼派为敌,而为了科隆内派东山再起,就不会有时间去摧毁奥西尼派了。结果是,意大利人普遍认为教皇的世俗权力无足轻重。这一直延续到亚历山大六世,在历代教皇中,只有他证明了一个教皇如何利用金钱和武力而得势。正是亚历山大六世,通过利用瓦伦迪诺公爵及法国人入侵意大利的时机,造就了我上面所提到的种种成就。[44] 尽管他的目的并不是使教会而是使公爵强大,然而,他这么做的结果确实使教会的势力壮大起来。在他去世和公爵灭亡之后,是教会继承了他的努力成果。

他之后是教皇尤里乌斯(二世)。此时,教会已经很强大了,因为它已经控制了整个罗马涅,而且罗马的贵族也被摧毁了,奥西尼和科隆内两个派系也在亚历山大的打击下灭亡了。此外,尤里乌斯还发现了一条在亚历山大时代之前都没有用过的敛财之道。尤里乌斯不仅掌管了亚历山大留下的地盘,而且有了更大的拓展。他计划占领博洛尼亚,摧毁威尼斯人,把法国人赶出意大利。他不仅制定了计划,而且全部大功告成。他的成就之所以能够给他带

[43] 在1482年至1484年间。
[44] 参见第七章。

来更多的赞誉，就在于他的目的是提高教皇的地位，而非哪个人的地位。他使奥西尼和科隆内两个派系一直维持在他发现他们时的那种孱弱的状态。尽管他们当中还有些反叛的倾向，然有两个事情却使他们安静下来：一是教会的新力量使他们心生畏惧；二是他们当中无人是枢机主教，而枢机主教正是两派争斗的根源。这两个派系在他们有枢机主教的时候从来没有安分过，因为枢机主教在罗马内外都在培养派系，贵族们被迫去保护他们。这样，主教的野心便会导致贵族之间的骚乱和冲突。

因此，教皇利奥五世将会明察教会的强大势力。我们希望，如38果他的前任依靠武力使它变得强大，那么如此仁慈和有如此多美德的当今教皇将不仅增加它的权力，而且为人尊崇。

第十二章　军队的种类和雇佣军

行文至此，我依次讨论了我在开篇所列出的君主国的不同类型，且在一定程度上道出了使每一类型或盛或衰的策略，也展示了很多个人获得和保有权力时所运用的各种各样的方略。现在我的任务是概括地谈论一下为所有这些君主国所用的攻防之道。前文说过，对一位君主来说有一个良好的根基是非常必要的，否则就很可能被摧毁。而所有政府权力，无论是新的、旧的还是混合的，其首要的根基就是：良好的法律和良好的军队。而且，没有良好军队就没有良好的法律，有良好军队定会有良好的法律，所以下面我只谈军队问题，法律问题从略。

让我先说一下君主用来保护国家的军队，不外乎有自己的臣民所组建的军队、雇佣军、外国援军及混合型军队。雇佣兵和外国援军是有害无益的。任何依靠雇佣军来保有权力的君主都是不安全和不可靠的，因为他们派系林立、野心勃勃、无视纪律、无信无义;在你的盟友面前卖弄,在敌人面前却是懦夫;对上帝不敬,对人不信。你的失败之所以推迟,仅仅因为雇佣兵推迟了投入战斗的时间罢了。他们在和平时期掠夺你,战争期间他们又会让敌人来侵夺你。其原因是:他们入伍的动机和信念就是为了那点佣金,而你所支付的并不足以让他们为你出生入死。当你不进行战争时,他们很乐意成为你的士兵。一遇战事,他们就会逃之夭夭。让你相信这一点并不难,因为意大利最近毁灭的唯一原因就是多年来意大利人依靠雇佣兵的结果。某些君主确实偶尔从此获利益,雇佣军相互之间的争斗也显得英勇无畏。但是一旦面对外国军队,他们就会原形毕露。这就是法王查理能够用一盒粉笔征服意大利的原因,有人说这是我们的罪过所致,所言不假。[45] 但我们的罪过并非是他所想象的罪过,而是我已经论及的那些罪过。因为这些是我们君主的罪过,那君主和普通民众就不得不为此付出代价。

39

现在我想更为清晰地展现雇佣兵的不中用。雇佣兵的将领们,要么有军事才干,要么没有。如果他们有才能,你不能信任他们,因为他们总是试图增强自己的势力,要么是折磨你这个主子,要么是违背你的意思折磨其他人。反之,如果他们是无能力的,通常情况你都会毁在他们手上。如果你想说,无论他是否是雇佣兵,只要他掌握了军队就行。对此,我的回答是,君主依靠的是是否为君主或为共和国所控制。君主应该为自己而战,因此应该亲自挂帅。共和国则需委派一个公民,假如此人最终证明并不称职,就必须撤换。如果所选之人能够胜任,就必须用法律约束他,使他不要超越职权行事。经验证明:只有君主和把群众武装起来的共和国才有能力成就大业,而雇佣兵只会造成损害。此外,让一位背信弃义的市民收买由自己的同伙所组建的军队要比收买由外国人所组

---

[45] 查尔斯的军需官用粉笔做士兵子弹的标记。萨伏那诺拉(Savonarola)把查尔斯的胜利看做是像通奸和放高利贷一样的罪过。

建的军队困难得多。

在许多世纪里,罗马和斯巴达都是在整军经武并享有自由。瑞士更是彻底武装起来,不听从任何人的指挥。我们把迦太基人作为在古代依靠雇佣兵的例子。尽管事实上迦太基人委派自己的市民担任雇佣军的指挥官,但在首次与罗马交战后,他们便处在被雇佣兵压制的危险境地之中。[46] 马其顿的菲利普在埃帕米农达斯死后被底比斯人请来担任将领,胜利之后却把底比斯人沦为奴役。[47] 在现代,菲利普公爵去世之后,米兰人雇佣弗朗西斯科·斯福尔扎征讨威尼斯人。斯福尔扎在卡拉瓦焦战役击败威尼斯人之后,却又和他们联手攻击他的雇主米兰人。[48] 斯福尔扎的父亲,曾被那不勒斯的焦万那女王所雇,后来却悄无声息地弃她而去。[49] 结果为了保有她的王国,她不得不投入阿拉贡国王的怀抱。然而,威尼斯人和佛罗伦萨人过去都曾经利用雇佣兵成功地夺取过新地盘,他们的将领所做的征服也不是为了自己,而是为了他们的雇主。对此,我的观点是,佛罗伦萨人在这件事上靠得更多的是幸运。因为那些他们有理由担心的有能力的将领们,一些还未尝胜绩,一些受到牵制,一些把他们的野心用在别处。未尝胜绩的就是琼·奥库特,此人是否是可信赖的,我们无法知道,因为他没有取胜,但是无人能否认如果他赢了佛罗伦萨就会是他的。[50] 斯福尔扎与布拉齐奥家族共同掌权,他们之间互相掣肘。弗朗西斯科把他的野心转移到伦巴第;布拉齐奥[51]则把他的矛头对准了教会和那不勒斯王国。

40

---

[46] 于公元前346年。

[47] 于公元前338年。

[48] 于1448年。

[49] 于1420年。

[50] 奥库特(约1320年之1394年)于1380年被佛罗伦萨雇佣。

[51] 即 Andrea Fortebraccio(1368-1424)。

还让我们瞧瞧不久以前发生的事情吧。佛罗伦萨人委派了保罗·维泰利担任他们的领袖。[52] 此人非常机敏，虽出身卑微，却获得了极大的名声。倘若他成功占领了比萨，无人能够否认佛罗伦萨需要看他的眼色行事，因为如果他转而支持他们的敌人，他们就是不设防的；而且既然他们雇用了他，那就别无选择，只有按照他所说的来做。

考察一下威尼斯所做的征服，你会明白，只要依靠自己的军队，他们就会毫无风险地赢得巨大的胜利，这持续到他们试图征服大陆上的地盘为止。在这些战役中，他们把贵族和人民武装起来，产生了巨大的战斗力，但当他们在大陆上战斗时，却放弃了这种英勇气概，开始参照意大利其他国家的做法。当他们刚开始在大陆征服时，由于地盘很少，且名声赫赫，他们很少担心他们的雇佣兵将领。但是当他们在卡尔米纽奥拉领导下继续扩大地盘时，就发现了自己的错误。[53] 他们认识到，他是一位有能力的将领，在他的指挥下，他们打败了米兰公爵，同时也看到，他已经无心征战了，他们断定，在他的领导下不会再赢得战争，因为他不再需要胜利；但他们不能解雇他，否则已获得的也将得而复失。因此，为了免受其害，他们不得不杀死他。之后，他们又雇佣了贝尔加莫的巴尔托洛梅奥、圣赛维里诺的鲁贝托、皮蒂里亚诺公爵以及其他像他们一样的人担任将领。在这些人的领导下，他们有理由担心的不是胜利，而是失败后一无所获。终于在维拉战役中他们打败了，也丢掉了他们经过八百年辛辛苦苦的努力所获得的一切。[54] 因此，依靠雇佣军来获得新地盘，需要经过很多的努力，既慢且迟，又脆弱，但要丢失它，却快得难以想象。

41

---

[52] 于1498年。

[53] 弗朗西斯科·布森(Francesco Bussone)，即卡尔米纽奥拉伯爵(生于约1390年)，于1425年被威尼斯人雇佣，于1432年被处死。

[54] 维拉战役，通常称为阿纳迪洛(Agnadello)之战(1509年5月4日)。

由于这些例子都发生在很多年来完全依靠雇佣军的意大利，所以我想把这一事件向后追溯，以便于了解它的缘起和发展，再去纠正就很容易了。你肯定知道，在现代意大利，神圣罗马帝国的权威被抛弃了，教皇在世俗社会中获得了很多的权力，意大利分裂为很多不同的国家。许多大城邦武装起来反对它们的贵族，而这些贵族起初是在皇帝的支持下压迫他们的。另一方面，教会也施恩于城市，其目的是巩固它的世俗权威。在许多其他的城市，公民成为了君主。这样，意大利或多或少被分裂为两部分：一部分是忠诚于教皇；一部分是独立的城市共和国。既然掌权的教士和共和国的公民都不熟悉战争，他们便开始在军中招募外国人。

第一个让雇佣军赢得名声的是罗马涅的阿尔贝里戈·科尼奥。[55] 接受他训练的人中就有布拉齐奥和斯福尔扎，他们在巅峰状态下是意大利主宰。在他们之后，又出现了其他的首领，指挥雇佣军以至今日。他们能力的结果就是，意大利相继被查尔斯蹂躏，被路易斯劫掠，被费迪南德强暴，被瑞士人羞辱。

42

这些雇佣兵将领们所追求的首要目的，是诋毁步兵的名声以抬高自己军队的声誉。之所以如此，是因为他们没有自身财力，而要依靠他们与对方所签订的契约。少数人所组成的步兵无助于抬高他们的名声，而人数很多又承担不起。于是他们专门经营骑兵，因为他们能够控制一个适当的规模，并依靠他们赢得尊重。扼要地说，就是在一支两万人的军队里，步兵的人数可能不足两千。另外，他们尽其所能地使自己和军队摆脱麻烦，免于危险。为此，在小规模的战斗中，他们并不相互杀戮：确实如此，他们不但捕获俘虏，而且没要任何赎金即行释放。他们从不夜袭敌军，而城中驻军也不袭击他们的宿营地。当他们安营扎寨时，他们从不用壕沟和

---

[55] 确切地说，是第一个为雇佣军赢得名声的意大利人。他在奥库特之前，是马里诺（Marino）战役中的胜方。他死于1409年。

栅栏来保卫自己。冬天来了，就缩在兵营里。所有这些都是他们所认可的规则，如我上面所说，这些发明就是为了使他们能够逃避艰险，这样一来，他们使意大利陷入到令人不齿的奴役状态中。

第十三章　关于外国援军、本国军队及混合型军队

外国援军是又一种有害无益的军队，当你恳请另一位君主出兵援助和保护你时，你就在依靠外国援军。这就是近年来教皇尤里乌斯所做的，当他目睹了雇佣军在围攻费拉拉的战役中的无能表现时，他决定依靠外国援军，于是与西班牙国王费迪南德达成协议，由他提供人员和装备进行援助。[56] 外国援军在为自己的利益而战时，也许是可堪任用的仁义之师，但对依靠他们的人来说，却几乎总是有害的，因为，如果他们失败了，那么你就完了；如果他们赢了，你就会是他们的囚徒。尽管在古代有无数这样的例子，但我并不想撇开当代教皇尤里乌斯二世的例子。为了得到费拉拉，而把自己完全置于外国人之手，简直不知他在想什么，但他是幸运的，既没被击败也没被囚禁，但他不得不为他的愚蠢决定付出代价。他的援军在拉文纳被击垮[57]，但此时瑞士人出现了并赶走了胜利者，这完全出乎他本人和其他人的预料，因此他没有成为敌人的俘虏，他们已经跑了，也没有成为外国援军的俘虏，因为获胜的并不是他们。还有一个例子：没有军队的佛罗伦萨却从法国招来一万名士兵入侵比萨。[58] 这一决定使他们所遭遇的危险比以往任何时候所遭受的危难都大。再一个例子是，君士坦丁堡皇帝为了入侵邻邦，带了一万名土耳其士兵入侵希腊。但当战争结束时，他们却

43

[56] 于1510年。
[57] 1512年4月11日。
[58] 于1500年。

不想离开,这就是希腊人被异教人奴役的开端。[59]

因此,谁要不打算取得胜利,就请应用这样的军队。他们比雇佣军更为危险,因为如果你的外国援军赢了,你也就被毁了。他们团结一致,完全服从另一个人的指挥。如果你的雇佣军赢了,他们要反对你的话,就需要更长的时间和更好的时机,因为他们自身并不团结,而是为你所雇并给他们支付军饷的。如果你任命一个外人来指挥他们,此人不可能迅速取得足够的力量来侵犯你。简言之,雇佣军之大患在于其懦弱,而外国援军之大患在于其能力。

因此,明智的君主总是排斥雇佣军和外国援军,而应用自己的军队。他宁可自己的军队打败仗,也不愿依靠别人的军队来获胜,因为他不会把依靠不属于自己军队的胜利看做是真正的胜利。对此,我毫不犹豫地选择恺撒·博尔吉亚作为一个效仿的例子。公爵带着外国援军进入罗马涅,因为士兵都是法国人,他又利用他们获得了伊莫拉和弗利。[60] 但由于他感到这样的军队靠不住,他就转而求助于雇佣军以期减少风险,于是他雇佣了奥西尼和维泰利。但期间,他发现他们也是不可靠的、不讲信义的而且很危险,于是他除掉了他们,并组建了自己的军队。如果你仔细思量一下公爵在仅仅依靠法国人、奥西尼和维泰利或是自己的军队时,名声是如何变化的,你就很容易看出这些军队之间的不同。我们发现,随着策略的变化,他的声望日隆,但只有当每个人都意识到了他是他的军队的绝对领袖时,才得到了从未有过的尊重。

44

我很想继续对意大利的近况做研究,但我也不能忽略我前面提到的人物之一——叙拉古的锡耶罗。当他被叙拉古人任命为最高长官时,如前所描述,他立即认识到了雇佣军是毫无益处的,因

---

[59] 战争从1341年一直持续到1347年;君士坦丁堡直到1453年才落到土耳其人的手中。

[60] 1499年之1500年的冬天。

为它像我们现今的意大利军队一样是由雇佣兵组成的。于是他彻底消灭了他们,因为他既不能控制他们,也不能解雇他们。之后,他就率领自己的军队作战,而不是其余民族的士兵。我想提醒你《旧约》中也有与此相关的例子。当大卫向所罗门请缨,要和非利士人的首领歌利亚决一雌雄。所罗门为了给他壮胆,把他自己的盔甲给他。但大卫试了一下就拒绝了,他说依靠所罗门的武器就不能很好地发挥自己的力量,他宁愿用自己的投石器和刀子去迎战敌人。[61]

很简单,用他人的铠甲要么易脱落,要么超重,要么束手束脚。国王路易斯十一世的父亲查尔斯七世,依靠好运和能力把英国人赶出了法国。[62] 他认识到了拥有自己武装的必要性,于是颁布法令组建了步兵及骑兵常备军。后来,他的儿子路易斯国王废除了步兵[63]并开始招募瑞士人参军。我们从最近的事件中看到,正是这一被他的继任者效仿的错误,是王国落难的根源。[64] 因为他抬高了瑞士人的名声,却挫伤了自己军队的士气;他废除了步兵,又让骑兵依赖外国军队的支持,他们逐渐习惯了与瑞士人一同作战,以至于没有他们就不会打仗了。结果是,法国人不敢同瑞士人开战,而没有瑞士人,他们也不敢与他国作对。于是,法国的军队便成了混合型军队,部分是雇佣军,部分是本国的军队。这种混合型军队大大优于纯粹的外国援军和纯粹的雇佣军,但比完全是自己的军队要低劣得多。法国的例子足以说明,只要法王查尔斯七世所立的根基一直存在,甚至仅仅保留建军的法令,那法兰西王国将是无可匹敌的。但人总是短视的,他们仅仅追求表面有吸引力的东西,而没有察觉到其中的隐患,这在我上面谈论时就指出来了。

45

---

[61] [圣经]《列王记 I》17。

[62] 于1453年。

[63] 于1474年。

[64] 马基雅维里所考虑的是1512年的失败,这直接迫使法国从意大利撤离。

因此,一个君主不能在灾祸来临之时洞察人微,就不是真正明智的君主,但具备这种能力的君主凤毛麟角。如果研究一下罗马帝国的毁灭,就会发现其根源在于招募哥特士兵。[65] 因此从那以后,罗马帝国的军队开始丧失战斗力了。而罗马帝国之源的能力随其衰落都转移到了哥特人身上。因此,我断定,君主除非有自己的军队,否则地位不稳。因为没有军队,他在时局艰难之时要保卫自己就只有听天由命了。明智之士总是告诫世人:"世上最为脆弱的声望,莫不是不以自己的力量而获得的。"所谓自己的军队是由自己的臣子、自己的市民、自己的属民所组成的军队,而其他的军队要么是雇佣军要么是外国援军。因此,如果你仔细审查上述四人的方法,并注意亚历山大大帝的父亲菲利普和许多其他共和国和君主国如何召集和训练自己的军队的,你就很容易悟出治军之道。我本人对这些方法深信不疑。

第十四章　君主的军务责任

君主除了专注于战争、军事制度、士兵操练外,不应有其他的目标、其他的念想。因为这是一位君主必须擅长的领域。杰出的军事才干不仅能使生为君主的人保有其位,而且也能使普通公民跃为君主。可是话又说回来,如果君主贪图奢侈、疏于军务,那离灭亡就不远了。丧失权力的主要理由就是疏忽了军队问题,而为精于此道的军人提供了获得权力的机会。

46

弗朗西斯科·斯福尔扎出身于普通公民,因拥有军队而成为米兰的公爵。[66] 他的子嗣无心领略军务之苦,而由公爵沦为普通公民。因为,没有自己军队的恶果之一,就是会被蔑视对待,这是君

[65] 于376年。

[66] 于1450年。

主必须避免的耻辱，下面我还会述及。因为一个拥有自己军队的君主和一个赤手空拳的君主之间是没有什么比拟的，不要指望全副武装的人会兴高采烈地服从毫不设防的人，或赤手空拳之人在他的全副武装的雇员面前会安之若素。因为，全副武装的人总是歧视赤手空拳的人，毫无设防的人也不会信任能战胜他们的人，两者不可能合得来。因此，一位不谙军务的君主，除了我已提及的他要面对的危险外，还必须认识到他既不会被他的军队尊敬，他也不会信任他们。

因此，君主必须关注军队问题，而且在和平时期要比战争时期更应该注重备战。他可以从两个方面去做：一是思考；二是行动。就行动而言，他不仅要使他的军队有良好的状态，而且要训练有素；他本人要勤于狩猎，以便于他的身体习惯于各种艰苦环境。他应抓住任何机会去研究地形、攀越山脉，降入山涧，穿过平原，趟过河流，穿越沼泽，对其中获得的知识，他应该烂熟于胸。如此来做，有两个理由：首先，这些知识在他保卫国家反对入侵时会很有用。其次，凭借对自己土地的地形的知识和经验，他能很容易地了解初次需要了解的其他地方的特征。例如，托斯卡纳的丘陵、山谷、平原、河流、沼泽与意大利的其他地方就有很多相似之处。因此，凭着对某个区域地形的知识，他很容易掌握其他地方的地势。君主如果缺乏这种技能，就不能满足作为一位军事统帅所应具备的首要素养，因为地形知识能够让你很容易去发现敌人并在安营扎寨的地形选择上胜过他们，以及如何部署兵力，如何安排作战，在何处修筑防防御工事。 47

阿契亚人的君主菲利波门[67]是历史学家所称道的人物[68]，尤其

---

[67] 前253年至前184年。

[68] Livy, bk. 25, ch. 28. 马基雅维里也许知道普鲁塔赫（Plutarch）和波利比乌斯（Polybius）的叙述。

是他在和平时期醉心于军务之事而为人钦佩。当他在乡野与朋友跃马驰骋时，他通常会停下来，和他们讨论："如果敌人出现在那个山顶，而我们的军队就在这里，谁占有更好的地形？我们应该怎样保持队形攻击他们？如果我们想撤退，我们应该怎么做？如果他们要撤退，我们怎么追击他们？"他们一边跃马前行，一边讨论一支军队可能面对的所有问题。他聆听他们的见解，也说出自己的观点并提出理由加以论证。基于这种不懈的思索，他在统帅一支军队时就没有应付不了的事情了。

这样还不够，君主还应该研读历史，研究伟大人物的行为。看看他们在战争中是如何指挥的，研究他们的胜败之因，以便于他能效仿胜利之道，而避免失败之辄。尤其是，他应像伟人效仿他们杰出的前辈一样，也应该让自己效仿一些杰出的历史人物的行为，时时揣摩其功绩和行为方式。据说，亚历山大大帝曾效仿阿喀琉斯；恺撒曾效仿亚历山大，西比奥曾效仿居鲁士。如果你读了色诺芬所写的《居鲁士传》，并研究了西比奥的生平，你就会认识到，西比奥的那些值得尊敬的品质主要来自居鲁士：他的洁身自好，他的与人为善，他的彬彬有礼，他的宽宏大度，与色诺芬描述下的居鲁士一摸一样。一位明智的君主应以这些例子为鉴。和平时期不懈怠，并且尽力利用和平之时机。这样，危难时期就有所防备，一旦命运有变，他就准备反击。

第十五章　人们——尤其是君主——何以受人赞扬或指责

我们的下一个任务是思考一位君主在对待他的臣民和朋友时

48

所应该遵循的策略和信义了。我知道已有很多人写过这个问题，因此我再写它，也许会被认为是狂妄自大，尤其是我认为对这个问题,我与其他人的观点是大为不同的。[69] 但我希望写的是一本有实际用处的书,至少对那些能读懂它的人来说是如此,因此,我认为明智的做法是直面现实生活中的事实真相,而不是在幻想的世界中浪费笔墨。许多作者已经构建了幻想的共和国和君主国,之所以是幻想,是因为它们在现实生活中从未存在,也绝不可能存在。人们的实际行为与人们应如何行为之间的鸿沟是很大的,以至于为了实现自己的理想而无视日常现实的人不久就会发现他被教导的不是如何自保,而是自我毁灭。因为,任何一位想在任何环境下都扮演一个善者的人,都会导致自我毁灭,因为他必需面对的那些人并非都是好人。所以,一位君主要想保有自己的权力,就必须学会不仁之举,并知道何时当仁,何时不仁。

因此,让我们抛弃那些想象中的君主之道,讨论一下真实现况。我认为,一切被评头论足的人——尤其是君主,因为他们身居高位——都具有招致别人或褒或贬的品质,这两者不能分开。于是,有人被认为慷慨,有人被认为吝啬(我用的是托斯卡纳的词语;在我们的方言中,"贪婪"是指某人对攫取财富的欲望,而我们称某人为"吝啬鬼"则是指他尽量少花自己的钱财);有人被认为慷慨大方,有人被认为贪得无厌;有人残酷无情,有人温和谦恭;有人言而无信,有人忠实可靠;有人懦弱胆怯,有人勇猛强悍;有人平易可亲,有人目中无人;有人淫荡好色,有人洁身自好;有人坦诚率真,有人口是心非;有人刚愎自用,有人率性随和;有人庄重,有人轻浮;有人严谨,有人多疑;等等。我想每个人都会同意,如果一个君主集上面所有优秀的品质于一身,那就是值得称道的。但是君主不可能具备所有这些优秀品质,也不会总是以此而行为,因为我们并不是生活在一个理想的世界中。你必须足够机敏地去避免那些

---

[69] 马基雅维里在这里主要思考的是,Cicero,*De officiis*,以及 Seneca,*De clementia*。

不能保有权力的邪恶品质，至于那些能够保有权力的恶行，如果可能的话就应该避免它们，但如果你不能，且招来非议的话，你也不应该过多地担心。尤其是，如果你有这些为保有地位而必须的邪恶品质的话，就更不应该心烦意乱了，因为如果你细细研究一下，就会明白，如以貌似有品质的方式而行为，只会导致你的毁灭，而以貌似邪恶的方式行为，却能带来和平和幸福。

49

第十六章　慷慨和吝啬

现在，我从上面提到的第一种品质谈起。我认为，被人称为慷慨是好事。然而，如果你以获得慷慨之名的方式而行为，你就会受到损害。即使你用合乎道德的审慎的方式获得慷慨之名，也不会被认可，甚至难以避免吝啬之名。因为如果你想有慷慨之名，就不得不挥霍浪费，其结果是，这种君主无一例外地会浪费掉他的财力，最终，为了保住慷慨之名，被迫把沉重的税赋压在人民身上，以致横征暴敛，不择手段地攫取财富。这将使他遭受国民怨恨，而且无人会为他说好话，因为谁都不喜欢贫穷。因此，他的慷慨之名让他得罪了大多数人，而仅赢得了少数人的赞赏。此时，任何事情犯错，都会招致人们的反叛，即使极为微小的错误也会使他陷于危险之中。而如果他认识到了这个问题，并试图节约开支，又会立即招来吝啬的恶名。

因此，君主若想以慷慨之名示人，就难以避免受到伤害。鉴于此，如果他明智的话，就不应该介意落个吝啬的名声。因为，随着时间的流逝，人们看到他因勤俭节约而收入增多，能够抵御任何人对他发动的战争，能不增加人民的负担而创建新的功业，他就会被认为越来越慷慨了。此时，他就会被那些他无所取的人认为是慷慨的，而这几乎是每个人；而对无所给予的人是吝啬的，他们的人数极少。在我们这个时代,只有那些落得吝啬之名的人才建立了丰功伟业,其他人则无不销声匿迹。教皇尤里乌斯二世虽然为了赢得选举而利用了慷慨的名声,但一旦被选举,他就不再努力保持他的名声了,因为他备战。当今法国国王⑳打了很多仗,但并没有对他的人民增加额外的税赋,因为长期的厉行节约足以支付他非经常的额外开支。当今的西班牙国王㉑如果他有慷慨之名的话,就不会有如此多的宏图伟业了。

50

因此,为了避免对臣民的豪取抢夺,为了能够自保,为了不至于陷于贫穷而遭人轻视,为了避免被迫横征暴敛,君主就不应在乎落个吝啬之名。这正是使他维护统治的恶名之一。如果有人说,恺撒由于慷慨而赢得了最高权力,并且还有许多人也都是由于慷慨而获得了至高权力。我的回答是,要么你已经是君主,要么你正在成为君主的途中。如果是前者,慷慨是有害无益的,如果是后者,那么你确实应被认为是慷慨的。恺撒是那些力求获得罗马军权的人物之一,但如果他在登上王位之后,要想维持统治下去而又不减少浪费的话,也会毁了他的至上权威。你或许会反驳,许多有慷慨之赞誉的君主都在战争中获得了巨大的成功。但我的回答是,君主所花费的资财,要么是自己的和他的臣民的,要么是其他人的。如果是前者,君主可能会精打细算;如果是后者,则会抓住任何表现慷慨的机会。那些率军出征的君主,如果靠抢夺、敲诈、缴获别人的财产来维持生存的话,那么他们表现的慷慨大方就是必要的,否则士兵也不会跟随他。由于财富既不是你的也不是你的臣民的,你尽可以做一个慷慨的大施主,就像居鲁士、恺撒、亚历山大一样。花他人的钱不会影响你的名声,相反会使你声誉日隆。除非是挥霍自己的钱财,否则你不会受到伤害。没有什么能像慷

---

⑳ 路易斯十二世。

㉑ 天主教徒费迪南德。

慨一样速生速灭了，因为慷慨行事得越多，慷慨行事的能力就会越少，它使你陷入贫穷而被人轻视，或为了避免贫穷而变得贪得无厌，以致遭人憎恨。君主必须要避免的最大危险就是被人轻视和憎恨，而慷慨却会给你带来这两者。因此明智的君主接受吝啬之名，它虽招致恶名但不会被憎恨，而追求慷慨之名就要面对贪婪的指责，这会使人们既憎恨又轻视。

51

第十七章　残酷与仁慈，受人爱戴是否好于被人畏惧，还是相反

继续探讨我上面所罗列的品质，我想，每一位君主都想被人看做是仁慈的而不是残暴的。然而，我不得不提醒你要注意仁慈。恺撒·博尔吉亚被认为是残忍的，但正是他的残酷之名使罗马涅的复归统一，使它走向和平与法度。细细考虑就能看出，事实上，他比佛罗伦萨人更为仁慈，后者为了避免残暴之名，而坐视皮斯托亚被毁。[72] 因此，君主如能使他的臣民安全而又有法度，就不应该在乎被称之为残忍的骂名。他对少数人的残忍行为，与过多的仁慈导致的社会混乱无序，以至盗贼蜂起相比，要仁慈得多，因为骚乱一起，危害的是整个社会，而为了维持秩序被君主施以极刑的，却是一到两个人。对所有君主来说，只有新生的君主难以避免残忍之名，因为新生的国家还处在危险之中。维吉尔借狄多之口说：

时局危难啊，
我们王国甫定，
我勉力做的，

---

[72] 于1501年。

奔赴战场，保家卫国。[73]

不过，你会审慎评估事态，在行动前思虑再三，以免妄自惊慌。采用审慎与仁慈适度的策略，避免太过自信而导致疏忽大意，太过自卑而不容于人。

这就导致了一个争论：受人爱戴比被人畏惧要好，抑或相反？[74] 我的回答是，应该既受人爱戴也被人畏惧，然而，由于同时拥有两者很难，如果你不得不在两者中有所抉择的话，我认为令人畏惧要比受人爱戴更安全。因为，一般来说，人都是冷酷的、易变的、虚伪的、奸诈的、规避危险、角逐利益。前面说过，只要你对他们施以恩惠，他们定会对你全心全意，而且在你不需要他们的时候，他们会发誓为你献出自己的鲜血、自己的财产、自己的生命甚至自己的子孙。但一旦你需要他们的帮助，他们就会翻脸。完全相信他们的誓言、而没有任何其他准备的君主都会走向灭亡。因为你会发现，你所收买的这些人，不是崇拜你的坚强个性和高尚灵魂的那些人，他们是你用金钱收买的，因此他们从来都不属于你，最终你也不会有任何收获。人们冒犯一个让他爱戴的人，比冒犯一个令他恐惧的人更少顾虑。因为爱戴是靠恩义来维系的，而人性是恶的，为了自身的利益，人们随时都会背信弃义；但畏惧之心却能遏制人的行为，因为他们害怕受到惩罚，并且这种恐惧会一直伴随他们。然而，要想令人畏惧，君主应该这样做，如果没有受人爱戴，他应尽量避免被人憎恨，因为令人畏惧而不被憎恨是可以兼备的。而君主只有在觊觎公民臣子的财富和妻女时才会被憎恨，因此，无论何时当你需要处死一个人时，必须要有正当的理由和明确的证据，但最为重要的是，千万不要妄动别人的财产，因为人们忘记父亲的死亡要比忘记遗产的损失快得多。

52

---

[73] Virgil, *Aeneid*, I, 563-564.

[74] Cicero, *De officiis*, bk. 2, ch. 7, §23-24。

此外，侵夺人民的财产从来不乏理由，以掠夺而生的人总有理由霸占别人的财富；但夺人生命的理由却很少，并很快消失。

但是，如果君主是军队的统帅且手下兵多将广，那就完全没有必要顾忌残酷之名了。因为没有这个名声而使军队团结一致准备战斗是不可能的。汉尼拔杰出的成就之一就是如此：他曾指挥了一支由许多不同国家的人组成的庞大军队，他们都是远离家乡作战，然而无论背运还是好运，他们从没有叛变，并且他们之间也没有抵牾。[75] 唯一的解释就是他的严厉和残酷，这个再加上他的许多能力，就让士兵对他既爱又怕。如果他不残酷，只依靠他的其他能力将不会有这样的效果。那些不加深究的史学家，一面赞叹军队对他的忠诚，一面又指责残忍是造成这种现象的主要原因。如果你质疑我关于汉尼拔仅有其他的能力是不够的观点，那以西比奥[76]为例来说明这个问题。西比奥不仅在他的那个时代，而且在有史记载以来都是难有匹敌的人物。但是他的军队在西班牙背叛了他。[77] 唯一的原因就是他过于仁慈，给予士兵的自由大大超出了军纪的规定。法比乌斯·马克西姆斯在元老院里为此指责他，并指控他腐蚀了罗马军队。当洛克里人被他的一个首领杀死后[78]，他并没有为他们报仇，也没有惩罚他的下属官员。他太随和了。他的支持者在元老院里为他辩护说，他与许多其他人并无不同，相比让其他人做他们的工作来说，他更善于做他们的工作。最后，如果西比奥没有吸取教训继续担任统帅的话，他的性情将会断送他的光辉声誉。然而，由于他的权威是附属于元老院的，因此他的缺陷并

53

[75] 汉尼拔（公元前247年至约公元前183年）从公元前218年到公元前203年一直在意大利战斗。马基雅维里的信息来源是 Polybius, bk. 11, ch. 19。

[76] 西比奥（Scipo）（约公元前236年至公元前183年）在北非的扎马（Zama）之战（公元前202年）中击败汉尼拔。

[77] 于公元前206年。Livy, bk. 28, chs. 24-29。

[78] 于公元前205年。

没有增加,甚至还抬高了他的声誉。

因此,我断言,就受人爱戴和令人畏惧来说,既然人们的爱戴之情都由自己决定,而畏惧之心是有君主决定的,那么一个明智的君主应当求助于自己,而非求助于别人,但他必须避免遭人憎恨,有如前述。

第十八章　君主应当如何信守诺言

人人都知道,君主如能信守诺言、公正无私、不施诡计,那是多么值得赞美啊!然而,在我们现代生活中,那些并没有信守诺言的君主都取得了丰功伟业,他们知道如何利用诡计把别人搞得晕头转向,最终,他们能够击败那些正直诚实的人们。

54

因此,你应了解两种斗争方式:一是尊重规则;二是毫无限制。第一种方式仅仅适用于人类,第二种方式适合野兽。[79] 但是如果你遵守规则就不会总是赢,那你就必须违背它。尤其是君主,需要知道如何既做野兽又做人。古代作者并没有很直白地教导君主们如此行为。他们描述了阿喀琉斯和许多古代君主都交给半人半马的客戎抚养,以便能够用最好的方式养育他们。他们用君主师从半人半马的故事所传达的信息是,君主必须知道何时像动物一样行为以及何时像人一样行为,并且知道仅仅依靠其中的一个,他也不会获得成功。

既然君主应懂得如何充分利用兽性,他就应以狮子和狐狸作为模本。由于狮子不知道如何避免陷阱,而狐狸能够轻易被狼制伏[80],因此,君主应是一只狐狸以察觉陷阱,也是一头狮子以震慑群狼。那些只像狮子般勇猛行事的人不理解这点,如果信守诺言于

---

[79] Cicero, *De officiis*, bk. 1, ch. 11, §34.

[80] 狐狸和狮子的比喻来自于,Cicero, *De officiis*, bk. 1, ch. 13, §41。

己不利,或原来做出誓言的理由已不存在,明智的君主就不能——也不应该——信守诺言。当然,如果所有人都是与人为善的话,这个建议就不足为训,但既然人性都是恶的,他们不守信于你,你也不必要守信于他们。君主从来不乏正当理由来粉饰他的违背誓言行为。对此,我可以举出很多当代的例子来佐证,并显示,由于君主的背信弃义,这些合约和誓言是如何成为废纸一张和空口白话的,而那些深谙狐狸之道的人却做得很好,但他必须知道如何去掩饰这种技艺,如何成为一个精明的伪装者和伪君子。你会发现人们头脑简单,并对眼前利益念念不忘,以至于如果你要去欺骗他们,你总会发现很多自愿受骗的人们。

在无数的现代例子中,亚历山大六世的例子尤其特殊。他唯一的目的和念头就是欺骗世人,而且他总能找到愿意受骗的人。55 从未有人像他一样有令人信服的誓言,也从未有人像他一样刚刚信誓旦旦却又立即翻脸不认。然而,只要他需要,他总能找到一个又一个的受骗人,因为他深谙此项特殊技能。

事实上,君主不必全部拥有我上面所罗列的正面品质,但却好像很有必要全部具备。我甚至敢说,如果你除了拥有正面品质外,从无任何别的品质的话,那对你是有害的;而如果你仅仅表面上拥有它们,那你会从中受益。因为,你表面上应该是仁慈的、守信的、诚实的、正直的、虔诚的,并且还要去做这些事情,但同时你要时刻准备着,当这些品质于你不利时,你知道并能够反其道而行之。必须明白一点:君主,尤其是刚获得权力的君主,不能遵守好人所推崇的那些规则,因为为了保有权力,他不得不背弃信义、背弃仁慈、背弃人性、背弃虔敬。他必须做好精神准备,应时而动、随机而变。不过,就像我上面所说的,只要有可能,他就不应背离正道,但一旦需要,他也知道如何为非作歹。

因此,君主应当十分小心,不要让与我上面所罗列的五种品质的言论脱口而出。他必须让那些听其言、观其行的那些人，看起来是多么的虔诚、正直、守信、仁慈、虔敬。相比而言，君主更应该在表面上具备最后一种品质。一般来说，人们更多的是用观察而非触摸的方式进行判断。人人都知道发生的事情，但并非人人都能预料到结果。人人都能看到你表面是如何，但只有很少人对你真正如何有直接体验。而少数人的意见在面对多数人的意见时只能忍气吞声，因为后者得到国家权威的支持。所有人的行为，尤其是君主的行为，如果反对的人们不能诉诸于法律，那人们只有静观其结果了。因此，如果君主赢得了战争并保有了权力，那他所采用的手段会被认为是可敬的，并且广受赞誉。因为平民百姓总是在意外在表象而且以结果为导向，总之，君主要依靠的也只有平民百姓，因为如果是群众让他担任首领的话，权贵们就没有权力了。当代的某位君主[81]——这里不便提其名字——总是鼓吹和平与信义，然而却没有一丁点地尊奉它们。然而，如果他奉行了其中的任何一个的话，他的声望或权力就不知失去多少次了。

第十九章　如何避免被憎恨与被蔑视

56

我已经谈了前文提及的品质中至为重要的那些方面。现在我想在这个通则下扼要谈论余下的那些，即君主必须注意（我在前面曾提及过）避免使他成为被人憎恨或遭人蔑视的对象。只要他避免了这些，就做到了自己该做的，即使有其他的任何邪恶之名，对他也没有伤害。我已说过，最使君主招人憎恨的，就是他霸占臣民的财富和妻女，你绝对不应该碰这两者，因为对大多数人来说，只要他们的财富和名誉没有损失，就会安心度日。这样，你仅仅对付

---

[81] 天主教徒费迪南德。

少数有野心的人就可以了,而且有很多简易的手段控制他们。如果你被认为是乖僻的、善变的、颓废的、懦弱的、优柔的,就会被蔑视。君主必须避免获得这样的名声,就像掌舵手让航船避开岩石一样。应尽最大努力在行动上显示你的伟大、你的坚韧、你的骨气、你的决断。对待臣民的私人事务,一旦作出裁断,就绝不更改,这样就会打消人们欺骗和糊弄你的念头。

符合这些条件的君主就会获得他所需要的尊敬之名,要密谋反叛他就很难;由于人民认识到他功绩卓著并受到他们的爱戴,要想攻击他也难以奏捷。因此,君主应担忧两件事:国内,应担忧他的臣民;国外,应担忧其他君主。对抗国外的势力,优良的军队和可靠的盟友就足以防御;而且,如果你有一支优良的军队,你总会找到可靠的盟友。并且只要稳定了外部局势,维持国内秩序也是很容易的,假如有阴谋反叛你,也不会削弱你的权威;即使有外患,如果你能遵守我的建议及根据我上面所列举的信义为人处事的话,那只要你能把握住自己,就能抵御任何来犯之敌,就像我所说的斯巴达的纳比斯那样。至于臣民问题,当你没有外敌入侵时,你应该警惕他们密谋反叛。[82] 对此,最好的防备就是确保你没有招致憎恨或蔑视,并使人们对你感到满意。这是必须要做的,我已在前文中做了详细的叙述。

57

确实如此,君主防备反叛的最为有效的手段之一就是确保他没有被憎恨。因为谋反者总是认为处死君主是会得到人们拥护的。但如果他们意识到这么做会激怒人民的话,就难以有勇气做这事了,因为他们得克服无穷无尽的困难才能成事。经验证明,大多数的谋反者都失败了。因为谋反者都不是单独行动,而且他只有在那些他认为心存不满的人中寻找盟友。但只要你向一个不满

[82] 影响马基雅维里关于密谋反叛的叙述的是,Aristotle, Politics, bk. 8。

分子吐露了你的意图，你就给了他满足野心的机会，因为他显然是期望从背叛你的行为中获得丰厚的报酬。如果他背叛你，他的报酬是确定的；如果他信任你，他会面对风险，得到报酬的希望渺茫，如果他仍能笃守信义，那么他要么是你一个异常忠诚的朋友，要么就是君主的死敌。对此，我们总结如下：谋反者所面对的除了担惊受怕、相互猜忌以及对惩罚的恐惧外，再没有什么了，因此他们会丧失信心；而君主是由君权的权威和法律所支持，并由他的支持者和国家权力所保护。如果再有人民的衷心支持的话，那么任何人都不可能如此冒失地反对你。因为在通常情况下，谋反者都会忌惮行事之前就被捉，但是如果君主深受人民爱戴的话，行事之后，也会担惊受怕，因为人们会攻击他，他就再无藏身之所了。

我能举出很多例子来说明这一点。但我仅限于谈及一个发生在我们父辈期间反叛的例子。麦瑟·安尼巴莱·本蒂沃利，即当今麦瑟·安尼巴莱的祖父，是波罗尼亚的君主。坎尼斯基家族阴谋反叛他并杀死了他。[83] 家族中唯一的幸存者是麦瑟·乔万尼，当时还在襁褓之中。在他被害之后，人们立刻起来反抗并把坎尼斯基家族斩尽杀绝，这是因为本蒂沃利家族在当时深受人民的爱戴。他们的忠诚如此强烈，以致安尼巴莱死后，由于在博洛尼亚没有找到家族的幸存人员来接管政府，他们居然打听到在法国有一个家族成员，其人过去一直被认为是铁匠的儿子，博洛尼亚人就到佛罗伦萨把他带了回来，让他做了城邦的君主，并一直统治到麦瑟·乔万尼能够亲政。 58

因此，我断定，只要为民众爱戴，君主就没有必要过多担心谋叛的事；但一旦人们对他充满敌意，心生怨恨，那任何人、任何事都会让他担惊受怕。治邦有道的政府和明智的君主会力避让权贵们

---

[83] 于1445年。

走投无路，同时也让人民安居乐业，因为这是一国之君必须做的最重要的事情之一。

在当前，法国就是一个组织有方、有良好法度的国家。那里有着无数的良好制度来确保国王的自由和安全，其中首要的就是议会及其权力。[84] 因为无论谁组建政府，都会明白权贵们是有野心的和傲慢的，因此必须给他们套上龙头以便于约束；同时，大多数人由于惧怕权贵们而心生憎恨，因而有必要保证他们的安全。但是，他不想让这个成为君主的专门职责，以免由于偏袒人民而疏远权贵，或者偏袒权贵而疏远人民，因此他设立了一个独立的审判机构，其任务就是打压权贵，保护弱者，以免国王遭受指责。这种安排是最为智慧的和谨慎的，并对国王的安全和王国的稳定有实质性的贡献，它使我们认识到了一个重要的普遍原则：君主应该把不受欢迎的事委托给别人来处理，而要亲自打理赢得赞誉的事。我再次断定，君主应该尊重权贵们，但无论如何都要避免遭受人民的憎恨。

探究一些罗马皇帝的生平和死亡，许多人也许会认为，他们是一些与我的意见截然相反的事例。因为他们中一些人的生活堪称楷模，为人也很有骨气，然而他们要么丧失权位，要么死于叛乱的仆人之手。为了回答这类异议，我会探讨某些皇帝的品质，以显示他们被毁灭的原因与我的观点不无不同。其涉及的方面，可能会对那些读过那段历史的人很重要。我限于探讨从马库斯·奥勒流到马克西米利安期间在位的所有皇帝[85]，他们包括：马库斯，他的儿子科姆多、佩尔蒂纳切、尤利西诺、塞韦罗，他的儿子安托尼诺·卡拉卡拉、马克里诺、埃利奥家巴洛、亚历山大以及马克西米利安。

59

---

[84] 议会(*parlement*)是最高上诉法院，其成员属于特殊的社会等级，即穿袍贵族。

[85] 换句话说，是从161年到238年期间。马基雅维里密切关注希律一世(Herodian)，可能依靠的是波利齐亚诺(Poliziano)的拉丁文译本。

首先注意的是，在大多数国家里，君主要对付的是权贵们的野心和人民的傲慢，而罗马皇帝还要面对第三个问题：他们不得不容忍士兵们的残忍和贪婪。要做到这个很难，以致许多皇帝都为此垮台了，因为使两者都满意几乎是不可能的事。人民渴望安宁，为此，他们喜欢他们的君主谦和有礼；但军人希望的是一位具有尚武精神的君主，喜欢他高傲自大、残忍贪婪。他们希望君主用这种品质对付人民，这样他们就会有双倍的酬饷，并任意施展他们的贪婪和残暴。由此而带来的结果是，那些没有获得足够让人生畏之名的君主（要么是他们并不渴望这样的名声，要么他们无力获得它）就无法既压制军队，又抑制人民，因而都灭亡了。他们中的大多数，尤其那些不是继承而获得权力的人，由于认识到了难以使群众和士兵都满意，便尽力满足士兵的要求，因为他们认为疏远群众的伤害会小些。这种做法也是迫不得已，因为君主注定会招致某些人的憎恨，他们首先设法不被任何有势力的团体所憎恨，如果做不到，那么他们必须尽一切可能避免最有权势的团体的憎恨。所以，那些非继承而获得权力的君主，尤其需要强有力的支持，就总是依附于军队而不是人民。这一策略成功与否，在于君主是否知道如何在军队中保持威望。马库斯、佩尔蒂纳切和亚历山大，都是谦谦君子，正义的热爱者，残忍的憎恨者，他们仁慈而友善，由于上述种种原因，除了马库斯外，都以悲剧收场。马库斯是唯一一个生时荣光、死时安详的人，因为他的君位是继承的，就不必对军队和人民表达好意了。此外，由于他的许多善行赢得了广泛的尊敬，所以，他毕生都使两个团体各安本分，从未受到憎恨和蔑视。但佩尔蒂纳切是违背军队的意愿而登上王位的，这些士兵在科姆多统治时期，已经过惯了无拘无束的日子，不能忍受佩尔蒂纳切强加给他们的守纪律的生活，因而产生怨恨，加之佩尔蒂纳切已垂垂老矣，憎恨之外又受到轻蔑，所以统治伊始就覆灭了。

60

在这里,应注意的是,善行就像恶行一样可能招致憎恨。其原因在于,就犹如上述,想保有权力的君主经常被迫不去为善,因为当一些有势力的团体——无论是人民、军队还是权贵们——腐败堕落时,而他们的支持对你保有权力是必要的,那么为了迎合他们,你不得不满足他们的贪欲。在这种情况下,行善事会使你受到伤害。我们看看亚历山大的情况。他心地非常善良,在他受到赞扬的事情中有一件是:在他执政的十四年间,没有一个人未经正当审判而被他处死。然而,他被认为是柔弱无力的,并因受其母亲的支配而备受指责,因而招致轻蔑,最后,军队阴谋反叛并处死了他。

相反,看看科姆多、塞韦罗、安托尼诺·卡拉卡拉和马克西米诺斯的品质,你会发现他们全都贪婪残暴、嗜杀成性。为了使军队满意,他们不会错失任何对人民施以恶行的机会。除了塞韦罗之外,他们全都落得了悲惨的下场。因为塞韦罗是一位强有力的君主,以致获得军队的支持,尽管他压迫人民,却也能够成功的维持统治。他的能力使军队和人民心生畏惧:人民总是在相当大的程度上惊愕于他的成就而茫然无措;而士兵对他则是崇拜有加、心满意足。作为一位新君,他的行为值得称道,因此我想扼要地说明一下,他是如何善于扮演狮子和狐狸的角色的,如上所述,这两种行为类型是君主必须知道如何效仿的。塞韦罗知道新皇帝尤利亚诺多么的胆小怕事,便说服他所统帅的斯基亚沃尼亚驻军向罗马进军,其理由是为佩尔蒂纳切——他已被他的御卫队的队长所杀——报仇。打着这个幌子,他率军进入罗马,没有流露出任何觊觎王位的野心。当有人知道他已出发时,他的军队已经进入意大利。当他到达罗马时,元老院出于恐惧,选举他为皇帝,并处决了

61

尤利亚诺。像这样开始后,塞韦罗要想获得对整个帝国的有效统治,要面对两个难题:在亚洲,亚洲驻军统帅尼格罗已经自封为皇帝;在西方,阿尔皮诺也觊觎权力。塞韦罗认为,公开与他们两个

同时为敌是很危险的，于是决定打击尼格罗，哄骗阿尔皮诺。他给阿尔皮诺写信说他已被元老院选举为皇帝，他想与他共享职权，授予他恺撒的称号，并让元老院任命他为共治者。阿尔皮诺信以为真，接受了这个建议。但是一旦塞韦罗击败并处死了尼格罗，平复了东方帝国后，他回到罗马就在元老院里抨击阿尔皮诺，控诉他以德报怨，居心叵测地要刺杀他，因此，他不得不对这种忘恩负义的行为进行惩罚。然后，他攻击了驻在法国的阿尔皮诺，并剥夺了他的权位和生命。

仔细考虑塞韦罗的行为，就会发现他既是一头凶猛的狮子也是一只狡猾的狐狸；他被所有人敬畏，却没有招致军队的憎恨。塞韦罗，一位非继承的君主，却能统治这个庞大的帝国并不令人惊讶，因为他的巨大声誉总能防御人们由于他的掠夺行为而产生的憎恨。他的儿子安托尼诺也是有显著才能的人，他使人们畏惧，让士兵感激。他是一个勇士，不在乎任何艰难困苦，并鄙视珍馐佳肴和奢侈物品，这使他赢得全体军人的爱戴。然而，他的凶暴残忍也是史无前例的，他杀人无数，甚至屠杀了罗马的大部分居民和亚历山大城的全部居民，这使他被所有人憎恨，甚至他的亲信也害怕他，结果他被军中的一位百夫长杀死。应该注意，像这样由真正意志坚定的人来执行的暗杀君主是不能防备的，因为任何不怕死的人都能加害于他。然而，君主也不必过于担心，因为这种事情极少。你只要在日常行为避免严重伤害在你身边的人就行，安托尼诺却没有做到这一点，因为他残忍地处死了百夫长的弟弟，并一再恐吓百夫长本人，却又让他担任贴身侍卫。这是极端愚蠢的，其灾难性的后果也是可遇见的。

现在我们看看科姆多的情形，他作为马库斯的儿子而继承了君权，他只需踏着父亲的足迹，使军队和人民安守本位，就可以轻松地保有皇位了。但由于他生性残忍野蛮，为了不受拘束地对人

62

民发泄自己的贪欲,他讨好军队,纵容他们无法无天;再者,他不顾及自己的尊严,常常跑到竞技场与角斗士格斗,他还做一些有损帝国尊严的卑鄙之事,因此,他在士兵的眼里一钱不值。由于他既被军队轻蔑,又被人民憎恨,因此,不久以后就遭到了阴谋反叛并被杀死。

最后要讨论的就是马克西米诺斯的品质了。他极其好战,前文说过,军队恼怒于亚历山大的孱弱而杀了他,然后推举马克西米诺斯为君主。但他在位时间不长,因为有两件事情使他既被憎恨又被轻视:一是,他出身卑微,曾经在色雷斯放过养(此事人人皆知,使他在众人眼中丧失尊严);二是,即位之初,他拖延去罗马占有皇位的行程,而指使他在罗马及整个帝国的行政官们犯下了诸多暴行。这样一来,每个人鄙视他的卑微出身,并且由于害怕他的残暴而激起了憎恨。于是,非洲第一个造反,接着是元老院及整个罗马人民,最后全意大利都反叛他,甚至他的军队也加入进来。他们在围攻阿奎莱亚时久攻不克,再加上他们早已反感于他的残暴,当看到如此多的团体反对他,也就不再对他心怀恐惧,最后杀死了他。

我并不想去探讨埃利奥家巴洛、马克里诺、尤利亚诺,因为他们卑鄙之极,很快就灭亡了。现在我得结束这番议论了。我认为,我们现代的君主不会面对这样的难题:时局艰难而迫使他不得不为了满足军队的欲望而采取违背规则的策略;因为,尽管你也要担心军队的不满,但你能轻易地解决它们。现代君主不会面对如罗马军队那样拥有治国及管理行省经验的常备军。但如果说,那时更有必要让军队比人民得到更多的满足,是因为军队更为让人害怕的话,那么现在除了土耳其的皇帝和苏丹外,所有君主要做的是让人民比军队更满足,原因则是人民的威胁更大。我之所以把土耳其的皇帝作为一个例外,是因为他始终维持着 1.2 万人的步兵

63

和1.5万人的骑兵,他的王国的安全和势力就依靠此。对他来说,保持他们的忠诚是必要的,其他就没什么了。同样,埃及的苏丹也受他的军队支配,因此他也必须迎合军队,而对人民的要求置之不理。应注意,埃及的苏丹与其他君主的身份是不同的,他类似于基督教的教皇,不能称之为世袭的君主和新君主。旧君主的儿子并不能继承他的职位并保留皇权,新君是由有权任命他的团体选举的。不能把苏丹称之为新君主,因为这种制度由来已久,他没有新君主所面对的困难。即使他本人刚刚掌权,但这种制度是长久存在的,因而毫无疑问地接受他的统治就像他是一位世袭君主一样。

回到主题上来说,我相信,人人都会同意,根据上述讨论,憎恨和轻蔑导致了前述君主们的灭亡,而且,如果根据应用的策略,把他们分为两组,一组是遵守的,反之则是另一组,你也会明白,为什么在这两组中,只有一个君主是成功的,而其余的都被杀死了。对于佩尔蒂纳切和亚历山大来说,他们身为新君主,却企图去模仿因继承权为获得王位的马库斯,非但徒劳无益而且深受其害;同样,卡拉卡拉、科姆多及马克西米诺斯模仿塞韦罗也是严重错误的,因为他们没有足够的能力跟上他的步伐。因此,不是由于继承权而获得皇位的新君主,既不应该遵循马克的例子,也不应该照搬塞韦罗的例子,但他从塞韦罗身上吸取一些能力,对于巩固权力是很必要的;从马库斯身上吸取借鉴一些有效的方法,对于维持国家的长治久安也是荣耀的。

第二十章 堡垒(以及君主们日常做的许多其他事情)是否有用

有些君主为了牢固控制权力解除了臣民的武装,另一些则将其地盘分而治之;有些君主四面树敌,另一些则努力争取对新政权

64 有敌意的人;有些君主构筑堡垒,另一些则捣毁它们。要对这些策略有个确定的判断,只有掌握这些国家的具体情况才可以,否则是不可能的。然而,我将对这个问题本身概括地谈谈。

我指出,没有一位新君主曾解除臣民的武装;相反,当他发现他们没有武装时,他总是把他们武装起来。因为你把他们武装起来,他们也就是你的武装,那些曾对你有敌意的人就会对你忠诚起来,原先忠诚于你的人还是忠贞不渝,如此一来,归顺于你的臣民就会成为你的坚定支持者。由于你不可能把每个人都武装起来,但假如你能够对武装起来的人施以恩惠,那你对付其他人时就会更有把握。因为他们认识到这种不同的待遇时,他们就会更为忠诚于你;而没有武装起来的人也会谅解你,因为他们会认识到,那些面对更多危险,或承担更多责任的人理应获得更多的报酬。但是如果你解除了那些曾武装过的人的武装的话,你就开始疏远他们了。因为你挑明了,你不信任他们,或者由于他们是穷士兵,或者由于不忠。无论哪一点,他们都会憎恨你。况且你总要进行防御,此时你就不得不依靠雇佣军,其结果在前面已有论述。无论他们多么英勇善战,他们也抵御不了势力强大的外国军队与有敌意的臣民的联盟。因此,就像我已说的,那些没有继承权的新君主总要组建自己的军队,这种例子在历史上比比皆是。但是当君主夺得了一个新国家,并把他纳入自己的版图时,那么就有必要解除人民的武装了,那些在夺取权力时积极支持你的人除外,即使对他们,过一段时间之后,也要觅得机会使之柔弱无力。同时,应该妥善安排,以使得所有武器掌握在紧紧跟随你的故国军队的人手中。

我们的祖先,尤其那些被认为是明智的,常常说统治皮斯托亚靠党政,统治比萨靠堡垒。因此,在一些他们占有的地域内,他们怂恿纷争以便于更好控制。在意大利处于实力均衡的时代,这未尝不是一个良策。[86] 但是我认为它在今天不可取了。因为我不相信内部冲突有任何好处,因为当敌军兵临城下时,你面对的危险是内部分裂的城市会转向对方,因为内部冲突中弱势的一方总会投靠入侵者,而强势的一方也不能在城墙内外有势力对抗敌军。

我认为,威尼斯人遵循了我们祖先的想法,怂恿他们治下的城市分立为格尔夫和吉伯林两派。[87] 尽管从没有让两者的冲突发展到流血的地步,但他们总是制造紧张事态,以至于这些城市的居民完全被内部的争议所困,无暇联合起来反对他们的主子。但历史证实了这一策略没有取得好效果。因为当他们在维拉战败时[88],他们中的一派迅速鼓足勇气,夺回了他们的全部领土。所以,这种策略只是表明了君主的软弱,因为一个强硬的政府绝不容许这样的分立,你只有在和平时期才能借此更为轻易地管理你的臣民;但当战争来临时,这样的措施就是自欺欺人的。

毫无疑问,当君主克服了所面对的种种困难和遇到的反抗时,就会强大起来。因此,当运气要使君主变得强大时(因为新君比世袭君主更需要名声),就会为他树立敌人并使他们威胁他,因而他就有理由克服这些障碍,并踩着敌人给他设置的梯子步步高升。因此,许多人认为,明君应当抓住机会暗自扶植敌对力量,以便于在制服他们之后,让自己变得更为强大。

君主们,尤其是刚刚执政的,往往会发现,那些起初所认为的反对他的人,会比最初受到信任的人更为忠诚、更有帮助。锡耶纳君主潘多尔夫·彼得鲁奇治理国家,靠得更多的是对他有敌意的人,而不是他的支持者。[89] 但这个问题不能泛泛而谈,需要因地制

---

[86] 从 1454 年到 1494 年。

[87] 这些派系在意大利许多地方都出现过。格尔夫派(the Guelfs)支持教皇(后来支持法国),吉伯林派(the Ghibellines)支持神圣罗马帝国。

[88] 于 1509 年。

[89] 彼得鲁奇(Petrucci)从 1487 年到他去世一直是锡耶纳的实际统治者。

66 宜。我所说的那些人,仅仅是指在君主即位之初对他有敌意,但他们需要政府的支持以保住他们的地位的社会群体,新君主能够很轻松地就把他们争取过来。而且他们不得不对他更为忠诚,因为他们知道必须用自己的行动来解除起初加给他们的有害判断。因而,君主总会从他们那里比其他人那里获益更多,而后者对他抱着太多的安全感,往往不把君主的事情放在心上。

由于事关我们当下,我不得不提醒那些最近由于内应而获得国家的君主,他们应该仔细考虑那些内应的动机。如果他们对你的支持,并不是出于自然爱戴,而仅仅因为他们对前政府的不满,那么要维持他们的忠诚是极为麻烦和困难的,因为你无法让他们满意。如果以古今所记载的事例为鉴,细细考虑其中缘由,你会明白,相比那些由于不满旧政府而与你结盟并助你获得权力的人们,那些由于对旧政府感到满意而反对你的人们,更为容易成为你的朋友。

为了更为牢固地控制自己的国家,君主习惯于构筑堡垒,作为对付预谋反叛的人的缰绳和嚼子,也为自己提供了在遇到突然袭击时的避难所。我赞成这个策略,因为它曾被罗马人用过。然而,在我们现代,麦瑟·尼科洛· 维泰利为了能够保佑卡斯泰罗,而毁掉了这个国家的两个堡垒。[90] 乌尔比诺公爵奎多·乌巴尔多回到他以前被恺撒·博尔吉亚驱逐出去的领地时,毁掉了这一区域的所有堡垒。[91] 他相信没有这些堡垒,就很难再次夺走他的权力了。本蒂沃利收复博洛尼亚之后也采用了同样的策略。[92]

因而,堡垒是否有用要看形势如何,在一种情况下对你有用,而在另一种情况下却对你有害。相关因素表述如下:相比外国势

---

[90] 于1482年。
[91] 于1503年。
[92] 于1511年。

力，更为害怕臣民的君主应该构建堡垒；但害怕外国势力更甚于臣民的君主则会拒绝堡垒。米兰的城堡是由弗朗西斯科·斯福尔扎所建[93]，已经或将继续对斯福尔扎家族带来损害，比该国的任何不良做法危害更大。所以，最好的堡垒就是不被他的臣民憎恨；如果你有堡垒，但是你的臣民憎恨你，堡垒也救不了你，因为一旦人民武装起义，从来不会缺乏外国盟友的支持。

在当今时代，堡垒已经不能对任何君主有用，只有弗利伯爵夫人在她丈夫季洛拉莫伯爵死后的情况例外[94]，正因为她有蔽身之所，她才能够避免人民的攻击，坚持到来自于米兰的援助，并重新获得政权。当时的形势是人民不能获得来自国外的援助。但后来，当恺撒·博尔吉亚攻击她，而且对她仍有敌意的人民也加入到侵略军中时，她就很难从城堡中受益了。[95] 因此，如果在起初和以后，她没有遭受人民的憎恨，那就比拥有城堡更为安全。所以，经过对所有这些因素的考察，我既称赞那些建造堡垒的君主，也称赞没有堡垒的君主，但是我指责那些仅依靠堡垒而认为人们的憎恨无足轻重的君主。

第二十一章　为获得名声，君主应做什么

没有什么比从事伟大的事业和做非比寻常的事情更能为君主带来名声了。在我们现代，当前的西班牙国王阿拉贡的费迪南德就是如此。他差不多可以被视为新君主，因为他从一个卑微的君主一跃而成为了一个在基督教世界中最为著名和最为荣耀的君主。如果你细细考虑他的功绩，就会发现那都是高贵的，有些还是

---

[93] 于1450年。
[94] 于1488年。
[95] 于1499年12月。

非同寻常的行为。他即位之初就攻击了格拉纳达,这项事业是他增强权力的基础。[96] 起初,在他没有遇到其他麻烦时,就开始了再征服,因此他能专注于此。他让雄心勃勃的卡斯蒂利亚的贵族们进攻格拉纳达,让他们一心备战,从而在国内不会对他构成威胁,就在他们不知不觉之间,他获得了极高的声誉和权威。他依靠教会和臣民的资助来供养军队。这场持久战增强了他的军事势力,他也由此获得了声誉。再者,为了能够从事更为宏大的事业,他不断利用宗教,以伪善而残酷的手段,把马拉诺人从他的王国中驱逐出去并剥夺了他们的一切[97]:这是一次无与伦比的真正的卑鄙行为。他再次以宗教为托辞入侵非洲[98],然后进军意大利,最近[99]又征讨法国。他总是完成一件大事又去图谋另一件大事,这总是让臣民不知所以,每当看到结果又震惊不已。他的行动一个接着一个,连接得如此紧密,以至于没有任何空间让人们从容地反对他。

68

君主在处理国内事务时,如能做出卓越的事情,也对他有很大的帮助,就像传说中米兰的麦瑟·贝尔纳博一样。[100] 无论谁在国内生活中做了特殊的事情,无论是好还是坏,他抓住机会给他们奖赏或惩罚,这确实是引发人们广泛评论的好想法。最为重要的是,君主应努力用自己的行动赢得才智超群的伟人之名。

当君主知道如何去做一个真正盟友和真正的敌人时,也就是说,当他毫无保留地表明自己是一方坚定的支持者,另一方的反对者时,也会受到尊敬。这种策略比保持中立更有好处,因为如果你的两个邻邦相互开战,要么他们都很强大,那么无论哪一方获胜,

---

[96] 格拉纳达(Granada)的穆斯林政府在1480年至1492年间被征服。

[97] 马拉诺人(Marranos)是被迫改信基督教的犹太人。对这个术语的误解,参见Edward Andrew:"The Fox Prophet:Machiavelli Versus Machiavelli on Ferdinand the Catholic," *History of Political Thought* 11(1990),409-422。

[98] 于1509年

[99] 于1512年。

[100] 贝尔纳博·维斯孔蒂(Bernabò Visconti)于1354年至1385年间统治米兰。

你都会担忧胜利者;要么他们都不强大。无论那一种情况,支持一方并勇于参战总是有利的。在第一种情况下,如果没有支持任何一方,那么你仍会被胜利方捉获,战败国也会对此感到高兴和满足,而且你没有任何理由或任何借口寻求援助,也没有避身之所。因为无论谁赢了,都不需要这种不可信赖的、在逆境中袖手旁观的人做盟友;失败者也不会为你提供避身之所,因为你过去没有拔剑相助。

安提奥科斯曾应埃托利亚人之请进入希腊以驱逐罗马人。[101]他派使臣到罗马的盟友阿契亚人那里,鼓励他们保持中立;而罗马人力劝阿契亚人为他们而战。此事提交到亚该亚会议裁断,安提奥科斯的使臣怂恿他们保持中立,罗马的使臣回应说:“至于他们说的,让你们不要介入战争,可没有什么比这更为损害你们的确切利益了。如果你没有信誉、没有尊严,胜利者会把你作为他们的战利品。”

事情总会如此,不是你盟友的人,总会要求你保持中立;而是你盟友的人则要求你公开表态。优柔寡断的君主仅想避免当前的危险,常常保持中立而由此导致灭亡。但是当君主大胆表态,如果你的盟友赢了,即使他很强大并有能力制服你,也会对你感恩戴德。无人会如此无耻到不惜做一个忘恩负义的范例而去攻击你。况且,从没有如此彻底的胜利,以致胜利者可以肆意而为,尤为重要的是,胜利者表面上仍需要一幅正义面孔。相反,如果你的盟友战败了,他会为你提供庇护,也会尽可能地帮助你;与你共同面对厄运,期望有一天能够与你共享好运。另一方面,交战双方没有强大到让你担忧战争的结果,你更应参与战争,因为你会在一方的帮助下灭掉另一方,以免他们明智之时互相帮助。取胜一方就会由

[101] 公元前192年,来自Livy,bk. 35,chs. 48, 49。

你支配,而有了你的帮助,胜利也一定属于他。

在这里,值得注意的是,君主绝不应支持比自己强大的人来反对其他的君主,除非迫不得已,前文已有所述。因为即使你赢了,你也会是盟友的囚徒,因此君主应尽其可能避免受人支配。威尼斯人与法国国王结盟对付米兰公爵,结果自取灭亡,而他们本来是应该避免结盟的。[102] 但是当你不得不加入一方时(这就是佛罗伦萨人曾经面对的局势,其时教皇和西班牙的国王率军入侵伦巴第[103])那么你应该坚决地加入,就像我已经解释的那样。任何国家都不能认为其所采取的决定总是安全的,而事实是你所采取的每一个决定都是有风险的。因为通常是,你在预防一种危险时,总会遭遇另一种危险。谨慎行事在于知道如何评估风险进而两害相权取其轻。

70

君主也应表明自己是爱惜才能的人,尊敬任何行业的杰出之士。他应该激励那些从事商业、农业和任何其他各种行业的人安心从事他们的职业,确保他们不致因为担心被征收而不愿增值财富,也确保他们不致因为担心税收而不愿开办产业。相反,他应该奖励那些开办并发展这些事业的人以及那些能够为城邦和国家带来收益的人。此外,他应在每年的适当时间召集人民举行庆典,共同观赏节目。既然每一城邦都被分为各种行会和集团,他就应该承认这些群体,不时地与他们会面,显示你的宽厚仁慈及雍容大度,但同时又要始终保留你的权威和尊严,这在任何时候都不应该被忽略。

---

[102] 于1499年。

[103] 于1512年。

第二十二章 君主选用的大臣

君主选谁做大臣,是极为重要的。君主们选择的都是他们需要的大臣,因此明君选好的,昏君选坏的。最为容易的评估君主能力的方式就是看他核心集团的成员,如果他们能胜任其职并忠心耿耿,那么他就是明智的,因为这说明他了解他们的能力并使他们忠诚有加。如果他们并非如此,那君主就会遭受非议,因为他所选用的这些大臣已经证明了他选人能力的欠缺。

知道锡耶纳君主潘多尔夫·佩特鲁奇的大臣弗纳弗罗的麦瑟·安托尼奥[104]的人,无不认为潘多尔夫才智超群,否则,何以能让他获得了这样的大臣呢?人之头脑有三种类型:一类是靠自己就能认识事物的本质;一类是要遵循别的解释才能理解事物之本质;一类是既不能自己理解,别人的解释也无济于事。第一类最为优秀,第二类堪称优秀,第三类则毫无用处。以此逻辑,潘多尔夫即使不是第一类,至少也是第二类。因为任何能够判断某人言行之优劣的君主,即使他没有创见,也会识别大臣行为的好坏,激励好的,纠正坏的,从而大臣也不会有欺骗这样君主的妄念,更为尽心竭力。

71

君主有一个万无一失的识别大臣的办法:如果你看到某大臣想得更多的是自己而不是你,其一言一行也都是为了谋求自己的利益,那你要确信此人绝非良臣,决不能信任他,因为管理政府的人绝不应该顾念自己,而总是心系君主,并且绝不应该让君主操心与君主利益不相关的事情。另一方面,为了使大臣更好地发挥其才能,君主应顾念大臣的利益,让他荣华富贵,使他感恩戴德,确保

---

[104] 马基雅维里确实了解弗纳弗罗的安托尼奥·希尔达尼(Antonio Giordani of Venafro)。

他能接受公众的认可,以便于让他知道没有他就不会变得更好,并且,如此多的恩惠使他不必再去追求,如此多的财富使他无须再求财富,如此地位也使他害怕政变。当君主有良臣并知道如何对待他们时,他们就要相互依靠,否则彼此都将深受其害。

第二十三章　如何避免谄媚者

我不想忽略一个重要问题,对此,除非君主足够明智和优良识人能力,否则难免会犯错。这事关谄媚者,这种人在宫廷中比比皆是。因为人们如此容易被奉承,并且是如此喜欢被表扬,从未使自己难以避免这样的灾难,而一旦意识到危险要自保时,反而会招致轻蔑的危险。因为没有任何方法使自己免于阿谀奉承,除非人们明白讲真话并不会激怒你。但如果任何人都对你实话实说,那你就不会得到足够的尊重。因此明智的君主应该采用替代谄媚与过分坦诚的办法:从他的臣民中选取明智的人,并只赋予他们说真话的自由权,并且仅限于他要求他们的具体事情,而非他们任意选择的,但是他应该事事过问,并聆听他们的意见,然后独自认真考虑这件事,并以自己的方式作出决定。他对每个大臣及其建议的回应应显现这样的迹象,他们的交谈越自由,他就越高兴。除了大臣以外,他绝不应该再听从其他人的意见,一旦他作出决定就应该坚决行动,一旦采取行动,就不可更改。否则,要么毁于阿谀奉承人之口,要么毁于胸无主见的经常变更。任何一种,都会招致人们的轻视。

72

关于这个问题,我会参照一个当代的例子。当前的帝王马克西米利安的大臣卢卡神父[105],在谈论君王时说,他不曾向任何人咨

[105] 也为马基雅维里所知。

询意见,也没有按照自己的意愿做事。这是因为他没有遵循我上述罗列的信条。因为帝王是一向遮遮掩掩,总把事情闷在自己心里,从不征询别人的建议。但当他的决定付诸实施时,就开始为人所知,他就会遭到近臣的指责,正如所料,他会轻易地改弦更张。结果,由于他常常朝令夕改,无人曾知道他确实想什么,打算做什么,因而也不相信他的决定。

因此,君主应勤于纳谏,不过应当是他本人意欲如此,而不是别人的意思;对没有求谏的事,应使任何人都没有胆量说三道四。然而,他应虚怀大度,并对咨询之事耐心听取真话。但如果他知道某人没有对他说真话,无论什么理由,他都应该勃然大怒。有许多人认为有审慎之名的君主,其所以如此,并不是君主本人是明智的,而是由于他们善于采纳良谏。毫无疑问,他们错了。这里有一条颠扑不破的规则:不明智的君主难以获得良谏。除非,他把所有事情都委托给另一个人,而且其所选之人碰巧是一个谨慎之人。但这也不会持续很长时间,因为获得所有决定权的人不久就会谋权篡位。而且,如果君主不明,如果他听取更多人的建议时,从不会听到一致的意见,除非有人帮助,他也不能使这些意见一致起来。他的大臣只会顾虑各自的利益,他也不能认识他们的缺点并矫正它们。事情只能如此,除非你能使他们完全听命于你,否则你总会发现他们是邪恶的。因此可以断定,不论来自何人的良谏,必定源于君主本人的贤明,而君主的贤明绝不是源自良谏。

73

第二十四章 意大利的君主们为何丧国

我所描述的策略,如能悉心遵循的话,将使新君如旧君一样久负盛名,其地位会迅速比他是一位立国久远的君主更为牢靠。因为相比世袭君主,新君主的行为会受到更为密切的关注;而且相比世袭君主,当新君能力卓著时,就会吸引更多的支持,使人们对他更为尽心尽力,因为,人们对当前事情总比对过去的事情有更深的印象,如果他们满足于现状,就会沉湎于其中,而别无所求。如果君主发挥其能的话,他们会竭尽全力来保护他。这样,由于他开创了一个新的君主国,并且以良好的法律、良好的军队、良好的盟友、良好的榜样来支撑与装备这个国家,那他将获得加倍的荣誉;正如一个世袭君主,因缺乏治理技能而丧国,会受到加倍的羞辱一样。

因此如果你看看最近几年丢失皇权的意大利君主,像那不勒斯国王、米兰公爵等等,你会发现:首先,他们在军队问题上有一个共同的错误,其理由前面已有详述;其次,你会看到,他们中的一些人要么与人民不和,要么即使他们得到了人民的支持,却不懂得如何保护自己免于权贵们的反抗;如果没有这些缺点,只要有足够的力量维持一支驰骋杀场的军队,他们也不会丧国。马其顿的菲利普(不是亚历山大的父亲,而是被提图斯·昆提乌斯击败的菲利普[106])其力量不足以抗衡向他进攻的强大的罗马人和希腊人;然而,由于他是一名军人,并且知道如何对待人民和如何防范权贵们,因而,他能够对抗势力强大的军队很多年;尽管丢了几个城邦,然而却保住了他的王国。

74

因此,我们那些在位多年而最终亡国的君主们,不应该抱怨命运,而应抱怨自己的怠惰。在和平时期,他们从来没有考虑可能的变化(在艳阳高照时从不会想到暴风雨的到来,这是人类的通病);而一旦深陷逆境,他们就只顾逃跑而不考虑自卫。他们期盼那些被征服者的蛮横所激怒的那些人,请他们回来复辟。如果别无他途,这个策略也不错,但当另有良机而仍采取此策,就是极为愚蠢

[106] 菲利普五世于公元前197年被击败。

的。相信没有人会因为他想有人能帮他复辟而欣喜若狂的，那种情况要么不会出现，要么即使出现，你也会因此而走向衰落，因为你的自卫策略是不光彩的，而且你的命运也不是掌握在自己手中。只有依靠自己和自己的能力的防卫策略，才是安全的、可靠的、持久的。

第二十五章　人类事物中命运的分量及怎样抗争

我很清楚，许多人一贯认为，这个世界的事物是完全由命运和神所操控，人类智慧难以矫正它们，其结果就是错误无法改正，鉴于此，无须在人事上过于操心，应该交由命运来摆布。在我们时代，这种观念被更多人所接受，因为我们已经看到的以及每天仍旧看到的沧桑巨变，远远超出了人们的预料。有时，考虑到这种巨变，我不免也倾向于这种观点，然而我们的自由意志没有消除，我认为正确的观点应该是，命运能够主宰我们行为的一半，其余的一半，或大约一半，则由我们支配。我把命运比做一条汹涌的河流，当它发怒时，就会冲破堤岸，卷走树木和建筑，使沃土流失。每个人在它面前都疲于奔命，无不屈服于它的肆虐，毫无还击之力。但是尽管它如此强大，这并不意味着，当河水退去后，人们就不能修补堤坝和开凿水渠，以免当水位再次升高时，要么可蓄水以保证其安全，要么至少不会因泛滥成灾而损失惨重。命运与此相似，在没有采取措施抵抗她时，她就会示威其强势；她知道哪里没有堤岸和沟渠的束缚，任她肆意横行。如果你考察一下意大利——既是巨变的所在地，也是巨变的动力之源——你会认识到，她是一道没有堤岸和沟渠的风景。如果采取了正确的预防措施，就像德国、西班牙和法国那样，那么洪水将不会有现在这样的后果，或者堤岸也不会被淹没。我想，如果泛泛地谈论与命运相抗争的事，这已足够了。

75

现在，我们谈谈具体的个人。我认为，我们看到那些今天还很荣光，明天却覆灭沦亡的君主，其天性和习性并无改变。我认为，个中原因首先在于我上面已详细讨论的那些：完全凭借好运的君主，一旦命运有变，就会灭亡。我也相信，君主如能与时俱进，也会昌盛；同样，君主如与时代的节奏不合拍，也会失败。因为我们明白，人们的目的就是追求荣誉与财富，而采取的方式不同，一个小心谨慎，另一个就急躁任性；一个依靠暴力，另一个就依靠能力；一个凭借耐心，另一个就完全相反；尽管所采用的方式不同，但都可以达到他们的目的。还会看到，两个谨慎的人，一个成功了，另一个却无功而返；同样，我们看到，行为方式不同的两个人，一个小心谨慎，另一个急躁任性，却都取得了成功。这没有别的原因，仅仅在于他们的行为方式是否合乎时宜。其原因上有所述，就是说，不同行为的两个人获得同样的成果；同样行为的两个人，一个成功、一个却失败。其原因也就是行为是否合乎时宜，以行为谨慎及耐心的人为例，如果时势的发展表明他的做法是合适的，他就会昌盛；但如果时势变了，他仍持续这种行为的话就会走向灭亡。谨小慎微的人从不会知道适时而动，因为他的习性使他难以摆脱旧的行为习惯，也可以说，这种行为习惯已经为他取得了巨大的成功，所以他不能让自己随时而变。因此，谨慎的人一旦需要采取猛烈行动的时候，就不知所措从而走向毁灭。但是，如果他的习性能够顺应时势的变化，那么命运就不会变化无常。

76

教皇尤里乌斯二世任何行动都雷厉风行，他发现自己的行为风格很适合时势，因而总能取得胜利。考察一下他首次入侵博洛尼亚，其时麦瑟·乔万尼·本蒂沃利还在世。[107] 威尼斯人对此并不满意；西班牙国王亦是如此；因此他把这一行动与当时没有决定的

---

[107] 于1506年。

法国国王商讨。然而，由于他迅猛出击、凶猛异常，亲自统率军队出征，这使西班牙人和威尼斯人犹豫不决并按兵不动，前者是由于恐惧，后者则是担心重获那不勒斯王国的愿望落空。另一方面，他让法国国王紧随其后，之所以能如此，是因为他已经行动起来了，法王要返回已经太迟了，而且法王也想与他结盟来削弱威尼斯人，因此他断定，除非授予法王以怨恨的口实，否则他不能拒绝为他出兵。因此，尤里乌斯通过迅疾行动获得了其他教皇——无论能力多么超群还是多么谨慎——都做不到的。如果他也像其他教皇那样等到每一件事情都安排好了及必要的联盟都巩固起来才从罗马撤军，他是不会成功的，因为法国国王会找到一千种理由推托，其他盟友也会指出一千个危险来对抗。我想他的其他行动就不必说了，因为它们都如出一辙，而且都成功了。他生命短暂，还没来得及体验失败。但如果时代变了，以至于不得不采取谨慎的措施时，他也就灭亡了，因为他绝不会改变他天性秉持的行事风格。

既然命运变了，人们还是墨守成规，那么我们认为，当他们的行为适合时代时，就会成功；当与时代脱节时，就会失败。然而，我确信勇猛胜于谨慎，因为命运是个女人，如果你想掌控她，就必须要敲打她，而且她往往屈服于大胆行为的人，而不是精明算计的人。此外，既然命运是一位女士，她就总是青睐于年轻人，因为他们较少谨慎，较多鲁莽，能更为大胆地征服她。

第二十六章　奉劝将意大利从蛮族人手中解放出来

考虑到我已谈论的所有事情，我扪心自问，现代的意大利，我们是否生活在适合出现一位新君的时代，是否让一位有能力且审慎的人，寻得机会控制所有事件，为自己赢得荣光，也使我们所有人都受益。在我看来,如此多的因素在当下结合起来为新君扫清障碍,我不知道这样一个人是否曾有更为合适的时机。像我所说的,为了展示摩西的能力,就需要以色列人在埃及被奴役;如果波斯人没有受到米提亚人的压迫,我们也许从不知道居鲁士是一位伟人;如果忒修斯的卓尔不凡得以显世,那就是因为雅典人流离失所。因此,现在对于意大利的豪杰来说就有机会彰显他的伟大,因为意大利已经到了这样的地步:比犹太人受到更多的奴役,比波斯人受到更多的压迫,比雅典人更流离失所,既没有领袖,也没有组织,屡遭打击,任人抢劫,惨遭分裂,任人蹂躏,受尽人间磨难。尽管迄今为止,在某些人身上显示了一些卓越的品质,使我们认为他是奉上帝之命来挽救意大利的,然而,后面的事件显示,在他的事业日益昌盛时,命运却抛弃了他。因此,意大利还是危在旦夕,等待有人为她疗伤,来结束对伦巴第的劫掠,结束对托斯卡纳和那不勒斯王国的勒索,治愈那些长期以来不断感染的伤口。她祈求上帝派人把她从遭受野蛮人的虐待和羞辱中解救出来。每一个意大利人都准备好了,只要有人举起旗帜,每一个人都会渴望追随这面旗帜。

现在,在意大利,除了您的显赫家族外,再也找不到什么人有更好的机会来挽救她了。您的家族凭着运气和能力受到上帝和教会的宠爱(现在是教会的首脑)。如果您谨记前述那些领袖的生平事迹的话,就会一片坦途。当然,这些人是少见的拥有非凡才能的人,然而他们也是人,而且他们都没有像您现在所拥有的好机会,因为他们的事业比这项事业并没有更富正义,或更为容易,而且上帝给予他们的并不比给予您的多。这就是伟大的正义:“如果战争不可避免,那么战争就是正当的,如果诉诸武力是唯一希望,那施

78

用武力就是合法的。”[108]这些境遇都是非常合适的，而有了这样的境况，只要您的家族采纳我为您推荐的效仿的模本的策略时，就不会有太大的困难。除此之外，我看到上帝已经显示了绝无仅有的事迹：大海被分开了；云朵指引您前行；磐石涌出了泉水；甘露自天而降。万事万物都共谋您的伟大。其余的您就必须自己做了，因为上帝并不想包办所有事情，因为她喜欢为我们的自由意志留有空间，以便于我们能够赢得部分荣耀。

我所谈论的意大利人中没有人能够完成我所相信的您的家族应该完成的事业，或所谈论的军事力量在多次政治事变和多次战争中已经消耗殆尽，这并不令人诧异，因为在意大利传统的行事方式是错误的，而且好像无人知道变革。一个新生的当权者要确立非凡的名声，莫过于创立新的法律和新制度了，如果它们思虑周全且有浩然正气，就能为君主赢得敬畏。在意大利，我们有您做任何事的原料，这儿有能力与品质俱佳的人民，其所需的就是胸有成竹的领袖。看看吧，当一对一格斗时，意大利人是多么地强壮、迅捷、机敏，但万军对垒时，意大利人就很怂，其原因就在于领袖的无能，因为那些知道做什么的人不服从他，而且每个人都自视甚高。因此，迄今为止，还没有人由于能力和幸运而确立权威，让人折服。这就是在持续了整整二十年的战争中，没有一支仅仅由意大利人组建的军队取得成功的原因之所在，二十年前，意大利人在塔罗战败，然后就是亚历山大城、卡普阿、热那亚、维拉、博洛尼亚、梅斯特里的败北。

79

因此，如果您显赫的家族想要跟随那些解放了自己国家的杰出人物的足迹，那么首要之务就是拥有自己的军队，这是任何事业成功的前提，因为再也没有比他们更忠实、更可靠、更优秀的士兵了。如果每个士兵都是好养的，那一旦他们发现是他们的君主在

[108] Livy, bk. 9, ch. 1.

做统帅,并对他们尊敬和仁慈,他们就会紧密团结,变得更好。因此,为了使意大利人有力量和能力去抵御外敌,筹建这样一支军队就是必要的。

瑞士和西班牙的步兵令人胆寒,但他们也都有缺点,因此第三种类型的军队不仅能够与他们相抗衡,而且有把握击败他们,因为西班牙人顶不住骑兵的攻击,而瑞士人若是遭遇像他们一样决意取胜的步兵时,也不免害怕。于是,我们看到了西班牙人顶不住法国骑兵的攻击,实际上我们也会看到瑞士人会被西班牙的步兵摧毁,虽然我们到现在还没有真正看到这个现象,但拉文纳之战已经有此迹象[109],其时西班牙步兵与采用了瑞士人战术的德国人军队交战,西班牙人身手敏捷,在盾牌的帮助下,能够冲入德军的长矛阵下安全地攻击他们,德国人无任何招架之力;如果不是被骑兵驱散,他们会把德国军队彻底摧毁。因此,既然知道了每一支步兵的缺点,我们应该创建新型军队,它既能抵抗骑兵而不惧步兵。为了完成这一任务,我们需要专门设计的武器和战术。这种新型的事业,会给一位新生的君主赢得声望和尊贵。

因此,不要让机会白白溜走,经受了如此长久奴役的意大利正等待她的拯救者。我无法表达蒙受外国蹂躏的一切地方,将以怎样的爱戴、怎样的复仇欲望、怎样的坚定意志、怎样的自我牺牲精神、怎样的热泪来欢迎他。谁还会把他拒之门外?哪个社区会拒绝服从他?谁敢忌妒他的成功?意大利人还会拒绝效忠?人人都已厌倦了野蛮人的摆布,因此,恳请您的家族,以人们从事正义事业所应有的自信和希望,全身心地投入到这一事业中去。在您高扬的旗帜下,让我们整个国家再现高贵风貌。承蒙您的恩泽,彼特拉克的诗句就能成真:

80

[109] 1512年4月11日。

勇气让我们拿起武器
反对奴役,
战争不会很长。
因为先人的勇气
从未消失
长存意大利人心中![110]

---

[110] Petrarch, *Italia mia*(*Ai Signori d'Italia*), II. 93-96.

摘自《李维史》[1]

尼科洛·马基雅维里致扎诺比·布昂德尔蒙蒂和科西莫·鲁塞莱[2]的问候

① 《李维史》附有详细的说明和注解的版本,参见 The Discourses, ed. and trans. Leslie J. Walker (2 vols., London: Routledge and Kegan Paul, 1950)。

② 布昂德尔蒙蒂(Buondelmonti)和鲁塞莱(Rucellai)是马基雅维里在鲁塞莱(Oricellari)花园中一起参与政治讨论的密友。他们都出身于名门望族。鲁塞莱死于1519年;布昂德尔蒙蒂于1527年被流放。在1531年的版本中,这封信是在《李维史》的最后出现的,而不是在开头。这可能是马基雅维里想用它来作为第一卷的前言,或者,也许是原初草稿或有意要删掉它。

我奉送您的那份礼物，也许不能匹配您对我的恩惠，但无疑是马基雅维里所能呈现给您的最有价值的东西了。因为我把对世界事物的深刻体验，以及长期研习它们的心得，尽收其中。因此，恳请您不要抱怨我没有给您更多的东西了。当然，您可以对我才智疏浅的言谈及由于极差判断力而导致的漏洞百出感到遗憾。若是如此，则我并不确信我们之间谁对对方的亏欠更少，也许我对您的亏欠较少，因为你们迫使我去写我自己从不写的东西；也许您对我的亏欠较少，因为我写的东西并没有使您满意。所以，你们不妨像朋友间馈赠一样，更看重的是情意，而不是礼物的品质，收下这份薄礼吧。 **81**

请相信，唯一让我满意的，就是尽管我在许多事件上犯错，但至少有一件事没有错，就是选择把我的手稿献给您，而不是别人。我认为，这么做表达了我对您的恩惠的一些感激之情。此外，我避免了作者们的通常做法，他们惯于把他们的著述献给一些君主，很容易为野心和贪婪所蒙蔽，本该因其种种卑鄙之事去谴责他，却称颂他尽善尽美。因此，为了避免犯这种错误，我选择的是拥有难以计数的良好品质使他们配得上君主称谓的人，而不是君王们；不是能够赐我头衔、荣誉、财富的君主们，而是只要有可能就会给我赏赐的普通公民。如果要做出正确的判断，就请尊敬那些宽容为怀的人，而不是那些有慷慨能力的人；敬重那些深谙治理之道的人，而不是虽握有实权却不知统治之术的人。作家们对仍为一介平民时的叙拉古的锡耶罗赞扬有加，而对身居王位时马其顿的佩尔修斯却很少溢美之辞，就在于锡耶罗虽没有王位，但他拥有了做国王的能力，而佩尔修斯虽有王位却没有君主的真正品质。③ **82**

因此，恳请您欣赏这本书吧！品评其中的利弊得失，如若能容忍其中的缺陷，那我不会放弃对《李维史》的完整述评，一如我最初承诺你们的那样。再会。

---

③ 至于锡耶罗，参见 *The Prince*, chapter six. 佩尔修斯(Persus)是马其顿在公元前179年到公元前168年的国王，他的王国毁于战争。

第　一　卷

前　言

嫉妒心乃人之天性，因此，倡导新思维和新制度就像探求未知海域和新大陆一样时时刻刻都要面对风险[④]，这是因为人们总是善于指责而不是赞扬别人的行为。然而，由于本能欲望的驱使，尽管受到恐吓，我仍要做我相信能促进共同利益和让所有人都受益的事。我毅然踏上了迄今尚未有人涉足的路，旅途是孤独的且困难重重，但我希望是有回报的，至少对那些怀着善意看待我的劳作目的的人是如此。但由于我才学疏浅，既缺少当代政治的经验，又对古代历史没有足够的认知，所以尽管我很努力，但亦有很多不足之处，以致对别人的用处有限，但我至少为那些有更大能力的、更多分析技能的及更好判断力的人指明了道路，他们必能完成我的夙愿。因此，我的努力，即使无人赞扬，其结果亦不会遭人指责。

83

想想我们对古代的仰慕之情，事例繁多，仅举一例足够，那些

④　马基雅维里大概想到了哥伦布的发现。

想每天都能观摩到古代雕塑的人，不惜花费重金购买它的残片，用它为自己的居室增添荣光，并允许那些渴望成为雕塑家的人临摹它。那么为媲美这种艺术，雕塑家们就会为此而殚精竭虑。然而，想想那些彪炳史册的丰功伟绩，它们都是由古代王国和共和国、君王、将帅、公民、立法者以及为自己的祖国而辛勤劳作的人取得的，它们虽受到赞美，但很少被效仿。相反，所有人都在尽力避免效仿它们，甚至一个微不足道的细节亦是如此。因此，古代军事和政治能力难觅踪迹了。对此，我唯有感到诧异和悲哀。尤其是当我注意到，市民发现自己深陷法律分歧时，或他们患病之时，他们总是诉诸于古代的法律裁决，或总是求助于古代的药方。因为民法都是由古代的法学家传递下来的，它们被编撰成法典，并由当今的法学家传授给了律师。同样，医术也仅仅是古代医生的经验，当代医生依此作出诊断。然而，在筹备共和国、管理国家、统治王国、操练军队、战争韬略、审判臣民、扩张帝国等所有这些活动时，难以发现一个君主和共和国试图师法古人。

我认为，个中原因，并不是当代宗教在这个世界中所注入的羸弱无力，也不是贪婪的怠惰给许多基督教国家和城市造成的罪孽，而是人们缺少对历史的真正识见。在阅读它们时，既不能体会其中的意义之所在，又不能察觉其中的真谛。结果就是虽众人奉读史书，却仅以窥探其中记载的重大历史变故而自娱，而从没想过要效仿它们，他们认定，像古人一样行事不仅非常困难，而且根本就是不可能的，仿佛天地日月、各种元素及人类自身的运转、组织及性能已变，并与古代迥异。为了让人们摒弃这种谬误，我才决心要写在时代的侵蚀下幸存下的李维的全部史书，凭借我对古代和现实事物的知识，来解释哪些重要内容更有助于理解它们。我期望，使读过我的评论的那些人，能够毫无困难地让他们所想掌握的史书发挥功效。尽管此事不易，然而在激励我从事这项事业的人的

84

帮助下,我相信我会获得一些成功,以使后来人为达此目的而少费心力。

第一章　城邦的一般起源以及罗马的起源

那些读过罗马城的起源、谁确立了法律和它是如何治理的人,都不会感到诧异,此城邦的卓越品质何以能够昌盛多个世纪而不衰,以及后来罗马共和国何以能产生庞大的帝国。我想先谈论它的诞生,首先要指出的是,一切城邦,要么是城邦的土著居民所建,要么是外国人所建。第一种情况的原因是,居民们都是分散而居,以致没有安全感,因为其住所分散及居民人数很少,使他们难以独自抵御入侵者的攻击。一旦外敌来犯,他们就难以有效地聚集起来共同御敌,要么是因为要很久才能聚集起来,要么是他们能够迅疾集合起来,却又不得不放弃众多的居所,而且很快会亲眼目睹敌人的烧杀抢夺。因此,为了避免这些危险,他们要么各自决定,要么由在他们中有较大影响的人裁定,选择一个既利于生活,又易于防备的地方聚集而居。

在众多城邦中,雅典和威尼斯就是以此方式起源的。雅典在忒修斯的领导下,因我上面所述的理由,把分散的居民聚集起来而建。[⑤] 威尼斯则是由居住在亚得里亚海南端的无数小群体建立的。[⑥] 85 他们企图避免在罗马帝国的垮台后,由于新蛮族的到来而在意大利爆发的连绵不断的战乱。他们中没有任何个人能够掌控全局,一切以法律为准,这在他们看来,最有益于自保。他们的事业是成功的,在于所选择的地点让他们保持了长久的和平,因为围绕他们的咸水湖是不能穿越的,而且入侵意大利的各个部落也用来

---

⑤ 依据传说,忒修斯于公元前1234年创建雅典城。

⑥ 定居威尼斯应该始于451年。

攻打侵犯他们的船只。因此,他们从出身卑微上升到现在在他们统治区域的显赫地位。

第二个情况是由外国人建立的城邦,有移民们是自由人还是依附于他人两种形式,后者是共和国和君主国派遣的殖民,其目的是为了减轻他们居住地的人口压力,或者是因为他们最近征服了新的地盘并想有效地毫不费力地保护它(罗马人在它整个帝国中建立了很多这样的城市),或者这样的城邦由君主所建,但他们不是为了居住,而是像亚历山大建立亚历山大城一样,使自己流芳千古。由于这些城邦没有自由的起源,就鲜有宏伟的功绩来作为自己国家的首府。佛罗伦萨的建立即属此类,因为(无论他们是由苏拉的士兵建立的,还是由菲耶索莱的山民所建,他们都因相信奥古斯都统治下的长期和平,才迁居阿尔诺平原的)它是在罗马帝国的统治下建立的,所以城邦创立之初,它除了帝王善意的恩赐之外没有任何辖区。

建立城邦的自由民,是指在君主统治下或实行自治的一群人,由于疾病、饥荒和战乱被迫离开自己的家园而去寻找新的地盘。他们或是占据他们征服区域上早已存在的城市,像摩西做的那样,或是从头开始重建,像埃涅阿斯那样。后一种情况,最能在城邦的命运中领略到创业者的能力,因为城邦历史中神奇的多少取决于创建者能力的大小。判断创建者的能力有两种方式:一是新城址的选择;二是起草的法律。

86

人们的行为,或是出自必然,或是自由选择。由于在极少自由之地,人们有最为杰出的品行。因此建城时最好应选择贫瘠之地,因为居民们不得不从事辛苦劳作,不会放纵成性,他们也会更为团结的,也很少有机会冲突。在拉古萨,以及在相似的地方建立的许多城市便是如此。如果只求维持生存,并不想支配别人的财富,那选择这样的地理位置无疑是更明智的,也会有一个最佳的后果。

但是,人们唯有握有权力才能自保,因此建城只能避开贫瘠之地而应选择极为肥沃之地,足够的财力也有助于以后的扩张,也只有在这种地方上建城,才能既可抵御入侵者,也能击败阻碍它成就大业的人。面对可能导致的放纵无度,就应设计法律以迫使人们去做地理位置不能迫使的事。因此,应该效仿那些明智的人,他们生活在一个物产富饶、精神愉悦的国家,这种国家易于产生懒汉,以致无力成就任何伟业,为了避免地理环境所滋生的放纵,他们便制定了应服兵役的人操练制度,以此成为比生活在荒蛮贫瘠之地更为出色的士兵。埃及王国即如此,尽管国家非常富足,但法律所施加的人为必要性威力极大,造就了很多杰出的人,这些人的名字如果未因历史久远而湮灭的话,那相比亚历山大大帝和许多至今仍留在我们记忆中的人,他们更应值得赞誉。仔细考察一下苏丹国家,看看未被苏丹谢里姆消灭之前的马默卢克人的制度及其土耳其军队[⑦],有很多勤于操练的士兵,就会明白,假若没有引进严刑峻法,他们是多么担忧国家的富饶会在他们中间滋生怠惰啊!

因此,我断定,假如富庶受到法律的适当限定,那选择富饶之地居住更为明智。当年,亚历山大大帝想建造一个城市来颂扬自己的名声时,建筑师德诺科拉特跑来说[⑧],他能够建城于圣山阿陀斯山之上,此地不仅易于防御,而且能够把新城建成人体形状,这种神奇罕见的迹象,才能配得上亚历山大的伟绩。但当亚历山大问他城市居民靠什么来生活时,他说未考虑此事。亚历山大哑然失笑,他没有选择圣山阿陀斯山,而是把亚历山大城建立在人们自愿定居的地方,因为此地土地肥沃,且邻近大海和尼罗河。

87

现在,考察一下罗马城的建立。假如把埃涅阿斯作为其始祖,

---

⑦ 马默卢克人从1252年到1516年间统治埃及,当时他们被奥斯曼土耳其人(Ottoman Turks)击败。

⑧ 德诺科拉特(Deinocrates)于公元前322年设计了亚历山大城。

那就会认为它是由外国人所建的城市之一。[9] 如果认为它是由罗慕路斯所建,就会认为它是当地人建立的。[10] 无论你赞成哪个观点,都会发现罗马城的起源是自由的,而不是受制于外人权威。你会认识到——后文还会再探讨——罗慕路斯、努马及其他早期立法者所制定的法律,把很多人为必要性施加在居民身上,以致物产富饶,海路便利,军队常打胜仗,以及罗马帝国的威名,在其广大的地盘上历经多个世纪而不衰。相比那些自夸的城市和共和国,他们的法律确保他们具有更为值得尊敬的品质。

李维所称颂的罗马功绩,要么是公共决策所为,要么是个人决策所为,要么是发生在城市之内,要么是发生在城市之外。我打算先谈谈在城市内部发生的,由公共决策所为的事情。对于它们以及由此所导致的后果,我认为应给予更多的论述,这就是本书第一卷,或至少第一部分的讨论范围。

第二章　共和国的不同类型以及罗马共和国的归类

我并不想讨论那些由外人所建立的城市,仅仅讨论那些创建之初受自身意志支配,而不是受外人奴役的城邦,无论是共和国抑或是君主国。这些城邦的起源方式多种多样,因而也有各种各样的组织结构和法律制度。有些城邦,在创建之初或不久之后,就有一个人立刻起草了法律——比如,利库尔戈斯为斯巴达起草了法律[11]——而其他城邦的法律则是基于形势的机遇逐渐取得的,罗马就是如此。我们称遇到一位有远见的领袖为其颁布法律的共和国为幸运,因其法典不必修订,亦能使法律之下的人安全地生活。我

88

⑨ 李维记载了埃涅阿斯(Aeneas)在特洛伊战败后逃往意大利的情况。

⑩ 李维很喜欢罗慕路斯和瑞摩斯(Remus),战神之子和狼孩的故事,但不像马基雅维里,他是把它作为神话而不是历史。

⑪ 利库尔戈斯(Lycurgus)大约于公元前884年制定了法律。

们知道斯巴达人遵守利库尔戈斯的法律达八百年之久,既没败坏它们也没有发生严重的内乱。相反,没有机运遇到一位远见立法者的城邦,则多少有些不幸,因为被迫要一再修正法律。而且,最为不幸的是那些纲纪废弛的城邦,其法律制度不能把它们引向理想而真正目标的轨道。这样的城邦,是不可能凭借觅得足够的好运来修复自身的,而其他的城邦,即使没有完美的制度,然而由于其起源良好,因此以后也会借着各种机会来提高并完美自己。当然,不可能没有风险地确立一套制度,这是确凿无疑的。因为很多人不会认同变更城市制度的法律,除非他们认为这是必要的,而且是在他们身处危险境地的情况之下,因此,共和国往往在获得完美制度之前就灭亡了。佛罗伦萨共和国就是一个很好的例子:先因阿雷佐战役的失败导致重组[12],后因兵败普拉托而解体。[13]

现在,我要探究罗马制度及使她完美的一些事件。一些论述制度的人说,共有三制度类型。他们称之为“君主制”、“贵族制”和“民主制”。[14] 拟定城市制度的人必须从中挑选最适合他们的那一个。另一些被广泛认为更聪明的人,则说有六种制度类型,其中三个本性邪恶,三个本性良好,然而良好制度却因易于腐败而轻易转化为邪恶的。三个良好制度我已论述,邪恶制度则是来源于它们的另外三种,每一种与其最为类似的一种良好制度如此相像,以致一个能够轻易地转化为另一个。这样,君主制易于蜕变为独裁制,贵族制易于蜕变为寡头制,民主制则走向无政府的状态。因此城邦的立法者若是推行这三种良好制度的一种,统治就不会长久,因为并没有措施能预防它不会蜕变为自身的反面,因为制度的优良与邪恶紧密相连。

89

---

⑫ 1502年的战败以及来自恺撒·博尔吉亚(Cesare Borgia)的压力致使皮耶罗·索德里尼(Piero Soderini)被选为终身旗手(gonfaloniere)。

⑬ 即梅蒂奇家族的复辟。

⑭ 对本章的剩余部分产生深刻影响的是 Polybius, *Histories*, bk. 6。

这些不同的统治类型，是因人的际遇而发生的。蛮荒时期，人烟稀少，他们散居各地，一度如禽兽般生活。后随人数增多，他们便合群而聚，为了更好地自保，他们开始敬重他们中更强壮也更勇敢的人，以致推举他做首领，并听命于他。这就是忠奸善恶的渊源，因为，人们如发现有人伤害他们的恩人，就会同情受害方而憎恶他，由此他们知道了称颂知恩而贬斥不义的行为，亦开始意识到别人所遭受的伤害同样也会临到自己头上，为了避免这样的邪恶，他们便聚集起来制定法律，对违抗者施以惩罚，司法即源于此。后来，他们所需要的就不再是最强壮的，而是最审慎、最正直的人了，于是他们选择了一位君主。

然而，他们后来以世袭的而不是选举的方式任命君主时，其直接的后果就是继位者违逆先祖，不再践行德行，于是他们把君主看做是极尽奢侈好色及一切邪恶之事之人。因此君主开始遭人憎恨，由于遭憎恨，则会心生畏惧；由于心存畏惧，就会受到攻击，不久之后，就会成为暴君。这些君主面临被毁灭的可能性，密谋和反叛他们的并不是那些虚弱无力之人，而是那些在慷慨、豁达、财富、及高贵都优于他们的人。因为这些人不再忍受君主可耻的生活，民众也会跟随权贵们，拿起武器反抗君主，杀死他之后，就会把权贵们看做是他们的解放者。新君主厌恶一人治理的观念，因而建立了共同执政的政府。 90

起初，由于对过去的专制暴虐记忆犹新，他们依法而治，以公共利益为准则，私利在后，事必躬身地料理公私事务。依照顺序，这种政府由他的子孙继承，而他们从来没有看到权力变更，也从未经历邪恶政府之痛，不愿意再平等对待他的臣子，心生贪欲与野心，觊觎别人的妻女。于是，贵族制堕落成寡头制，文明生活的规范受到蔑视。很快，便遭受了与独裁制同样的命运，因为民众受够了他们的统治，支持那些不计手段反对他们的人。不久，就会有人在民众支持下毁灭他们。由于他们仍对君主统治及其危害记忆犹新,因此在他们毁灭了寡头制之后,也不想恢复君主制,便建立了民治国。其组织形式就是要让权贵们和强势的个人难以篡权。

任何国家在创立之初,都会得到相当的尊重,因此民治国虽持续一段时间,但不会很久,尤其在创业的那一代人去世之后。它会迅速堕落成无政府状态,其时,个人和官员都不会得到尊敬,人人恣意而为,以致每日的犯罪难以计数。因此,受制于必要性,或是由于贤达之人的建议,或是要迫切摆脱这种乱局,他们迫不得已恢复了君主制。因此,从君主制渐渐地再次堕落为无政府状态,再次演绎着我上面所述的一幕幕。

这种循环,所有国家都难以避免,因此权力总是这样传来传去,但很少落在同一批人手里,因为没有哪个国家能够生存如此长久,历经这一循环的几次变故,而没有毁灭。通常,当一个国家由于内部纷争而四分五裂,因而由于贤人领导权力的丢失而衰落,它就很容易屈服于比它治理得更好的邻邦。倘若不是这样,那一个国家可以一再重复这种制度的循环。

91

我认为,这些统治形式都有其弊端,三种好的难以维持很长时间,三种坏的是邪恶的。因此,那些明智的人,在创建制度时就发现了这些问题,避免以纯粹形式来建构这些制度类型,而是采取各种制度都兼有的混合体制。他们相信这样的制度才更为牢固和稳定,因为在同一城邦中兼有君主制、贵族制和民主制,它们能够相互牵制而得以维持。

利库尔戈斯是因创立了这种制度而最值得称颂的人,他构建的斯巴达法律赋予君主、贵族、人民不同的角色,从而使国家存续了八百年,这使他备受尊敬,城邦也安定祥和。梭伦就不同了,虽然他是雅典制度制定者。[15] 由于他仅推行民主制度,结果它存续时间很短,以致梭伦在死之前就亲眼目睹了皮西斯特拉图斯对雅典的独裁统治。尽管四十年之后,他的继承人被放逐,自由得以恢复,但由于它重新确立了由梭伦所构建的民主制度,因而其存续时间不到一个世纪,尽管为了维持它,他们进行了无数的梭伦未曾想过的改革,挖空心思来抑制权贵的傲慢及民众的放肆。然而,由于他们没有考虑到君主和贵族的适当作用,相比斯巴达,雅典是短命的。

现在,我们着手看看罗马吧。尽管在建城之初,罗马并没有一个利库尔戈斯来构建能使他们自由生活很多世纪的制度,然而,由于平民与元老院的冲突,让它经历了很多的政治危机,以致机运最终促成了立法者未能完成的事。因此,就算罗马没有第一种好运,它却有第二种。尽管制度起初并不完美,却并没有使她脱离通向完美的正途。

罗慕路斯诸先王制定了许多适合自由国家的优秀法律,但他们的目的是建立王国而非共和国,因此当罗马变得自由时,她仍缺乏自由体制所需的很多法律,因为先王们并没有颁布这些。但是尽管先王们由于我上面所说的原因丧失了皇位,然而那些驱逐他们的人立刻设置了两个执政官来扮演像王一样的角色,因此驱逐他们的人废黜的仅仅是皇名,而非其权威。新共和国由执政官和元老院来统治,因此它仅是我上述三种体制中的两种的混合,君主制和贵族制,没有赋予平民任何权力。

92

当罗马贵族变得傲慢自大时,其中原因后面会论述,平民就会起来反抗他们,结果是,贵族们为避免丧失所有权力,被迫承认平民享有一部分权力。但由于执政官和元老院仍在共和国中有足够

---

⑮ 梭伦(Solon)改革始于公元前595年。

的权威握有相当大的权力，于是便创设了护民官。由于三种权力类型公平地分享权力，此后共和体制就更为牢固了。机运如此眷顾罗马，尽管经历了从君主制到贵族制再到民主制，历经我上述的每一阶段，其理由已如上述，然而，贵族们从没有夺得君主手中所有的权力，平民也没有攫取贵族们的所有权力；相反，这种权力的混合形式造就一个完美的共和国。罗马的完美境界来自于元老院和平民的冲突，以下两章将详细陈述。

第三章　罗马创设护民官的情势以及制度的完美发展

有一事在所有国家的历史中显而易见，亦是所有探究政治生活之道的人所着重强调的：任何创立共和国并为其制定法律的人，必把人设想为邪恶的，并总会不失时机地发泄自己的邪念，即便邪恶欲念受到抑制并隐匿了一段时间，也总有一些我们难以察觉的理由，对此我难以识别，因为我们通常不会看到由邪恶欲念所引发的邪恶行为。但就像他们所说的，时间是真理之母，它迟早会使真相大白于天下。

塔尔昆家族遭罗马驱逐之后，平民与元老院的合作似乎更为

93

紧密了。[16] 贵族似乎放弃了傲慢，采纳民主精神，这就会产生这样的想法，任何人都能忍受他们的统治，即使是社会最低阶层的人。只要塔尔昆还活着，贵族们的伪善就一直藏而不露，亦无人能洞察到其中的缘由。贵族害怕塔尔昆，也害怕若不善待平民，他们就不会与他们结盟，因此他们对平民很友善。塔尔昆一死，贵族们就无所畏惧了，那些曾经的邪念便展露出来，蛮横地对待平民，极尽其

⑯ 最后一个王于公元前510年被驱逐。

能地伤害他们。这证实了以上所说：人除非迫不得已，否则从不会行善事。自由选择众多之地，自由总会滥用，以致世间事会迅速淹没于混乱与无序之中。因而，人们说，人因饥馑贫穷而勤俭，因法律而行善。在一些无法律而秩序井然的地方，无须法律。但一旦良好风俗败坏了，那法律立刻就彰显其必要性。因此，随着塔尔昆离世，抑制贵族的畏惧也消失了。因此，想出一个新制度，以使它收到塔尔昆在世时一样的功效，就很有必要了。因此，在平民和贵族之间经过了许多的争吵、抗议、争斗之后，终于设置了护民官以保障人民的安宁，并给予他们极高的威望和权力，使其以后担当平民和元老院的调解者，并控制贵族的傲慢。

第四章　平民和元老院的紧张关系使共和国自由而强大

我认为，不去探讨那些在塔尔昆去世和护民官设立之间所发生的混乱状况是错误的。之后，我会讨论几个事情以回应那些说罗马是一个无序的共和国的人，他们认为，它是如此混乱，如没有好运和军事素养弥补其缺陷，它不如其他任何共和国。我不能否认好运和军力是罗马帝国伟大的原因所在，然而这些人没有认识到，有良好军备的国家必有良好法度，而且事情总是这样，良好军备总受好运青睐。 94

但还是让我们谈谈这个城市的其他特性吧。我认为，那些指责贵族和平民冲突的人，侵犯的是让罗马保持自由的基本因素。他们没有考虑到每一个共和国中都有两种截然不同的思想：平民的思想和权贵们的思想。所有为了促进自由的法律都来自于他们之间的紧张关系,这在罗马历史上很容易看到。从塔尔昆到格拉古[17],超过300年的时间,在罗马所爆发的冲突很少有人遭到流放,甚至鲜有流血事件。在如此漫长的岁月里,因双方的分歧而导致的仅有8个或10个公民被流放,极少人被谋杀,甚至只有几人被罚金,就不能断定这些冲突有害或分裂了共和国。共和国有如此多的个人能力之楷模时,就难有恰当理由说它混乱无序,因为优秀的个人来自于良好的教育,良好的教育来自于良法,而良法恰恰是许多人不假思索指责的那些冲突的结果。仔细审查这些冲突结果的人会发现,它们从来没有导致有损于公益的流放和谋杀,而总会导致有益于公共自由的法律和制度。

如果有人认为,其采用的方法是非法的,甚至是野蛮的——大批平民高声辱骂元老院,元老院亦以同样的方式回击,街市上到处都是暴民,店铺关门歇业,所有罗马平民弃城而去——我的回答是,这些事情仅让读史者害怕,因为每个城邦都有使平民表达其愿望的渠道,尤其是危机时期要依靠平民的那些城邦。罗马就有很多这类渠道,比如,当平民想获得一种法律时,他们要么有上述示威举动,要么拒绝服兵役,为了安抚他们,就有必要满足他们的一些要求。享有自由的人民,其要求不会危害到自由,之所以如此,95 是因为他们担心会受到压迫,或预期会如此。当平民持有谬见时,就会提交公民大会来矫正,届时一些明智之人就会发表长篇大论,来证明他们是如何错的。正如西赛罗所言,尽管民众无知,但他们有能力认识真理,而且,对于一个值得尊敬的人通过告诉其真相而使他改变观念也不是难事。[18]

因此,那些指责罗马政治制度的人,应慎言。考虑到罗马人所取得的丰功伟业,你定会承认其制度是极为卓越的。如果纷争导

---

⑰ 从公元前510年到大约公元前121年。

⑱ Cicero, *De amicitia*, chs. 25-26.

致了护民官的创立,那应给予其至高的赞扬,因为除了让平民享有治权外,护民官亦是罗马自由的保护人,这在下一章将论述。

第五章　自由的最可靠保护者应托付给平民抑或权贵;以及夺权者抑或维权者哪个最可能骚乱

那些深谙构建共和国之道的人都知道,其最为艰巨的事是,识别有志于保护自由的群体。政治自由存续的长短,就依赖其信托的团体正当与否。因为任何国家都有权贵和平民两个团体,哪个更为值得信任去保护自由一直以来都是当政者的困惑。斯巴达人和现代的威尼斯人依靠的是贵族,而罗马人依靠的是平民。因此需自问这些共和国的选择何者较佳。如果从其基本原则来看,会发现它们各有道理;但如果从其实际产生的效果来看,则会认为贵族更为值得信任,因为相比罗马,斯巴达和威尼斯的自由存续时间更长。现在考察相关的原则,首先考虑的是有利于罗马策略的主张。

我认为,应把事情委托给对其没有欲念的人。现在考察一下贵族和平民的目的,无疑前者的支配欲念更强,而后者所想的仅是不受人支配。因此,较之权贵,平民由于夺取权力的可能性小,其过自由生活的意愿就更为强烈。让平民担当保护自由的卫士,他们会做得更好,而且由于他们没有希望独断专权,也不会允许别人这么做。相反,如果你为斯巴达和威尼斯的策略辩护,那会说那些委托权贵来保障自由的人,完成了两件好事:一是满足了一些贵族的抱负,因为权力在手,他们在国家中发挥的作用更大,他们就会更为心满意足;二是消除了那些不安分的平民觊觎权力的欲念,正是他们在共和国中制造了难以计数的抵触及冲突,其行为更会使贵族绝望,从长远看,这不会有好结果。你会引用罗马自身做例

96

证。因为护民官要求做自由的卫士,但他们并不满意只有 1 名执政官从平民中选出[⑲],而是坚持两者都应如此。接着他们要求城市政府中检察官、裁判官及所有其他官员都应从平民中选出。甚至这还不够,在近乎癫狂的欲念刺激下,竟崇敬那些他们认为有能力击败贵族的人,由此导致马略的崛起和罗马的覆灭。[⑳] 确实,对这两种观点进行平衡的人,难以选择哪个团体来做自由的保护人,因为他不清楚哪一种人的抱负对共和国更危险:那些保护已有地位的人,抑或想获得地位的人。

最终,仔细权衡利弊的人会得出结论,其思考的依据,要么是共和国的目的是成为帝国,如罗马;要么是共和国仅想维持自身。如果是前者,就必须像罗马一样行事;如果是后者,就应效仿威尼斯和斯巴达,个中原因我已论述,其他的会在下章论述。

现在开始讨论哪一种人对共和国更危险,是那些想获取新权力的人,还是那些担心丢失已有权力的人?当马库斯·梅内尼乌斯被任命为独裁官,马库斯·福尔弗斯担任骑兵队长时[㉑],他们俩都是平民;他们的使命就是揭露卡普阿策划的针对罗马的阴谋。平民也授权他们调查在罗马是否有人出于野心,正策划通过非法手段来当选执政官和其他有声望的职务。贵族们认为,授予独裁官这样的权力就是为了对付他们,于是他们在罗马四处奔走呼告,散布言论,那些野心勃勃地采用非法手段获得荣誉的并不是贵族,而是平民。他们的品行和血统都不可信,却想用贿赂手段来攫取荣耀。他们特别对独裁官梅内尼乌斯提出控诉,这项指控损害极大,以至于梅内尼乌斯,在发表声明抗议贵族针对他的诽谤后,为表心迹,辞去了独裁官职位,听从民众对他的审判。但对其案情审

97

⑲ 公元前 367 年得到了一次让步。
⑳ 马略(Marius)于公元前 107 年首次担任执政官,死于公元前 86 年。
㉑ 于公元前 314 年,参见 Livy, bk. 9, ch. 26。

查后，发现他是清白的。

在此事件中，谁是更有野心的人，是那些想保有权力的人，还是那些想获取权力的人，极易产生争论。因为每一个欲望都极易成为重大冲突的根源。然而，绝大部分冲突，还是那些已有权力的人造成的，因为他们患得患失，使他们产生与想攫取权力的人同样的野心。人们是不会对自己所拥有的财富心满意足的，除非他们经常性地有更多的收获。此外，已有权力的人有更好的条件应用其影响力和财富促使改变。再者，他们不适当的自私行为，激起了无权者内心对权力的渴望，或是夺取他们的所有以报复他们的敌人；或是为他们自己获得他们认为被对手滥用了的财富和荣誉。

第六章　罗马能否建立一个阻止平民和元老院冲突的制度

上面论述了平民和元老院冲突的成效。由于这些冲突一直持续到格拉古时代[22]，此时，它们是罗马政治自由覆灭的原因，因此有些人认为罗马人的丰功伟业是在没有这些内讧的情况下取得的。因此，我认为探讨在罗马是否能建立一个抑制冲突的制度是有价值的，为了探究此事，应参考那些既享有长期自由，又没有冲突和骚乱的共和国，分析它们的制度，思考能否把其中的核心要素引进罗马。

98

必要谈的事例中，古代国家是斯巴达，现代的就是我上面提到的威尼斯。斯巴达建立一个国王和一个小小的元老院来分享治权。威尼斯没有用制度来确立权力分割，而是把能够行使治权的所有人纳入一个名号之下，即士绅的称号。这种安排与其说是立

---

[22] 格拉古(Gracchi)后面的时代就是马略(Marius)，马略之后是恺撒。

法者的深谋远虑,倒不如说是机缘使然。众多居民先在威尼斯人的所在地安顿下来(其中缘由上已所述),由于人数众多,若要继续和睦相处,就需颁布法律,制定政体形式。公民们时常在城邦会议上相聚,当他们觉得参与城邦政治的人数已经足够多时,他们在会议中排除了后面来这里居住的人。

时间一长,很多威尼斯居民都被排除在权力之外。[23] 为了维持那些享有治权的人的身份,便称他们为绅士,其他人被称之为平民。这种统治制度能够出现并存续下来而没有冲突,是因为建立之初,当时居住在威尼斯的人都享有统治权,所以无人抱怨。后来的居民,由于发现制度已确定并稳固下来,也没有理由和时机来诱发冲突。没有理由,是因为他们并没受到剥夺;无机会,因为治权者约束他们,不会让他们有获得政治权力的机会。此外,制度确立之后来威尼斯居住的人,其数量很少:受治者的人数也无望超过治者的人数。确实,绅士的人数多于或等于平民的人数。这就解释了,威尼斯人何以有能力建立制度并维持下来而没有内部冲突。

如我所说,斯巴达由一个国王和一个小小的元老院来治理。99 其制度之所以存续了这么长的时间,是因为居民稀少,他们断绝了移民来此的通道;因此他们采纳并尊重利库尔戈斯的法律(因此,只有服从它,他们才不会有冲突的必要),以致他们团结一致达几个世纪之久。利库尔戈斯的法律确立更多的是财富平等,而身份平等较少。所有人都同样贫穷,平民对权力的野心就很少,因为只有很少人担任官职,平民难以跻身其中。此外,权贵对平民也不坏,因此他们对权力毫无觊觎之心。

这是斯巴达王国独特品性的结果。国王身居高位并处于贵族之中,因此他们维持权位的最佳手段就是保护人民免受一切伤害,

---

[23] 1297 年大议会的“关闭”的结果。

这使人民既不害怕他们的君主,也不图谋统治。由于他们既无权力,也不惧怕掌权者,所以他们不会与贵族争斗,因为无此必要,这使他们能够和谐生活很多世纪。其中原因有二:一是斯巴达的居民很少,这意味着权力可能集中在少数人手中;二是移民的禁令意味着,他们既可免于腐败,也不会变得人数众多令权贵们难以管理。

由这些事情得知,那些制定罗马宪政的立法者,如果想确保罗马与我谈论的两个共和国一样长治久安,必在两者中择一而做。要么是把平民排除在军队之外,像威尼斯人那样;要么是禁止移民,像斯巴达人那样。然而他们都没有做,这意味着平民人数日益增多并强大起来,就会有无数制造骚乱的机会。但,如果罗马政治制度更为有序,其恶果亦会显现,它将变得更为软弱,也不再能取得它曾取得的丰功伟绩。而如果罗马想避免导致冲突的紧张关系,那它也会失去扩张的动因。

人类的一切事物,仔细分析就会明白,断难因为铲除一个弊端而不引发另一个弊端。如果你想让平民数量众多、兵力雄厚,以便能建立庞大的帝国,那你必须接受你不能按己之所欲来管理他们。如果为了按己之所欲来管理,使民众数量甚少或不事装备,那么你不会保有原先征服的地盘,你的臣子们也会变得柔弱,以致任何人都可以攻击你。因此,在对策略下定论时,应考虑的是弊端最少的行动形式,以此作为上策,因为你从没发现一个没有任何代价,毫无质疑的策略。罗马可以像斯巴达一样设立一位终身制的君主和一个小小的元老院;但如果要想成就一个帝国,便不能像斯巴达一样抑制公民数量的增长,然而,如果设立了终身制君主和小小元老院,则又会对人民安宁无所裨益。 100

因此,欲建新共和国者,须扪心自问,是让它在实力和领土上像罗马那样扩张,还是让两者有所限制。如果是前者,他必须依照罗马路线来组建,充分预计到骚乱和大规模冲突的必然性。除非他准备接纳很多居民并武装他们,否则不可能建立一个日益强大的共和国,即使强大,也难以长久。如果是后者,那么他可以像斯巴达和威尼斯那样来组建,但对这种共和国来说,扩张是致命的,因此,他必须尽其可能地阻止它从事征伐。因为举弱国之兵来从事征伐无异于自取灭亡,这在斯巴达和威尼斯都曾发生过。斯巴达曾征服了几乎整个希腊,但一次微不足道的内部事变就暴露了其薄弱的权力根基。在佩洛皮达斯领导的底比斯叛乱成功之后,其他城邦也纷纷效仿,这彻底摧毁了整个斯巴达帝国。㉔ 同样,威尼斯曾控制了意大利的大部分领土,它取得这些地盘,靠的不是战争,而是计谋和贿赂,当它要验证自己的势力时,一次规模很小的战役就让它失去一切。㉕

我确信,创建一个可以长久生存的共和国,就应效仿斯巴达或威尼斯的制度,把它建立为易防守之地,其强大的军力没有人认为能迅速征服它,此外,它的实力也不可让邻邦担惊受怕,这样的国家才能昌盛很久。因为国家之间的战争,不外乎有两个原因:一是为了统治它;二是担心受到它的侵略。以上述方式组建的国家会消除这两个原因。按照我的推测,既然它防御充分,难以征服,就很少会有人图谋征服它。如果它安于自己的疆域,人们凭经验知道它对征服毫无兴趣,那么也无人会由于担忧受到你的攻击而与你开战。如果这个共和国的制度和法律明令禁止扩展,则更能收此成效。我确信,如果能以这种方式在强和弱之间保持平衡,那么就会拥有一个真正祥和安宁的城邦,得享一种崇高的公民生活。

101

然而,世事无常。既然世间事都不是变动不居的,则兴衰是必然趋势。许多你没有有意为之的事,却不得不为之。一个在制度

㉔ 于公元前379年。

㉕ 1509年的阿纳迪洛或维拉之战。

上确保不扩张的共和国,却受形势所迫不得不扩展,这逐渐削弱了它的根基,使它迅速覆灭。此外,如果上苍眷顾,没让它从事征伐,那么因此而生的怠惰之风,亦会使它内部分裂或因之而羸弱不堪,此两者,或其中任何一个,都会使它灭亡。因此,我的观点是,既然无法在强和弱之间保持平衡,也不可能找到中庸之道,那创立共和国时应胸怀远大,在设立制度时应该确保保有那些由于形势所迫征讨来的地盘。

回到上面的话题,我认为应当效仿罗马,而不是其他任何共和国,因为这两类共和国没有任何折中之处。如想获得罗马的荣耀,就必须忍受平民和元老院之间的冲突,这是必须付出的代价。因为,除了我曾论述的护民官的权威是自由的必要堡垒的原因之外,我们也不难认识到共和国从护民官的控诉权中所获得的好处,这是我下一章中所要讨论的问题。

第七章　共和国若要维持自由,控诉权的必要性

102

对于在城邦中担任保护自由的人来说,没有任何权力比公共起诉的权利更为有用和更有必要了,它把有威胁公共自由的行为的公民向人民、长官或议事会提出控诉。对任何国家来说,这个权利都会有两个极为有益的结果。首先,公民由于担心受到指控,不敢去做任何于国家不利的事,如果他们确有此企图,就立刻会遭到公正的打击。其次,它为城邦中无论什么原因对某个公民所累积的怨恨提供了一个宣泄渠道,否则,当这些怨恨没有制度上的宣泄渠道时,就会诉诸非法的手段,这会导致整个政治制度的坍塌。因此,使共和国更为稳定坚固的方法,莫过于通过法律为在社会中早已存在的怨恨提供一个表达的机会。有关事例不胜枚举,最有力

的就是李维记载的科里奥拉努斯的例子。[26] 据他说,罗马贵族已对平民失去了耐心,因为平民由于创设保护自己的护民官而获得了太多的权力。机会来了,由于罗马遭受严重食物短缺,元老院决定派人去西西里筹粮。敌视平民派的科里奥拉努斯进言道,惩罚平民的时机到了,也可趁机收回他们危害贵族伤害的权力。其策略就是不分给平民食物,让他们忍饥挨饿。当平民听说了科里奥拉努斯的提议时,他们怒不可遏,若不是护民官把他召来并为他辩护,一群暴民就会在他从元老院出来后刺杀他。这个事件证实了我以上所言,共和国应通过法律以确保民众有对某个公民泄愤的渠道,这非但有用,亦是必要的,因为制度缺位时,就会诉诸非法的渠道,毫无疑问其后果要比法律的方法更严重。

如果法律处死了一个蒙受冤情的公民,这不会危及到共和国的政治稳定,因为实施惩罚不是出于私人和外国军队的暴力,而这些是政治自由毁灭的渊薮。它是国家所用的公共权力,是通过授权而在一定限度内实施的,其不会超越界限而置政治制度于危险之中。有许多例子可以确证我的观点,就古代史而言,科里奥拉努斯的例子足够了,每个人都会认识到倘若他在骚乱中被杀,罗马共和国会遭受很大的危害,因为这是个人对个人的打击,无数人就会因此而恐惧,因恐惧就会自保,因自保就会结党。于是在城邦中就会帮派林立,而帮派内讧就会导致城邦毁灭。但如果是正当权责的人掌控了整个事件,那就会避免所有源自私人暴力的恶果。

103

在现代,我们看到了佛罗伦萨政治制度的裂变,其原因就是制度没有为民众提供一个对一个公民的敌意的宣泄渠道。例如,在弗朗西斯科·瓦洛里俨然是城市的君主时[27],许多人就认为他有野

---

[26] Livy, bk. 2, chs. 33-35.

[27] 从 1494 年到 1498 年,瓦洛里(Valori)是萨伏那罗拉(Savonarola)的支持者,在那次导致萨伏那罗拉被处死的政变的早期阶段被谋杀。之后不久,马基雅维里开始担任公职。

心，并相信这样一个厚颜无耻、胆大妄为的家伙会毁灭政治自由。法律机制没有提供对抗他的手段，唯一要做的就是建立跟他作对的帮派。其结果就是，由于仅仅担心遭到非法的攻击，他开始网罗党羽以求自保。此外，他的反对者不能诉求法律来对抗他，也不得不采用法外手段，最终双方互殴。如果能够通过法律来反对瓦洛里的话，那么消除他的权力只会损失他一个人；由于只能用非法手段来消除他，那受到损害的就不仅是他一个人，还会有许多的权贵。

另外，为了支持我的观点，还可以举出发生在佛罗伦萨的事关皮耶罗·索德里尼的事件。它的发生，完全是因为佛罗伦萨没有指控有权势公民的颠覆制度行为的机制。对于共和国来说，只向八名裁判官指控一个有权势的公民是不够的。需要更多的法官，是因为权贵们总会相互袒护。如果有适当机制来指控索德里尼，那么公民就会在他作恶时指控他，以此来宣泄他们的愤怒，而不会引来西班牙的军队；如果他行事得当，他们也因担心自己会受到指控而不敢与他作对。其中的任何一个方式都可行，都会平息人们对他的敌意，危机也得以避免。[28]

104

由此可以得出以下结论：无论何时只要看到城邦内的一派召来外国军队，就可断定其制度有缺陷，因为，如不是这样，其内部机制就有会无须诉诸非法手段而让人民宣泄胸中恶气的渠道。做到这一点并不难，就是允许向众多的裁判官起诉，并赋予这些裁判官适当的权威。在罗马，就有这样完美的制度，尽管元老院和平民之间有很多冲突，但无论元老院、平民和任何公民都不打算求助外国武力，因为国内就有救济的手段，不必祈求于外部。

尽管前面的例子足以说明我的观点；然而，我想再举一个载于

㉘ 即 1512 年的危机，佛罗伦萨在普拉托(Prato)被击败，索德里尼被迫流亡，梅蒂奇家族复辟，马基雅维里丢掉了工作。

李维《历史》中的事例。[29] 他提到当时位于托斯卡纳的一个极为富庶的城邦丘西,阿伦斯的一个妹妹被托斯卡纳的一个贵族强奸了。[30] 由于施暴者的势力太强大,阿伦斯无力获得救济,便去找当时正统治着今称伦巴第的法兰克部落。他怂恿他们发兵丘西,向他们解释说,他们帮他从对其家族的伤害获得补救时,亦会得到很多好处。假如阿伦斯相信,他能够通过诉诸城邦法律而获得救济,他也就不必求助于蛮族的武力了。对共和国来说,就像有确保人民有起诉有权势的人的机制是很重要的一样,如果不负责任的公民能够诽谤其他人亦是有害且危险的,这是下一章要讨论的事情。

105

第八章 诽谤对共和国多么有害,控诉权对它多么有益

尽管富里乌斯·卡米卢斯把罗马从法兰克人的压迫下解放出来之后,他优秀的品质受到广泛称道,以致所有罗马公民对他俯首帖耳,而没有感到这么做贬低了自己的名望或身份,仅有曼利乌斯·卡皮托利努斯难以容忍给予他的对手如此高的尊重和如此多的荣誉。[31] 因为就罗马安全而言,他拯救了朱庇特神庙,其功绩应得的尊崇不应少于卡米卢斯,另外,他的军旅生涯也与卡米卢斯不相上下,理应得到同样的称道。他妒火中烧,对于富里乌斯·卡米卢斯受到的尊崇难以心平气和,在无望于元老中散布对他的敌意

---

[29] Livy, bk. 5, ch. 33. 日期是公元前391年。

[30] 马基雅维里用了一个专门术语 *lucumone* 来指代伊特鲁里亚的(Etruscan)贵族。我在此和其他地方都是用托斯卡纳(Tuscan),也就是我们现在所说的伊特鲁里亚。因为,就像针对在高卢人和法国人那样,马基雅维里没有对两者做区分。

[31] 曼利乌斯·卡皮托利努斯(Manlius Capitolinus)在公元前390年挽救了朱比特神庙。但卡米卢斯(Camillus)因击败高卢人而被认为是罗马的第二个创始人。两人的关系在公元前386年出现危机。

之后，转向平民，在他们中间散布各种各样的谣言。其中一件事是，那些搜集起来要送给法兰克人的财宝，后来没有给他们，而是被一些公民侵吞了；如果收回用之于公益，就会减少平民的税负或免除他们的私人债务。这对平民极具煽动性，他们开始聚集成群，每当感到有必要时，就会在城市里制造骚乱。元老院大为不满，他们认为危难在即，便设立一个独裁官来调查此事，以便制止曼利乌斯的攻击。独裁官立刻把曼利乌斯召来。他们面对面站在公众中间，独裁官站在贵族一边，曼利乌斯在平民一边。有人问他是谁拿了他所说的那些财宝，因为元老院和平民一样，都急欲知道实情。曼利乌斯却答非所问，他说，他们早已知道此事，何需再告诉他们。于是独裁官把他关进牢房。

这个事例显示，无论是在自由的，还是其他政治制度类型的城邦中，诽谤是多么的可憎啊！任何立法皆不应遗漏压制它们的法规。抑制它们较为有效的方式就是，广开指控的通道，因为对共和国来说，诽谤之恶，就像控诉权之善一样，应认真对待。当然，两者之间亦有差别，诽谤不需要证人，在确证之前也不需要验其真伪，人人皆可相互诽谤；但指控并非如此，因为不是任何人都会受到指控的，指控一个人，需要有证据和很好的理由。控诉需向长官、议事会和公民大会提出，诽谤却发生在街头和集市。诽谤愈盛之地，控诉权就愈少，城邦就愈缺少提起诉讼的法律制度。因此，为共和国制定制度的人，应确保每个公民在没有恫吓和偏袒的情况下享有控诉权。如果这种制度在日常生活中得到认同，那他应严惩那些散播谣言的人。他们也没有抱怨其受罚的理由，因为有法院来聆听他们的指控，没有任何借口使他们随意散播。因此，在没有适当规定之地，总会有严重的骚乱，因为诽谤者会使人民愤怒，却不会受到惩罚；愤怒的人会报复，因为反对他们的流言，只会激起愤怒，而不会让他们惧怕。

106

如前所言,罗马在这种事情上所做的是恰当的;而在我们的佛罗伦萨,处理这件事情总是极为糟糕。在罗马,这种制度有极佳的效果;在佛罗伦萨,制度上的失策亦有极坏的恶果。读读这座城市的历史就会知道,任何时期,那些在城邦事务中举足轻重的公民,遭受到的诽谤何其多！有人被控私吞城市钱财,有人被传因收受贿赂而输掉战役,有人被认为因要谋权而对城邦做尽坏事。结果各方相互仇恨,仇恨导致分裂,分裂导致帮派,帮派导致毁灭。如果在佛罗伦萨有指控公民和惩罚诽谤者的制度,那么不计其数的危机就会避免。因为单个公民,无论是被定罪还是被无罪释放,都会危及城市,况且与受到诽谤的人数相比,被审判的人数要少得多,因为如上所说,指控要有正当的根据,而诽谤却很随意。

107

而且,散布谣言亦是公民用来强化权势的一种手段,他们用谣言来对抗志趣迥异的公民强人,会有相当大的效果,他们站在人民一边,依靠言之凿凿地散布对城邦政治领袖的成见,赢得人民的爱戴。这种事例不少,我仅举一个足够。围攻卢卡的军队是由担任司法官的乔万尼·圭恰迪尼统率的。[32] 要么其指挥不当,要么时运不济,没有攻克这座城市。无论实情如何,乔万尼都会受到指责,因为人们说他收了卢卡人的贿赂。这个由他的敌人所散布的谣言,使乔万尼差点自杀,尽管为了还自己清白,他把自己交给政治首领来处置。但他从没洗清自己,因为佛罗伦萨共和国没有让他自保的程序。这一事件造成了乔万尼的朋友们,他们大多是政治权贵,以及那些赞成政治革新的人的不安。由于诸如此类的原因,事件愈发严重,以致导致共和国的毁灭。[33]

因此,曼利乌斯·卡皮托利努斯是诽谤者,而不是指控者;罗马人处置他的方式,表明了应如何惩罚诽谤者,应让他们受到指

---

[32] 于1430年到1433年间。

[33] 由于1432年梅蒂奇家族的复辟。

控,如果指控得到证实,就奖励他们,或至少不惩罚他们,反之,就像曼利乌斯一样惩罚他们。

第九章 为新共和国创建新制度,或彻底改造旧法律以变革旧共和国,有必要大权独揽

也许有些人认为,我在谈论罗马史时,没有深究那些设立这种制度的人,也没有涉及那些处理宗教和军队的法律。我不想让那些想读这些事情的人心存悬念,我先说明一下,许多人也许认为罗马建城之父是一个恶例,因为罗慕路斯为建立国家制度,先是杀死了自己的兄弟,后又同意把与他共享王权的萨宾人提图斯·塔提乌斯处死。你可能会认为,该国公民,在追求权力和威望时,也会效仿他们的统治者迫害那些与他们作对的人。如果不考虑他杀人的目的,这么判断或许不错。 108

举凡共和国和王国在建国之初就有一个优良制度,或能够彻底变革旧制度的国家,都是一人所为,否则成功者极少。这可以视为一条通则。因此,必须由单独一人来制定策略,作出所有关键性的决定。明智的立法者在创建共和国时,如果不为自己利益而为公益,不为自己后代而为整个民族着想的话,他就应挖空心思大权独揽。明智的人是不会对依靠非法手段建构王国和共和国的人给予责难的,他会认为即使他的行为受到指责,结果也应得到宽宥。像洛慕路斯一样结果为善时,行为总会得到宽宥,因为有罪的是那些依靠暴力巧取豪夺的人,而不是采用暴力手段建立新制度的人。

然而,立法者应审慎地、有德行地应用其获得的权力,确保不被他的继任者所承继,因为,趋恶易而向善难,他为公益而行使的权力,其继任者可能用来满足私欲。此外,尽管一人最善于制定策略,但总由他来做决定,那他所缔造的制度也不会长久,如果众人

都能关切它,共担维持的责任,其存续就会长远。就像让众人都来参与筹划事情一样,他们会在何谓最佳的问题上众说纷纭,难以达成一致。然一旦他们辨明真善,就难以接受违犯它的行为。洛慕路斯造成的其弟和王权分享者的死,应当得到宽宥,因为其行为是为公益,而非个人野心。有事实为证,他立即组建了元老院来共商国事,听取并采纳元老的建议。细查洛慕路斯所掌握的权力会发现,他所拥有的不过是战时的军权和元老院会议的召集权而已。这在罗马驱逐塔尔昆而获得自由时显现出来,罗马并未彻底改变旧制度,只是以两名任期一年的执政官取代了世袭君主制。这证明了罗马的最初制度,比极端独裁的制度,更为适宜法治的、参与式的政治制度。

109

有无数事例可以佐证我本章所言,如摩西、利库尔戈斯、梭伦,以及诸多共和国和君主国的创建者,由于他们都争取到了个人绝对权威,因而能够制定有利于公益的法律。此事显而易见,姑且不论。我想说说另外一个例子,虽不著名,却是意欲制定良法者的极好参照。这人就是斯巴达的国王阿基斯[34],他想把斯巴达人约束在利库尔戈斯的法律为他们设置的界线之内。他觉得,城邦在一定程度上已经背离了正统,丢掉了很多传统德行,因此也损失了很多实力和地盘。他刚着手变革,就被斯巴达的长老会[35]暗杀了,理由是他欲施行专制。克列欧美涅斯继位后[36],无意中翻阅了阿基斯所写的一些文档和言论,了解了他的前任的真实心思和意图,便萌生了同样的愿望。然而他知道,除非大权独揽,否则难以为国家成就此事。因为他认为人都是自私的,以致在有权势的少数人反对下,是不能对大多数人做善事的。他抓住时机把长老会和所有反对他

[34] 公元前244年到公元前240为国王。
[35] 长老会,像罗马的护民官一样,是由人民选举的。
[36] 他统治的时间从公元前237年到公元前221年。

的人都处死了，然后彻底恢复了利库尔戈斯的法律。如果马其顿人没有确立其主宰地位，或希腊城邦能够抵制他们的话，这可能会促使斯巴达的复兴，也会使克列欧美涅斯赢得与利库尔戈斯同等伟大的名声。然而，克列欧美涅斯改革之后，斯巴达人便遭到了马其顿人的攻击，他发现仅依靠自己的势力，难以抵制他们。他们的军队在无路可退的情况下投降了。[37] 因此，尽管克列欧美涅斯的方略是明智的和可敬的，却没有实现。 110

总括以上所有事件，我断定，创建共和国的制度必须要有绝对权力。再者，对于瑞摩斯和提图·塔提乌斯的死，罗慕路斯应得到宽宥，而非指责。

第十章　共和国和王国的创建者值得赞美，犹如专制创立者应受鄙视

在得到赞扬的人中，享有最高称赞的首推宗教的首领和创建者，其次是共和国或王国的创建者，再次是统率军队为自己的王国或他们的祖国扩张疆域的人。对此，还可以把文人学士加进来，他们种类繁多，分别因其地位等级而得到颂扬。至于其他值得颂扬的人——他们人数众多——是因其技艺或职业而得享一份荣耀。相反，那些毁灭宗教，瓦解王国和共和国的人对给人类带来益处和体面的美德、文学及所有的文化艺术充满敌意。他们是不敬神明者、暴徒、愚顽无知者、败类、懒汉、卑下者，都是臭名昭著、令人不齿之人。从没有人会如此癫狂或如此聪慧，如此邪恶或如此高尚，以致在面对这两种人时，不赞扬那些值得赞扬的人，指责那些值得指责的人。然而，人们受到虚伪的善意和不实的赞扬误导，或者心

---

[37] 于公元前222年。

甘情愿，或者愚昧无知地，几乎都会成为应受指责而不是赞扬的那类人。在他们本可通过创建共和国和王国而赢得永世赞颂的状况下，却沦为暴君，浑然不知他们放弃了多少名声、多少荣耀、多少敬意、多少安宁、多少内心的宁静、多少灵魂的愉悦，却要承受多少耻辱、多少责骂、多少谴责、多少危难、多少不安啊！

对于一个共和国的公民来说，如果他阅读史书，并善于变通所111 记载的事件，定会想在他的祖国像西庇阿[38]那样、而不是恺撒那样生活。如果他因机遇或品行成为君主，就一定喜欢成为阿格西劳斯[39]、提莫勒翁、狄翁那样的人[40]，而不是纳比斯[41]、法拉里斯[42]或狄奥尼修斯那样的人。因为人尽皆知，后者是被完全轻视的，前者却受到了无以复加的赞扬。他们也明白，尽管与狄奥尼修斯和法拉里斯相比，提莫勒翁等人在国内享有的权威不少，但却享有更多的安全。人们不会被恺撒的荣耀所骗，甚至在他们看到那些作家对他的极尽赞美之词时，亦是如此；因为那些颂扬他的人，既被他的成就所腐蚀，又怯于罗马帝国的长久；由于帝国的君主们一直自称为恺撒，作家们就不能自由地谈论恺撒。如果想知道作家们能自由谈论时，会对他有什么评议，只需看看他们对喀提林[43]说了什么，即可明晓。恺撒应比喀提林受到更多的谴责；因为有意行恶比仅仅试图行恶更应受谴责，而恺撒就是有意行恶之人。也可以看看

---

[38] 西庇阿（公元前234至公元前183年）击败了迦太基人。

[39] 斯巴达的国王，在位时间从公元前398年到公元前360年的。他受到了普鲁塔赫（Plutarch）的称赞。

[40] 首先是狄翁（Dion）（死于公元前354年），然后是提莫勒翁（Timoleon）（死于公元前337年）成功领导了针对叙拉古的狄奥尼修斯二世的反叛，其在位时间从公元前367年到公元前343年。再者，此信息来自普鲁塔赫。

[41] 斯巴达的暴君，在位时间从公元前207年到公元前192年。信息出自Polybius, bk. 13. chs. 6-8。

[42] 阿格里根顿（Agrigentum）的暴君，在位时间从公元前570年到公元前554年。亚里士多德在《政治学》和《修辞学》中曾提到过。

[43] 喀提林（Catiline）从公元前66年到公元前63年密谋推翻政府，但他在起义之前就被杀死了。西塞罗对他的抨击言论是众所周知的修辞学模本。

他们对布鲁图斯的颂扬,由于怯于恺撒的强权,他们不敢指责他,便赞扬他的敌人。

亦应考察共和国成为绝对统治者,罗马为皇帝统治后,那些遵守法律的和有仁爱的皇帝,比反其道而行之的皇帝,得到了更多的称赞。[44] 看看提图斯、涅尔瓦、图拉真、哈德良、安东尼乌斯和马库斯,都无须禁卫军或大批军团来护卫,因为他们的行为方式,平民的善意和元老院的爱戴足以保护他们。相反,帝国的东西两支大军的合力也难以保护卡里古拉、尼禄、维特利乌斯和许多邪恶的君主,因为其敌人是由于其恶习和邪恶的行为所造成。这些帝王的历史足以清晰地揭示,如何获得荣耀及怎样会受到责难,想太平要做什么及做什么会导致恐惧。

112

从恺撒到马克西米诺斯[45]的 26 位帝王中,有 16 人死于暗杀,10 人得享天年。在被杀的人中,确有一些明君,例如加尔巴和佩尔蒂纳切,但他们的死也是因其继承的军队已腐败所致。在得享天年者中,亦有邪恶之君,例如赛尔苏斯,也是因他有极为卓越的品质和绝佳的运气所致,而能得到两者眷顾的人,却是寥寥无几。研读罗马史亦会明白,构建优良王国之道,因为除了提图斯之外,以继承方式获得帝国的人,都是邪恶的;而没有依靠血缘关系得到帝位的人,都能行善,例如从涅尔瓦从马库斯的五个皇帝。[46] 但当权力再次落入到继承君主的手中时,帝国就会再次走向没落。

若是让君主考察从涅尔瓦到马库斯这段时间,并与此前和后来的时代的那些君主进行比较;然后问他,他愿意出生在哪个时代或愿意统治哪种类型的国家。他会看到,明君所统治的帝国,君主

---

[44] 在这一段,马基雅维里讨论了很多皇帝,包括马库斯·奥利勒斯(Marcus Aurelius)(死于 180 年)。他们的继任者在《君主论》的第十九章中讨论过。

[45] 恺撒死于公元前 44 年(尽管他从不是正式的皇帝);马克西米诺斯(Maximinus)死于 238 年。

[46] 即从 96 年到 180 年。

是安全的，可以毫无担忧地置身于公民中间，世间祥和，正义弥漫；他会看到，元老院享有适当权威，执政官享有名望，富有的公民尽享自己的财产，高贵和德行备受推崇；他会看到，和平与公正无所不在，仇恨、特权、腐败和野心销声匿迹；他会看到，这是一个黄金时代，在那里每人都能拥有和捍卫自己的观点。总之，在此时代，人人皆会受益：君主得享尊敬和爱戴，人民充满安心，安居乐业。

113 那么，如果细细审视此前和此后的时代，他会发现，连年战乱引发的暴行，时常叛乱导致的动荡，战争与和平时期都充斥着暴虐；浏览之处皆会看到，君主频繁被杀，内外战事连绵不绝，意大利被难以计数的无所预知的厄运所困，城市颓废，屡遭洗劫；他会看到，罗马丧身火海，公民亲手毁掉的朱庇特神庙，杂草丛生的古老寺庙，腐化的宗教仪式，满城的奸夫，载着流放者的船只布满海面，鲜血浸满了海边的岩石；他会看到，罗马的暴行难以计数，高贵、财富、古老的荣誉，尤其是德行，竟被认为是首恶；他会看到，诽谤者领到赏金，受贿的奴隶对抗主人，佣人对抗他们的雇主，未被敌人征服，却被朋友欺压。此时，他才领悟，罗马、意大利和整个世界应对恺撒多么感恩戴德。

毫无疑问，如果他还存有人性，那么他会惊骇于效仿邪恶时代的念头，相反他会不顾一切地以明君为楷模。其实，君主如想获得世间荣耀，就应想法管辖一个腐化的城邦，不是为了像恺撒毁灭罗马那样彻底摧毁它，而是像罗慕路斯那样重新建立它。确实，假如上苍没有为人赢得荣誉提供更大机会，人也不能奢望更多名誉。如果为了让城邦确立良好法律，不得不放弃权力的话，那么为了保有权力而没有引进良好的法律是可以原谅的；但如果既能保有权力，又能引进良好的法律，却没有做到，那这样的人是绝对不可原谅的。因此，那些上苍给予机会的人们，应明白自己正站在十字路口上，一条路可让他生前享有安宁，死后名垂青史；另一条路让他生前麻烦不断,死后遗臭万年。

第十一章　罗马人的宗教

罗马之父是罗慕路斯,就像孩子应感谢父亲那样,罗马的诞生和教养亦应感激他。然而,天命如此,罗慕路斯的法律对即将成为庞大帝国的罗马尚有不足,这激励着罗马元老院任命努马·庞皮利乌斯担任罗慕路斯的继位者,由他去处理罗慕路斯疏忽的事情。此时的罗马人尚未教化,粗野不羁,因此他希望驯化他们过一种友善的生活,以践行和平技艺。于是,他转向宗教,因为它是维持文明生活必不可缺的,于是他牢固地确立了宗教的地位,以致几百年来,罗马比其他任何地方更为敬畏神灵。这种虔敬对元老院或罗马的伟大领袖们筹划任何功业都有相当大的帮助。如果细细审视全部有记载的罗马史,仔细考虑作为团体的罗马人和个体公民的行为就会发现,相比违背法律,罗马公民更为害怕违背誓约,因为他们更为敬畏神的力量,而不是人的力量。 114

西庇阿和曼利乌斯·托克图斯的例子,即可说明这一点。汉尼拔在坎尼击败罗马人后[47],许多公民聚集起来,他们对自己的祖国很失望,于是决定放弃意大利,退到西西里。西庇阿听说后,手握利刃来与他们会面,强迫他们发誓绝不放弃家园。提图斯·曼利乌斯的父亲路西乌斯·曼利乌斯,后又称托克图斯,受到护民官马库斯·庞波尼乌斯的指控。在裁判日到来之前,提图斯找到马库斯,威胁他说,如不发誓撤回对其父亲的指控,就杀死他。[48] 他强迫使他发誓,马库斯由于胆怯而发下誓言,并遵守了诺言。这样,在意大利,那些不再有对祖国的爱和对法律的畏惧的公民,由于被

---

[47] 于公元前216年。

[48] 于公元前362年。其中一项指控是他残忍地对待自己的儿子。

迫违背其意愿的誓言而留下来;护民官为了恪守被迫立下的誓言,撇开了自己对父亲的仇恨,无视儿子对他的伤害,甚至牺牲了自己的荣誉。这种行为是努马为这个城邦所确立的宗教所赐。

任何仔细研读罗马史的人都会认识到,宗教对于率军征战,动员平民,维持人间正道,使罪犯蒙羞,起了多大的作用。所以,如果确要争辩罗马更应感激哪一个君主,是洛慕路斯还是努马,我认为努马应放在第一位。因为有良好宗教根基之地,更易于增强军事实力;而有军事实力却无宗教之地,就难以倡导虔敬。人们会看到,对建立了元老院以及民事和军事制度的洛慕路斯来说,无须主张其权威来自于神灵。然而对努马来说,却不得不这么做,他谎称与一个仙女关系友善,在他向人民提出建议之前,她总会指点他。这完全是因为他想在罗马创建异乎惯例的新制度,却又担忧自己的权威不够。

115

的确,还没有一个为国家创建不同寻常法律的人,不求助于神的权威的,因为不然的话,就难以让他的建议为人接受。因为明智的人会认可许多好的信念,但仅凭它们自身显明的理由,尚难为普通人所接受。所以,聪明人要想克服这些困难,就要求助于神灵。这就是利库尔戈斯所做的,梭伦亦是,与他们有同样目的许多人,亦复如此。罗马的平民惊讶于努马的仁慈和智慧,才会对他言听计从。当然,那时人们都很虔诚,因此努马与之打交道的人都很质朴,这使他更为易于完成他要做的,因为他很容易地就能按其意愿来操纵他们。毫无疑问,在我们的时代,想要创建共和国的人将会发现,相比那些已经习惯于城市生活,有文明但已腐化的人,在没有完全开化的山民中,更为容易做这事,就像雕刻家在一块粗糙的大理石上比在另一个人凿脚的半成品上更容易雕刻出精美的雕像一样。

综合以上考察,我断定,努马引入的宗教是罗马成功的主要原因之一。因为好的宗教会导致良好的制度,良好的制度会带来好运,而好运能使其从事的事业成功。宗教信仰是共和国伟业的根基,忽视它则会导致覆灭。失去对神明的敬畏,国家要么坍塌,要么要保持其凝聚力就只有依靠对君主的畏惧,这虽能弥补宗教的缺失,然而君主终有寿限,一旦他的德行消失,王国注定会迅速灭亡。所以,国家若是完全依靠一个人的德行是不会长久的,因为德行与人共存亡。继位者鲜有能掌控他所留下的局势,这有但丁的警世之言: 116

> 人之真诚,少有传承,
> 神灵使然,人之奈何,
> 欲求其踪,唯有自身。[49]

可见,共和国或君主国的极佳之事,不是掌控国家之人,在生前治理良好,而是他能为国家构建良好制度,以便其死后国家仍能存续。

尽管让未开化之人接纳新制度和新信仰较为容易,但这并不意味着,难以说服那些精明且自诩为文明之人。佛罗伦萨人看上去并不是无知的或不谙世故的,然而,教士吉罗拉莫·萨伏那罗拉却能说服他们,他是上帝的代言人。我并不想探究此事真与否,因为在谈到这样一位伟人时,应当心存敬畏。但我确实要说,有无数的人相信他,尽管并没有看到能让他们相信的不同寻常的事情。他的行为方式、他的学识、他的布道,足以让人们对他深信不移。因此,不应为难以齿及别人的成就而气馁,因为犹如序言所言,人出生,活着,死亡,本来都遵循着相同的轨迹。

---

[49] Dante, *Il Purgatorio*, Canto 4, II. 121-123.

第十二章　重视宗教的重要性，以及意大利因罗马教会剥夺信仰而导致毁灭

君主和共和国，若想使其政治制度免于腐化，首要的事情就是维持宗教礼仪的纯洁，并始终对它们保持敬畏。因为社会毁灭的迹象，无过于看到神灵遭受蔑视。只要看到人迹所至，皆有宗教存在，就很容易明晓其中原因了。每一种宗教，其精神生活都以一种独特的教义和实践为基础。异教徒的宗教生活是立基于对神谕的回应，以及对占卜和谶言的膜拜。他们的另一些礼仪、牺牲和典礼均出自这些人，因为很容易让他们相信，能够预测你的吉凶的神灵，亦能决定你的命运。正是这种信仰造就了神殿、牺牲、祈祷以及其他的所有敬神之礼仪。于是就有了提洛的神谕之地，朱庇特·阿蒙神殿，以及其他遍布天下的受人景仰和膜拜的声誉卓著的神谕之地。后来，这些神谕按权势人物的要求来发布口谕，其骗局被人民识破，于是，人们变得多疑，倾向推翻任何良好制度。

117

因此，共和国和王国的君主应维持其忠于的宗教的基本教义。他们做到这点，就不难维护国家的虔敬，因而，法律得以遵守，人民精诚团结。只要是能培育宗教信仰的事情，即使他们个人断定其为谬误，也应给予支持和鼓励；他们越是审慎，其观点愈具科学性，愈是应该做这些。这是因为明智的人采纳这样的方略，对奇迹的信念就会生根，即使我们知道是错误的信仰。明智之人支持这种信仰，不必担心它们的真实性，那它们的权威性将会使整个社会都有信仰。

罗马史上记载了许多这样的奇迹，例如，当罗马士兵洗劫韦伊

人的城邦时[50]，一些人进入朱诺神殿，走到她的神像前询问道："您想去罗马吗？"一些人认为她在点头回应，另一些人听到她说是。这些人都有坚定的宗教信仰（李维证实了这一点，他们进入神庙时异常肃穆，满是虔诚和敬意）[51]，他们认为听到了也许是自己所预期的回答。这种极为单纯的信仰，完全被卡米卢斯和城邦的其他君主接纳并发扬光大。

如果在基督教首次成为国教时，这种虔敬一直受到激励（就像宗教创建者所做的那样），那么基督教国家和共和国就会比它们的现状更为团结、更为幸福。基督教衰败的迹象，在那些离我们的宗教首领罗马教会最近的民族那里有更为清晰的昭示，因为其缺少信仰。回顾一下基督教创立的基本原则，并与现在的实践相比较，**118** 便会断定，我们的宗教不久就会灾祸临头或毁灭。

许多人持有这样的观点，意大利城邦的福祉源于罗马教会，而我认为与此相反，因此我会用我意识到的某些理由为此辩解。我诉诸于两条最有说服力理由，我相信，两者是能相互兼容的。第一，教皇法庭的邪恶行径，使整个意大利对宗教的虔敬和情怀丧失殆尽，这造成了众多的骚乱，亦带来了难以计数的恶果。犹如尊重宗教会有善报，蔑视宗教也会有恶报。因此，我们意大利人要感激我们的教会，我们的教士：他们使我们既没信仰又邪恶。

但这仅是我们要感谢的一小部分，更要感谢的是第二个缘由，即教会造成了意大利的覆灭，无论过去还是现在，它让这个区域总处于四分五裂的状态。确实，一个区域如果没有像法国或西班牙那样处于一个共和国或一个君主的控制之下，就很难有统一或幸福。意大利没有统一就是如此，它缺少一个共和国和君主来控制整个区域，唯一原因就是教会。教皇住在意大利，并享有世俗权

---

[50] 韦伊人（Veii）的城市在被围困10年后于公元前395年陷落。

[51] Livy, bk. 5, ch. 22.

力，其势力和德行不足以获得意大利的绝对权力，使自己成为它的君主。另一方面，他在面对可能丧失世俗财产之时，又不会软弱到不能召集一些国家对抗意大利的新兴强权。在过去，此类证据难以计数，例如，教皇利用查理曼大帝赶走了隆格巴德，后者当时几乎就是整个意大利的君主。[52] 在现今时代，教皇依靠法国的援助消除了威尼斯人的势力[53]，然后借助瑞士人的帮助赶走了法国人[54]。因此，教皇的势力不足以征服意大利，却阻止任何人征服它。这就造成了，意大利从没有过由一个君主统一的状态，而仍处于王国割据的现状，严重的分立和积弱，使它沦为无论是强权外邦还是任何想攻打它的人的受害者。我们意大利人认为所有这些都拜我们的教会所赐，而不是别人。

119

若想明白无误地检测我的观点的真相，需足够的能力，把享有世俗权威的罗马法庭，从意大利移植到瑞士。因为，唯有那儿的人民在宗教和兵役方面仍恪守古道。你会看到，用不了多久，罗马法庭的恶习比曾发生过的任何事变都更为严重，带来的混乱更大。

第十三章　罗马人如何应用宗教重建城邦，建功立业，制止内乱

我认为，举几个事例来研究罗马人如何利用宗教重建城邦，建功立业是有益的。尽管李维记载了很多这样的例子，然而，我想仅限定以下几个：罗马人创设的享有执政权的护民官，除一人外，他们全都出身平民。那年爆发了瘟疫和饥荒，并有无数怪异事件发生。[55] 在选举新护民官时，贵族们利用这个机会，声称由于罗马粗

---

[52] 于774年。
[53] 1509年的阿纳迪洛战役。
[54] 1512年的战役。
[55] 于公元前399年到公元前398年。

暴对待其制度权威,众神发怒了,只有适当的人当选护民官才能安抚神灵。结果就是,平民由于敬畏于这种信仰,选举的护民官皆为贵族。

另一事件,是军队将领们如何利用宗教来让士兵攻陷韦伊人的城市。那年[56],阿尔巴诺湖水位暴涨,罗马士兵也被长期的围困搞得很疲惫,他们想返回罗马。将领们发现阿波罗和一些其他的神谕都已显示,阿尔巴诺湖水溢出之时就是韦伊人城市沦陷之时。这消除了士兵们围城的烦恼,因破城有望而振奋,于是攻城决心日烈,从而在卡米卢斯被立为独裁官后,才得以在围城10年后攻陷该城。因此,巧妙利用宗教,有助于罗马人攻陷这座城市,以及让护民官回到贵族手中。若无它的帮助,这两者要成功都会很困难。

另一个与之相关的事例也不得不说,即特伦提卢斯事件。在他任护民官时建议立法,由此在罗马引起了很多的冲突[57],其原因我会在下面适当的地方论述。贵族用来反对他的主要手段之一就是信仰,他们以两种不同的方式加以利用。首先,他们查阅了西卜林的书,并依此解释说,这一年城市将会因内乱而有失去自由的危险。护民官揭穿了这个阴谋,然而预言让平民如此生畏,以致他们在支持特伦提卢斯时变得异常冷淡。其次是利用阿皮乌斯·厄尔多尼乌斯事件。他纠集了共计4000人的流放者和奴隶,趁夜色占领了朱庇特神殿,这不免让人担心,长期以来一直对罗马虎视眈眈的埃魁人和沃尔西人,假如利用这个机会来犯,就有可能占领罗马。尽管如此,护民官并没有放弃提交特伦提卢斯法律的决心,他们认为这种突袭纯属捏造。有个叫帕珀利乌斯·卢伯乌斯的举止岸然且有权势的公民,从元老院出来,以软硬兼施的口吻向平民指出,城市面临的危险以及他们的要求不合时宜。他迫使平民立下

---

[56] 即公元前398年。

[57] 于公元前462年。

誓言,不可违背执政官的旨意。平民顺从了他,用武力收复了朱庇特神殿。但是,由于执政官帕珀利乌斯·瓦勒利乌斯在战争中阵亡,提图斯·昆提乌斯迅即被任命来取代他。他不给平民任何喘息时机,亦是为了让他们没有空闲去讨论到特伦提卢斯的法律,便命令他们攻打沃尔西人。他说,他们已发誓服从执政官,因此他们必须这么做。护民官反对,说誓言的对象是已死去的执政官,而不是他。然而,李维描述道,平民出于宗教敬畏,宁愿服从执政官,而不愿相信护民官。他以赞美古老信仰的口吻说:"在我们的时代,神灵已不再那般重要了,但那时的人们,不会为了一己之意而随意曲解誓言和法律。"[58]正由于此,护民官担心若坚持的话,会使他们威信扫地。于是他们与执政官达成妥协,他们将听命于他,一年之内不再谈论特伦提卢斯的法律,同时执政官也同意在一年之内不让平民征战。因此,信仰使元老院有可能摆脱困难,而如果没有它的帮助,他们绝难做到。

121

第十六章　习惯于君主统治的民族,如果偶然获得了自由,也很难保有它

古代历史中有许多事例显示,习惯于受君主统治的人民,如果因某些机会获得了自由,如罗马通过驱逐塔尔昆后获得了自由,他们要维持自由异常困难。这能想象到,因为这些人与野兽无异,尽管生性野蛮、难以驾驭,却从出生就被圈养于牢笼之中受奴役。如果解除羁绊,放之乡野,由于既无经验觅食,又不知何处藏身,就会被首个想要捕获他们的人,再次套上枷锁。

同样的事也会发生在这样的民族身上:他们习惯于在别人的

---

[58] Livy, bk. 3, ch. 20.

统治下生活,没有筹划攻防策略的经验,既不知邻邦的君主,也不为他们所知,因此,很快又被再次套上枷锁,而且常常会遭受比他们刚刚逃脱的政府更为严酷的暴政。即使他们本性尚未堕落,亦会遇到这样的麻烦,因为一个完全腐化的民族是不能自由生活的,不是短期的如此,而是根本就不可能,这将在下文论述。因此,我想讨论的,是腐化没有如此彻底,好的地方比腐烂的地方要多的民族。

此外,还有另一个麻烦,就是变得自由的国家产生的是不共戴天的仇敌,而非忠心盟友。前者是指那些在前专制体制下得势的,靠君主财富养活的人,由于失去获得财富的机会,无法过得舒心,因此他们每个人都被迫试图重建旧专制体制,以便恢复他原先的权势。相反,如我所说,新国家不会产生忠心盟友,因为自由体制是基于正当和公正的理由来分配荣誉和奖赏,那些不满足这个标准的人不会得享荣誉和报酬。当一个人得到了他认为应得的荣誉和好处时,他是不会对奖赏者感恩戴德的。此外,由于自由体制能产生的共同持有的利益,因此没有人会对其他人领情,他们仅是享用自己的财富;不必担心会失去它,不必担心妻儿的名誉以及自己的安全。因为人们对没有触犯他们的人,不会感觉有义务为其做事。 122

上文所述,刚获自由的国家,只有不共戴天的敌人,没有忠心的盟友。要解决这些困难以及由此所带来的冲突,没有比杀死布鲁图斯的儿子更为正当、更为可靠、更为必要的实效手段了。[59] 如史书所记载的,他们与罗马的一些年轻人共谋来反对祖国,仅仅是因为他们在执政官的统治下,不像在国王统治下能够独享权势。于是认为他们受奴役的根源就是国家的自由。要统治众民,无论其制度是政治自由制度还是君主制,如未能使那些对新制度有敌

[59] 在最后一个王于公元前510年被驱逐后不久,就被他们的父亲杀死了。

意的人保持中立,那国家也不会长久。以我之见,那些为了巩固国家制度而不得不采取非法手段的君主,确实不幸,因为他们会受到所有平民的反对。如果仅被少数人反对,那很容易让他们保持中立,而且你的行为也招致更多的怨恨;但大多数人反对你,则断难确保安全,而且越是无情地对待他们,你的统治就越脆弱。因此,你所追求的至佳之策,就是试图赢得人民的爱戴。

上面所谈的有点离题,因为在我要谈论共和国的地方,却是在谈论君主。为了不必再回到这个话题,我打算做一个扼要的总结。如果君主想把对他有敌意的平民争取过来——这里所说的,是已123 经成为其祖国的专制者的君主——我想说的是,他首先应当明察平民有何欲求。他会发现,他们总有两种欲求:一是想对带给他们奴役的人实施报复;二是想再次获得自由。就第一个愿望来说,君主能满足他们;至于第二个,只能部分地满足。有一个君主让臣民报复很好的事例。科利尔库斯是赫拉克利亚的独裁者,在被流放后[60],城邦里爆发了平民和权贵的纷争。权贵们发现自己处于劣势,便不顾人民的反对,转而支持科利尔库斯,并与他串通一气恢复了其权位,他们剥夺了平民的自由。科利尔库斯发现,对于权贵,他无法满足他们的欲求也难以让其改过;平民由于恼怒于失去自由而对他产生敌意,他夹在他们中间。他决定摆脱权贵们的纠缠,把平民争取过来。于是他抓住适当时机,彻底铲除了所有权贵,这让平民大喜过望。他依靠这种手段满足平民两个愿望中的一个,即复仇的愿望。

但对于平民的另一个愿望,即重获自由的愿望,君主不能满足他们,因为他应察明平民想要自由的原因。他发现,只有极少数平民为了权势而想要自由,而其余的大多数人,想要自由仅仅是为了

---

[60] 他的统治始于公元前365年,载于 Justin, *Histories*, bk. 16。

生活安宁。因为在任何共和国里，无论其采用何种制度，能享有权位的平民，至多有四五十人而已。这些人人数很少，要中立他们就不难，要么清除他们，要么授予他们虚名（这是与他们在自由政治制度的预期相比），他们大多数人定会对现状心满意足；至于其余那些仅想生活安定的人，只要构建制度和颁布法律以使你的权力只能应用于公益，即可让他们满足。只要君主做到这些，平民看到他事无巨细都不违背法律，他们很快就会感到安全和心满意足了。法兰西国王就是一例。法兰西人民享有的安全感，仅仅是因为国王必须尊敬那些保障所有臣民安全的无数的法律。王国的制度中要国王按自己意愿做的，就是军事和税收，其余所有事务，其行为都受法律的约束。

124

因此，建国之初没有牢固根基的君主或共和国，必须像罗马人那样抓住稳固自己地位的第一次机会。如果错失时机，以后你会对应做而没做的事追悔莫及。罗马人在恢复自由时没有腐败，而且杀死了布鲁图斯的儿子并放逐了塔尔昆家族，他们就能够保有他们所赢得的，并充分应用这些制度和实践，对此上文已述。但是，如果人民已经腐败，那么无论在罗马还是其他地方，都难以找到维持自由的有效办法。这是下一章所要讨论的问题。

第十七章　腐败的人民获得自由后，也极难保有他们的自由

在我看来，如果没有清除罗马皇帝，罗马很快就会虚弱而毫无用处。因为，考察那些国王的腐败程度，你会认识到，如果再有两三代这样的君主，那么国家机体就会受到感染。一旦社会都腐败了，就再无可能革新它。但在机体感染之前除掉首领的话，那就很容易让他们适应自由而秩序良好的制度。一个不容置疑的事实

是，习惯于君主统治的腐败城邦，获得了自由，并把君主及其血亲统统处死，对新得到的自由也是爱莫能助。要让国家安定，最好的策略是拥立新君，否则国家难保安定，除非有个德行良好、才干超群的人使他保持自由，但这样的自由与他共在。

这发生在叙拉古的狄翁和提莫勒翁身上。尽管时代不同，但他们都有生前让其生存的城邦保持自由的德行，他们一死，专制统治又恢复了。不过，最好的例子仍属罗马。塔尔昆被放逐之后，罗马人能够获得和维持他们的自由；但在恺撒死后，在卡里古拉死后，在尼禄死后，在恺撒家族被彻底清除后，他们绝不会和以前那样要求自由，更别说维持它了。同一个城市，结果却如此悬殊，其原因仅在于，在塔尔昆时代，罗马人民尚未腐败，而在后面的时代里，他们已腐败透顶。早先时代，为了让他们坚定地阻止君主复辟，只要让他们立誓说他们决不同意在罗马有国王就足够了；在后面的时代里，尽管布鲁图斯[61]享有威望与严厉，有帝国东部军团的鼎力支持，都不足以让他们意志坚定地维护，他像第一位布鲁图斯一样，为他们所恢复的自由，这就是马略派对平民腐败的结果，其党派首领恺撒使平民无视正受奴役的现状，甚至他亲自把枷锁套在他们脖子上。

125

尽管这个罗马的事例比任何其他地方的事例更为突出，然而，我还是想再介绍一些当代人民腐败的事例。我会说，无论什么事变，无论其摧毁性和暴力程度有多大，都无法使米兰和那不勒斯的人民习惯于自由生活，因为这些社会已彻底腐败了。这在菲利波·维斯康蒂死后极为明显[62]，尽管米兰人希望重建自由，但他们既做不到，又完全不知如何维持它。由此来看，罗马是极为幸运的，它的国王很快就腐败了，以致在城邦内脏受到腐蚀之前，就迅

[61] 这是指布鲁图斯于公元前44年杀死了恺撒。

[62] 于1447年。

速把他们清除了。也正是因为罗马平民没有腐败，才会使在罗马所爆发的无数冲突非但没有伤害共和国，反而对它有所裨益，因为至少它的公民有良好的目标。

由此，可以得出如下结论：个体没有腐败之地，冲突和其他危机也无伤大雅；而在腐败之地，再好的法律也难有用处，除非有人用残忍手段迫使人民服从它，直到他们变得良善。我不知这是否曾发生过，或是否能够发生。正如我刚才所言，现实生活中所见的，因个体腐败而衰落的城邦，如碰巧获得自由，那是因为恰好有个德行卓著之人在世，而不是能够维持良好制度的群体德行。领导人一死，城邦便会重蹈覆辙。底比斯曾如此，只要埃帕米农达斯在世，其德行就能维持共和国的形式并保有帝国，但他一死[63]，底比斯又回到了原初的内乱状态。因此，困难在于，一个人不可能如此长寿，以使他有时间让长久毒害的城邦风纪良好。即便有个特别长寿的领袖，或两个有德行的领袖相继掌权也难以办到。但一个也没有，上文已述，更是毫无希望，不仅如此，其时你会发现，虽经历重重危险，抛洒更多热血，自由仍荡然无存。因为这种腐败，这种对政治自由的蔑视，是源于城邦的不平等。如果有人意欲恢复平等，就必须采用极端手段，而鲜有人知道如何运用它，即便他们知道，也要面对我在其他地方所陈述的更为翔实的情况。

126

第十八章　在一个腐败但自由的城市中维护政治自由的方式；以及在一个腐败且不自由的城市如何确立它

一个腐败而自由的城邦能否维持政治自由，或一个腐败且不

[63] 于公元前362年。

自由的城邦能否创建它，我认为这两者并非格格不入，而是彼此关联的。关于这个问题，实在难以决定从二者选哪一个来论述，尽管难以为两者提供一个普遍规则，因为必须要根据腐败的程度来调整相应的策略，不过，对任何问题进行细究是极为有益之事，我不想对此略而不谈。为了能够考察到极为复杂的情况，我假设要对付的是一个十分腐败的城邦。确实，这种情况看起来是无可救药的，因为没有法律或制度能够整治普遍的腐败。良好习惯之存续，需要良好法律；同理，良好法律也只有在臣民都有良好习惯时才被遵守。

此外，制度和法律都是在共和国创建之初制定的，人们在那时还是良善的；后来他们变得邪恶，它也就不再适用了。如果城邦法律比较容易因情势而变，其制度却不变或很少有变，这会使得新法律变得不充分，因为维持原样的制度会扭曲法律。为了更为清晰地表述我之所指，我会首先说明罗马的管理制度，或确切地说国家制度，然后概要论述长官用来约束公民的法律。国家的基本制度体现在人民、元老院、护民官和执政官的各自权力；竞选和任命官员的方式以及制定法律的方式。这些基本制度不会或很少因情势而变。变的是那些约束公民行为的法律，如关于通奸的法律、限制奢侈法、那些关于政治腐败的法律以及许多其他的法律，它们会随着公民日益腐败而变。但是国家制度维持不变，而它们在公民腐败时不再适用，那么法律的更新并不足以抑制腐败日益加深；不过，如果法律变革和制度革新同时进行，其结果就会大为不同。

腐败城邦的这种制度确实不好，如果从选举官员和制定法律两个关键处进行观察，就更为明显。罗马人民只把执政官职位以及城邦其他首要职位授予那些提出要求的人。这种制度最初是好的，因为只有那些自认为能配得上这些高级职位的公民参与竞选。由于落选是不光彩的，因此每个候选人都为得到称职的评价而举止得体。然而,这种制度在城邦腐败后就是极为有害的。因为,此时参选者就不是最有德行的人,而是最有权势的人;那些无权无势的,即使有德行,也因惧怕而退出竞选行列。事情退化到这一步,如同其他所有退化一样,非朝夕之间,而是逐步形成的。罗马人征服了非洲和亚洲,并使几乎整个希腊臣服于它之后,就变得极为自信,认为再无能够征服他们的人,甚至认为不再有任何令他们畏惧的敌人。[64] 这种安定意识以及敌人的弱小,意味着罗马人在选举执政官时,不再考虑德行,而更看重个人魅力。他们选任的,是那些最善于讨好罗马公民的人,而不是那些最精于击败敌人的人。后来,即使有魅力也是不够的,人们堕落到仅仅选任那些最有权势的人的地步,以致良善之人在制度有缺陷的情况下,再无成功之望。

128

同理,护民官,或任何公民都能向人民提出一个法律议案。每个公民在投票前都有权利对此表示赞成和反对。只要公民良善,这种制度就是好的,因为任何人能够自由地提出有利于公益的提案,这总是好的;每个人亦能对此抒发己见,以便人民在听取每个人的意见后作出正确的判断,这也很好;但公民腐败后,这种制度就变得极为有害,因为只有有权势的人提出法律议案,他们这么做并不是为了增进全体人民的自由,而仅仅是为了巩固自己的权势。人们也会由于惧怕而不敢反对他们的议案。因此,人民要么受到蒙骗,要么被迫作出自我毁灭的决定。

尽管罗马日益腐败,但仍想维护自由的话,那就必须经常对法律进行革新并创建新的政治制度。因为人民腐败后所需要创建的制度和生活方式,与他们良善时所需要的大为不同;原料变了,形式亦应随之而变。一旦认识到整个制度不再适用,要么立刻全盘革新,要么随着每个具体制度的改革而逐渐改良,但我认为,这两

---

[64] 大约在公元前146年之后,其时迦太基已陷落。

个步骤几乎不可能完成。如果想要循序渐进地进行制度革新,就要有提议变革的明智之人,在弊端萌芽之时,洞悉并抓住它们。城邦的历史中还不曾有这样一个明智之人,即使有这么一个人,他也难以说服别人相信他的建议,因为习惯于某种生活方式的人,不会有变革的欲望,尤其在他们没有直面弊端时,要他们接受立基于推测的结论,就更难了。另一方面,制度缺陷人人皆知能够全盘革新,对此我认为,认识缺陷很容易,纠正它却很难,因为在这种形势下采用通常手段进行革新难以奏效,必须采用特别手段,如诉诸于暴力和内战。其主要目的是必须成为城邦的绝对君主,以便于能够按自己的意愿来统治。为了重构城邦制度以培育政治自由,就需要有一个有良好意图的人,但在共和国以武力篡夺王权的人,确是手段恶劣的人。因此鲜有这样的情况出现:好人为了良好目的而运用邪恶手段登上王位的;或者邪恶之人成为绝对君主后意欲行善的,即使他有运用邪恶手段获得权力以行善的念头。

129

我已经解释了,在腐败城邦中保护自由或推倒重建所要克服的困难,实际上,这些困难难以克服。即使有机会改良或大变革,那也更应该建立君主制,而不是民主制。因为那些不能由法律所规制的不良行为的人,必须由近乎独断的权力来抑制,打算用其他方式让他们变好的做法,要么不得不极为残忍,要么彻底失败,就像我上文所谈的克列欧美涅斯一样。他为了成为绝对君主而不得不杀死长老会成员;洛慕路斯一样基于同样的理由杀死他的兄弟和萨宾人提图斯·塔提乌斯,然后他们再善加应用手中的权力。但必须斟酌的是,他们的臣民尚未受到本章中所谈的那些腐败的侵蚀,所以他们才有望建立一个自由国家,并把他们的愿望付诸实践。

第二十一章　那些没有自己军队的君主和共和国应受多大的指责

那些没有自己军队以备攻守的当代君主和共和国，应该感到羞愧。他们想想图鲁斯就会明白，这种缺陷并非因缺乏适合军队职责的人所致，而是由于自己的过失，因为他们理应知晓如何把自己的臣民变成军人。图鲁斯成为罗马国王后，找不到一个有战斗经历的人，因为罗马得享太平已四十年了。[65] 然而，当他决意要征战时，并没有考虑雇佣萨谟奈人、托斯卡纳人或其他习惯于军事的人，而作为一个拥有非凡智慧的人，他决定利用自己的人。他具有极佳的领导能力，很快就训练了一批极其优秀的士兵。比任何其他事情更为确凿的是，如果一个国家有人民却没有士兵，那是君主自己的过错，而那些对其地理位置和人民的性格的指责是毫无道理的。

130

最近就有这样一个事例。众所周知，不久前英格兰国王攻击了法兰西王国，他这么做完全依赖自己的军队。[66] 这个王国已有三十多年没有战争了，因此他难以征募到有战争经验的将士。然而，他毫不犹豫地带着这些未试锋芒的军队进攻拥有经验丰富将领和军纪严明士兵的王国，因为法国军队过去多年一直在意大利战斗。其原因仅在于，国王是一个谨慎的人，王国治理良好，和平时期亦在持续备战。

底比斯人佩洛皮达斯和埃帕米农达斯解放了底比斯，使其摆脱斯巴达帝国的统治后[67]，发现自己统治了一个习惯于服从的城

---

[65] 于公元前672年。
[66] 于1513年。
[67] 于公元前379年。

邦,置身于软弱的人民之中。但他们没有犹豫,极好地发挥了自己的才干,激发了人民的战争激情,与他们一起抗击斯巴达的军队并打败之。记载此事的人[68]评论道,这两个人在短时间内表明,并不仅仅拉克戴蒙人有优秀士兵的品质,其他地方的人都是如此,只要有人知晓如何把他们训练成军人,就像图鲁斯训练罗马人一样。131 维吉尔比其他人更好地表达了这种看法,所用的语言表明了他的认同。他说:

> 图鲁斯把懒汉变成军人。[69]

第二十六章 新君主务必使其控制的城邦和区域面目一新

任何成为国家或城邦的君主的人——尤其在其根基脆弱,也不想建立君主制或共和国的制度——如果想保有权力,作为一位新君主其最好策略是,让国家的一切予以更新。在城邦中,应组建新政府,政府成员都是新人,享有新名衔、新权力;应使穷人变富,富人变穷,就像大卫成为国王时所做的那样,"饥饿者得享美食,富者空手而回"[70];此外,还应建立新城,摧毁原有城邦,把居民从一处迁至另一处。总之,他不应在其领地上保留任何以前的东西。于是任何职位、身份、权力、财富都会被认为是来自你的恩赐。他应效仿亚历山大之父马其顿的菲利普,他凭借这些策略把自己从一个小邦的国王变成整个希腊的君主。那些记载此事的人说,他把

[68] 普鲁塔赫(Plutarch)。

[69] Virgil, *Aeneid*, bk. 6, II. 813-814.

[70] 事实上,马基雅维里引用的是圣母玛利亚颂(Magnificat)(1 Luke 53),它回荡着大卫赞美诗(33. 11.)的声音。

全体人口从一地迁至另一地,犹如牧羊人驱赶自己的羊群。[71]

这种手段是极为恐怖和惨烈的,不仅有违基督徒的生活方式,而且与基本的人性相悖,无人心甘情愿采取它们,人们宁肯做一个普通公民,也不愿做戕害如此多生命的君主。然而,对那些要保有权力又不想行善的人,明智的做法就是运用这种邪恶手段,相反,那些采用既不良善也不邪恶的手段的人,就会陷入危险之中,因为他们不知如何运用大善或大恶,对此将在下章节予以解释。 132

第二十七章　人们难以知晓如何运用大善或大恶

教皇尤利乌斯二世在1505年进入博洛尼亚,推翻了统治该城已达百年之久的本蒂沃利家族。他还想清除佩鲁贾的专制者乔旺帕格罗·巴利奥尼,他曾密谋反对所有在教皇国中统治城邦的专制者。他到达佩鲁贾后,由于知道其意图已人人皆知,便打消了随军入城的念头,赤手空拳进入城里,尽管乔旺帕格罗在城里召集了众多军队来保卫自己。教皇是如此愤怒,以致仅带了一名卫士就进入敌阵中。

很快,他带着乔旺帕格罗离开了城市,留下一名长官代表教皇来统治佩鲁贾。教皇身边的精明之人,对他的鲁莽和乔旺帕格罗的懦弱议论纷纷。[72] 他们难以理解会发生这种事,乔旺帕格罗竟然没有一举消灭敌人而让自己永留史册。他本可以为自己掠夺财富,因为同教皇在一起的全体红衣主教,个个珠光宝气。他们更不会相信是善行和良心让他裹足不前,在人们眼里,他就是一个恶棍,霸占自己的妹妹,为夺权而杀死自己表兄和堂侄,良心又怎能

---

[71] 菲利普二世(Philip II)统治的时间从公元前360年到公元前336年。马基雅维里的信息出自 Justin, bk. 8。

[72] 马基雅维里本人就在那里。

抑制他呢。因此他们断定,这是因为人们既不知如何尊敬邪恶,也不知如何趋向大善。真正的邪恶行为自有其伟大之处,或显示一定的清高,然而,大部分人却不知如何运用。

因此,乔旺帕格罗根本不拿乱伦和在公共场合谋杀亲属当回事,就更不会有令人尊敬的气魄。他有正当时机道出实情,但却无胆量如此做,即使他会因揭示那些享有令人尊敬的生活方式和执政理念的教士少得可怜的第一人而赢得永世声誉的事业。他是能够做这样一项伟大远远胜过它所带来的不光彩和危险的事业的,但却没有做。

133

第二十九章　人民抑或君主,哪一个更加忘恩负义

关于上述论题,我认为应当讨论的是,人民和君主的行为哪一个更为忘恩负义?为了更好地讨论这个问题,我会先谈谈这种忘恩负义的恶行的来源,它要么源于吝啬,要么源于猜忌。人民或君主派遣一位将领进行一次重要的远征,将军取得大胜后,赢得了极大的荣誉,那么在他凯旋而归后,君主(或人民)必须奖赏他;如果他们过于吝啬,没有给予应得的奖赏,反而羞辱或伤害他,那么就犯了一个不可原谅的错误,这会招致永世骂名。然而,有许多君主犯这种错误。科涅利乌斯·塔西托以下面的句子道出了原因所在:"补偿伤害要比报答善行更为容易,因为感恩被认为是负担,报复则纯粹收益。"[73]

再者,君主(或人民)没有给他奖赏,或更恰当地说,伤害他,并不是因为他的吝啬,而是猜忌,那么其行为多少值得谅解。人们通常读过很多这类受猜忌驱使的忘恩负义。一位英勇善战的将军为

---

[73] Tacitus, *Histories*, bk. 4, ch. 3.

自己的君主征服了一个帝国，由于勇克强敌，使自己满载荣誉，也让他的士兵满载财富。他必然会获得相当大的声誉——无论士兵、敌人还是君主的臣民都会如此认为——以致这种胜利不能让派遣他的君主感到高兴。因为人性是充满野心的亦是多疑的，以致往往难以辨别何谓好运、何谓厄运。将军赢得胜利后，必然会立即在君主心中产生猜忌，将军自己的一些看似不敬的言行又会让他对此信以为真。此时，君主就只会考虑如何自保了，为了做到这点，他要么杀死他，要么诋毁他在军队和臣民中赢得的声誉。他定会想尽办法证明，此次胜利并不是因为将军的德行，而是由于好运，或由于敌人的懦弱，或由于参与战役的其他军官的才智。 134

韦斯巴芗在朱狄亚被他的军队拥立为皇帝后[74]，当时驻扎在伊利里亚的另一支军队的统帅安东尼 · 普瑞穆斯公开声明拥护他，并进军意大利反对当时统治罗马的维特利乌斯。他英勇善战，消灭了维特利乌斯的两支军队，并占领了罗马。韦斯巴芗派遣穆西亚努斯到此，他发现安东尼的德行威力如此之大，以致没有解决不了的事，也没有克服不了的困难。然而，安东尼为此得到的奖赏就是，穆西亚努斯立即剥夺了他的军队指挥权，并把他软禁在罗马，逐渐剥夺了他的所有权力。于是安东尼去与仍在亚洲的韦斯巴芗会面，他受到了如此的接待，没过多久，便被剥夺了所有的军衔，以致他在近乎绝望中死去。这样的事例，史书中比比皆是。在我们时代，每个人仍能记得，有伟大德行的冈萨尔沃 · 费兰特为了阿拉贡的国王费迪南德在那不勒斯王国与法国作战，他付出了多大的努力，才征服并赢得了那个王国[75]；也知道，他因胜利得到的奖赏却是，费迪南德离开阿拉贡来到那不勒斯后，先是解除了他对军队的

---

[74] 于69年，信息出自 Tacitus, bk. 3。
[75] 于1495年至1496年。

指挥权[76],然后剥夺了他的城堡,最后把他带回西班牙,不久后,他便默默无闻地死去。[77]

这种猜忌在君主身上再寻常不过,他们难以摆脱,以致让他们对在其麾下征服了很多地盘的人表示感谢是很难的。君主不能克服的事情,如果民众政府也不能做到,就会不令人惊奇了,因此不应夸大君主猜忌的缺陷。自治的城邦有两个目的:一个是获取新的地盘;另一个是维护自己的自由。可以想象到,它会因过于热衷这些目的而犯错。关于在获取地盘上的错误,我会在适当的场合讨论。维护自由上所犯的错误如下:伤害那些应该获得奖赏的公民,质疑那些本应信任的公民。尽管在已经腐败的共和国中,这些行为会导致更大的罪恶,即通常会有因忘恩负义而受到伤害的将军依靠武力强取其应所得,它最终走向专制,如同罗马在恺撒身上发生的事情一样。但在尚未腐败的共和国里,它却有极大的益处,能维护其自由的生活,很快人们就会因为害怕惩罚而收敛自己的野心,并逐渐变好。

135

其实,在所有曾拥有帝国的人民中,由于上述原因,罗马人是最少忘恩负义的,因为仅有一个罗马人忘恩负义的事例,那就是西庇阿事例。[78] 科里奥拉努斯和卡米卢斯被驱逐,并不是由于忘恩负义,而是他们对平民的冒犯。[79] 前者得不到谅解是因为他总是与人民为敌;后者不仅被招回,而且其余生享有君主般的爱戴。但对西庇阿的忘恩负义,是源于公民开始对他的猜忌,对其他人则没有这种猜忌。这是因为西庇阿击败了强大的敌人,其胜利是历经漫长而危险的战争所取得的,这让他赢得了显赫威名,再加上他的年

[76] 于1507年。

[77] 于1515年。

[78] 参见 Livy, bk. 38, chs. 50-60。

[79] 卡里奥拉努斯(Coriolanus)于公元前491年被驱逐,卡米卢斯(Camillus)于公元前391年被驱逐。

轻、他的审慎和其他一些杰出的德行,从而使他备受尊重。这些事情如此重大,就连罗马官员都担心他的权威,更不用说其他人了,它让所有明智之人不满,因为这种事在罗马闻所未闻。他的地位如此不同寻常,以致被人视为圣贤的老加图最先抨击他,他说,如果城邦有个令官员害怕的公民,它就不能自称为享有自由。[80] 如果罗马人在这件事情上听从了老加图的建议,那么他们不应因此而遭受指责,因为我上文说过,因猜忌而忘恩负义的人民和君主天性如此,别无选择。本章的结论就是再次确认,这种忘恩负义的恶行或者源自吝啬或者源自猜忌;但民选政府从来不会因吝啬而忘恩负义,相比君主,他们也很少因猜忌而忘恩负义,因为他们没有多少猜忌的理由,这是下文所解释的内容。

第三十二章　共和国和君主不应在危急之时才善待臣民

136

罗马在危及关头采用对人民慷慨大方的办法取得了很大的功效,在波桑那为了复辟塔尔昆而进攻罗马时,元老院担心平民宁愿接受君主,而不愿承担战争的重负。因此,为了获得他们的支持,元老院免除了平民的盐税和其他税赋,他们说,穷人只要养育好自己的子女就为公共利益做得足够多了。[81] 平民为了这种恩惠而甘愿忍受围困、饥馑和战争。

但倘若有人遵循这个事例,等到危急关头再争取人民的支持,那就是错误的,因为他绝不会做成此事,尽管罗马人曾成功过。民众会认为,是你的仇敌,而不是他,才使你有这种善行;他们担心,危机一过,你便会收回你被迫给予他们的东西,所以他们不会觉得

---

[80] 于公元前189年。
[81] 于公元前508年。

对你有任何义务。这种策略在罗马有成效,其原因在于,他们的国家刚刚建立、尚未完善;平民也看到了已经颁布了一些让他们受益的法律,例如有权向人民申诉的法律,因此,他们能够相信,善举不是由于敌人的来犯所致,而是元老院有意善待他们;此外,人们对君主统治下遭受的种种贬损和虐待仍记忆犹新。既然相似的事态很少发生,那类似的策略通常也难以奏效。

因此,任何拥有权力的人,无论是共和国还是一位君主,都应事先想到他会处于何种不利境地,以及在危急之时,应寻求何种人的支持,然后以他在逆境时被迫善待他们的方式来对待这些人;任何与此行为相悖的人,无论是君主还是共和国,但尤其是君主,依据上面事例,自信在危险来临时,能够通过善待人民来赢得支持,都是自欺欺人,因为他不仅不能赢得他们的支持,而且还会加速自己的灭亡。

137

第三十四章　独裁官的权力对罗马共和国有益无害;以及违背公民意愿从他们手中攫取权力,而非他们自由投票让出的权力,对政治自由极为有害

那些为罗马城邦发明独裁官制度的人,曾受到某些作家的谴责,认为它是罗马最终发展成专制统治的原因。他们指出,第一位专制者就是打着独裁官的幌子来统治的;并说,如果没有以此为托词,恺撒绝不会找到任何官职来合法地推行其专制统治。那些持有这种观点的人,并没有详查其中的问题,而信以为真的那些人也为其所欺。因为使罗马遭受奴役的,既不是独裁官的称号,也不是其职位,而是独裁官所要求的毋需公民授权来延长其任期的权利。即使没有独裁官的称号,罗马享有实权的公民也会编造别的称号,因为以权势获取称号轻而易举,而凭称号却难以获取权势。这只

需看看那些依据法律程序而非擅自授予的独裁官总对城邦有益，那些对共和国造成伤害的，是依靠非法手段设立的官员和索取的权力，而不是以合法手段任命的官员和授予的权力，即可明白。因此，在罗马几百年间，从没有一个独裁官对共和国是有害无益的。

其中缘由显而易见。首先，如果一个公民想违背法律并为自己取得非法的权力，他必须具备在一个尚未腐败的共和国里绝不会有的许多品质。为此，他必须异常富有，并有众多的支持者和党羽，而这是他在遵守法律的情况下不可能做到的。即使他能够如此，像他这种令人畏惧之人，在自由的选举中人们也不愿投票支持他。此外，独裁官的任期是短暂的，而非永久，仅是为了对付有必要任命他的特殊困局。他被授予独自决断解决一次迫切危机的权力，以自己认为合适的方式来行事，无须与别人磋商；可以惩罚任何人，而不受申诉的限制。但他不能做任何损害国家的事，如减少元老院或人民的权力，废除城邦旧制度而建立新制度。因此，把独裁官的短短任期、有限的权力和罗马人尚未腐败三者合起来看就可知，他不可能越权来做危害城邦之事，史载亦显示，他总让城邦受益。 138

确实，在所有罗马制度中，这一制度应算作是造就罗马丰功伟业的原因之一，因为如没有这样的制度，城邦就难以处理异常事件。共和国的通常制度行动迟缓，因为没有单个议事会或官员能够操控一切，他们不得不花费大量时间来相互协商，以致他们就行动达成一致时，时机已失去了。因此，让他们去处理刻不容缓的危机，就会极为危险。所以共和国都应该建立一个与之相似的制度。威尼斯是现代共和国中最佳的一个，它确保了少数公民有权在危机时刻当机立断，假如共和国内部意见不一，也无须与之进一步磋商。[82] 如果共和国没有这样的制度安排，就会面临这样的抉择，是

---

[82] 十人委员会创始于1310年。

墨守成规而自我毁灭，还是破坏旧制以求自保。任何共和国绝不应产生用非法手段来统治的念头。因为，非法行为虽然在短期可能有益，但长远来看，这一先例却是极为危险的。一旦人们形成了做好事就无视法律的习惯，那以后他们做坏事时，也会以此为借口视法律为无物。因此，共和国只有制定法律以应对任何可能的不测事件，规定处理突发事件的正确方式，否则皆难称完美。

因此我断言，危难之际，那些没有设置独裁官之职或其他形式的应急规则的共和国，必会毁灭。关于这个新制度，尤为值得称道的是罗马人创建选举独裁官的程序[83]，因为对这件事的处理，他们极为明智。设立独裁官让在任执政官有些难堪，因为他们虽为最高的长官，但必须与普通人一样服从。罗马人注意到了这会使公民之间产生敌对情绪，虽决定选举独裁官的权力属于执政官，因为，他们认为，当罗马深陷逆境，急需一位独裁者时，他们也会自愿任命他，并且这是他们所决定的，他们也就不会抱怨了。因为那些无论是自愿的还是选择的自己给自己的伤害，其痛苦远少于别人给你的伤害所带来的痛苦，其他挫折与此同理。虽然在共和国的最后时代里，罗马人习惯于把独裁权力授予执政官，而不是任命独裁官。他们说："让执政官来确保共和国免受伤害。"[84]回到我们的话题，我的结论是，那些企图击败罗马的邻邦，迫使它变更制度，其结果就是，它不仅能更好地自保，而且以更强的势力、更佳的判断力和更为紧密的团结去攻击他们。

139

---

⑧③ 李维认为是公元前 501 年创设的。

⑧④ 首次发生于公元前 121 年。

第四十二章　人们是多么易于腐败

从十人团的事例中，我们还注意到，人是多么易于腐败。[85] 无论他们多么良善和受过多好的教育，其品性都会迅速转变。想象那些被阿皮乌斯聚拢到身边的年轻人，因为获得了一点小恩惠，就甘愿沦为专制统治的帮凶。再想象作为第二任十人团成员之一的昆图斯·法比乌斯，他是极好的人，但也被小小的野心所蒙蔽，受到阿皮乌斯的恶意蛊惑，自己的良好习惯都变成了极恶的行为，成为与他的新导师一样的人。详细考察此事，可使共和国或王国的立法者们更加热心于抑制人的欲望，打消他们作恶不受罚的妄念。

第四十三章　那些为自己荣誉而战的人是优秀而忠诚的士兵

仔细考虑以上论述，还可得知，知足并为自己的荣誉而战的军队与不怀好意并为别人的野心而战的军队之间的根本区别。因为，罗马的军队在执政官的领导下总是会打胜仗，而在十人团的领导下则总会打败仗。从这个例子中可以看出雇佣兵无用的一些迹象，除了你给予他们的那一点犒赏外，他们没有任何一心为战的理由，这不足以也不能使他们保持忠诚，更不能让他们为你献出一切甚至是生命。在一支士兵们没有对为之而战的君主有足够情感的军队里，由于没有忠实的拥护者，因此绝不会有任何坚定的意志来抵抗稍有一点德行的军队。由于爱戴和坚定的意志只能在你的臣子中生成，因此想保有权力——这同样适合于共和国和王国——

140

[85] 公元前452年首次选举十人委员会是为了改革法律，451年再次选举委员会时，他们便着手创设了一个事实上的独裁官。

就必须把臣子们武装起来。道理很简单,所有率军取得重大收获的那些人都是这么做的。在十人团领导下的罗马军队的德行并不比以前少,但不再有同样的情感了,因此他们不能获得他们以前常获得的东西。但十人团的统治一结束,他们再次为自由人而战时,原先的精神在他们身上恢复了,因此,就像原先一样,他们再次取得了令人欣喜的功业。

第四十六章　人们的野心不断膨胀;起初仅为自保,后来则要侵害别人

罗马平民恢复了自由,并恢复了往昔的地位,他们制定的许多新法律,除了强化平民的权力外,还提高了他们的地位。由此似乎可以认为,罗马要安静一段时间了。然而,事实证明与此相反,因为每一天都会有新的冲突与不和发生。提图斯·李维对此事的原因有过恰当的解释,所以我准确地转述他的话,并无不妥。[86] 他说,事情是这样的,在平民谦卑时,贵族就会傲慢,反之亦然。由于平民一直安于现状,年轻的贵族便开始羞辱他们,并且护民官难以保护他们,因为他们也受到伤害。贵族依其职责,即使认为他们的年轻成员做得有点过,然而他们会享有这样的想法,如果一个群体须以另一群体为代价才能获利,那要损害的定是平民的利益。因此,捍卫自身权利的欲望,使得双方都想发展到能压制对方的地步。

141

此事的道理在于:人们为了使自己不畏惧其对手,就只有使对手畏惧自己;为了不受伤害而自保时,就要侵犯别人以让他们防卫;要么是攻击者,要么是受害人,俨然必然之理。从中可以知晓共和国分裂之理,亦能窥知人们野心的膨胀。这在恺撒转述的萨

---

[86] Livy, bk. 3, ch. 65.

卢斯特的句子中显现得尤为透彻:“所有恶果皆善端。”[87]我说过,那些野心勃勃的共和国的公民,首先要做的就是确保自己不受伤害,不仅不受其他公民的伤害,甚至还要免受指控。他们为此广结盟友。他们或是借给公民钱财,或是不惜对抗权势以保护他们,用诚实的外表来赢得这一切。这种行事方式颇有德行之道,因此人们很容易受其蒙骗,难有应对措施。因此,采用这种方式的人,行事异常顺利,很快就累积了非常多的人气,以致其他公民开始害怕他,甚至官员也不得不对他刮目相看。一旦到达这种地步,就不会有人采取必要措施以阻止他扩充权势,因为这是异常危险的,其理由上文已述。即城邦积弊已深,要清除它是很危险的。

最终的解决方式很简单:要么冒着突然毁灭的危险清除他,要么任其发展,那很明显,你会被奴役,除非他死了或某个意外事件挽救了你。因为,在这种局面下,即任何公民和官员都害怕冒犯他,甚至是他的羽翼时,他就能随心所欲地裁判和伤害他们。因此,共和国在其制度中必须有这样一项,其任务是确保公民不能借行善之名作恶,要使他们的名声对政治自由有益无害。对此,我会在另一章进行讨论。 142

第四十九章　那些创建之初是自由的城邦,像罗马那样,难以找到维护自由的法律;处于奴役之下的城邦要制定维护权利的法律,几乎是不可能的[88]

在为共和国制定法律时,要把所有维持自由的法律都备齐,是

---

[87] Sallust, *Bellum Catalinarium*, ch. 51.

[88] 即使在他们是自由时。

极为困难的，罗马共和国的发展历程充分表明了这一点。先是罗慕路斯，然后是努马，再接着是图鲁斯·赫斯提利乌斯和塞尔维乌斯，最后是十人立法委员会，制定了无数的法律，然而，新的问题总是会出现在城邦统治者面前，因而必须经常制定新法律。检察官的设立就是如此[89]，是为了维护罗马自由的一项制度革新，至少在一段时间是如此。检察官掌管着罗马人的行为举止和道德风尚，是延缓他们腐败的重要因素。

其实，罗马人在任命首任检察官时犯了一个错误，任命他有五年任期；但不久以后，这个错误就被睿智的执政官马默尔库斯纠正过来，他颁布新法，把上述官职的任期减为 18 个月。[90] 时任检察官对此非常生气，剥夺了马默尔库斯的元老院的议员资格，这一做法遭到了平民和元老们的强烈谴责。史书未记载马默尔库斯采取任何救济措施，因此只能推测，这要么是史学家的疏忽，要么是罗马在这方面的法律不尽完善。因为共和国的制度不应该这样，一个公民创立了为培育政治自由的新法律，却发现自己在面对伤害时，没有任何救济手段。

143 还是回到我们的话题吧。我强调的是，这一新官职的设立，使我们更为清晰地意识到，即使城邦像罗马一样，创立之初就是自由的并能自我纠错，要制定保护自由的法律尚且异常困难；就不必惊奇，那些一开始就受外人奴役的城邦，在想建立能使人民过一种文明宁静的生活的法律时，所面对的岂止是困难，简直就是不可能。

佛罗伦萨的历史就是如此，开始就归属罗马的统治，其后也一直屈服于外来者，因此它长期无自尊可言，更不敢主张自己的权利。后来，机遇垂青于它，可以按自己所想来行事，于是，它开始着手构建自己的制度，但新制度不可能是好的，因为它与古代的不好

---

[89] 于公元前 443 年。

[90] 于公元前 433 年。

制度混在一起。因此,在佛罗伦萨享有自治的两百年中,确凿的历史记载显示其从没有配称为共和国那样的制度。它所面对的困难,是那些起点与它相似的城邦都存在的困难,尽管多次通过公开而自由的选举授予少数公民足够的权力对它进行革新,但他们推行的改革,从来不是为了共同的利益,而是为了他们那一派的利益,这给城市带来的,并不是新秩序,而是更大的混乱。

谈谈具体事项,我认为,共和国的创建者所要考虑的事情之一,就是谁应有对其同胞的死刑裁定权。罗马人对此处理得很好,被判刑的公民通常可以向公民大会上诉;如果发生异常事件,因上诉而延缓执行变得很危险,他们就会任命独裁官来立即执行判决。但除非迫不得已,他们绝不做此选择。

但在佛罗伦萨和其他生为奴役的城邦中,外来者享有死刑判决权,他是受君主委派来行使司法权力的。后来它们获得了自由,却仍保留了把司法权力授予外来者的做法,并授予此人"首领"的头衔。这种做法极其有害,因为"首领"很容易地被有权势的公民所腐蚀。但是后来由于政权更迭,这种制度也随之而变,他们设计了八人委员会来履行"首领"的职责。[91] 这使事情变得更糟,其原因上文已述:权贵们总会照权贵们的利益,权力集中总会使有权势者获益。

144

威尼斯为防范这一弊端,设置了十人委员会,他们可以惩罚任何公民,其判决不能上诉。但他们不能追究有权势者,虽然他们有权力这么做,于是他们又成立了四十人委员会。[92] 此外,他们允许元老院,即最有权势的委员会,可以惩罚他们。因此,只要有人提出指控,就不会缺少能够约束那些权贵们的法院。

因此,当看到在罗马,享有自己的法律,政治领袖中也有很多

---

[91] 于1477年。

[92] 创立于1179年。

明智之人，但每天都有很多的事由迫使它为促进政治自由而制定新法律；那么看到，在其他城邦，由于创建之初就没有令人满意的法律，其造成的困难如此之大以致他们没有任何机会创建有效的法律，就不足为怪了。

第五十章　单个委员会或官员不应使城邦的管理停滞不前

提图斯·昆克提乌斯·辛辛那图斯和格纳乌斯·尤里乌斯·门图斯是罗马的执政官。[93] 由于二人不和，让罗马的所有事务陷入停顿。见此情景，元老院便督促他们任命一个独裁官，以便于处理因他们意见不和而无法处理的事务。但是，这两位执政官，虽然在其他任何事情上意见不一，却唯独在任命独裁官的事情上达成一致。元老院别无他法，被迫向护民官求助。他们在元老院授权下迫使执政官屈服。这里要注意的首先是护民官的作用，这一官职不仅约束了权贵压制平民的野心，而且也有助于控制权贵们之间的野心。其次，城邦绝不应让少数人阻挡为维护共和国而在常规事件上所应作出的决定。例如，你授权一个委员会来分配荣誉和职位，或授权一名长官管理一些行为，那么你必须强迫他们无论出现什么情况，都要履行他们的职责，要么就命令另一人在他们不想做时替换他们，否则，这种制度就是有缺陷的，并可能危及城邦，如果罗马护民官的权力不能对抗执政官的顽固，便会发生这种情况。

145

在威尼斯共和国，大委员会[94]负责分配荣誉和职业。这个大议会有时出于愤怒或由于一些误会，没有任命城市官员或那些委派掌管威尼斯帝国所属领地的人的继任者。这就造成了极其严重的

[93] 这一年是公元前431年。
[94] 所有贵族参加的大会。

混乱,因为所属领地和首都突然间没有了合法的裁决者,如果这个委员会的全体成员不因事态严重而平息怒火或醒悟,那就不可能做成任何事情。这种制度缺陷会给城邦带来严重后果,除非某个明智的公民抓住适当时机制定法律,规定城内和城外的所有官职,绝不应置权力于不顾,除非到了任命的继任者快要就职时。这样,大委员会就不能让公务行动陷入停顿而致共和国于危险之中了。

第五十三章　平民时常被利益的假象所骗而自取灭亡;以及强烈的希望和由衷的许诺易于造成这种结局

罗马人攻陷了韦伊人的城市之后,自认为让半数罗马人迁居韦伊,会对罗马城有益。[95] 提出的理由是:该城地质富饶,房舍精美,紧邻罗马,半数罗马人能够富裕起来,同时,由于位置相邻,他们仍能参与罗马的政治活动。元老院和比较明智的公民却认为这个计划非但无益,而且有潜在的危险。他们公开声明,宁愿去死也不会同意这样的提议。其后果是,随着争论日趋白热化,平民对元老院极为愤怒以致就要大动干戈,这会引发流血冲突。但在元老院托庇于一些有威望的年长公民后,平民慑于他们的威严终止了行动,也没有继续为难当权者。

146

此事有两点需要注意:一是平民时常会被一些利益的假象所蒙骗而自取其亡。除非有一个他们信任的人指明此为坏计划以及对抗之策,否则共和国将遭受无穷无尽的灾难和巨大的损失。当然,也会有平民没有值得信任的人的时刻,因为他们已经对某些事或某些领袖的幻想破灭了,那么城邦就是不幸的,注定会被毁灭。

---

[95] 于公元前395年。

但丁在《论君权》中对此评论道，平民经常在死亡关头高呼："取走我们的头颅！快哉！快哉！"[96]这种对忠言的普遍质疑通常会使共和国难以作出合理的决定。上文讨论的威尼斯人便是如此，他们遭受如此多敌人的攻击，却未能在被毁灭之前达成一致意见，通过归还他们从邻邦中夺取的土地（这正是他们遭受攻击以及君主联盟对抗他的原因所在）[97]来摆脱困局。

然而，谈到说服人民接受决定的难易，以下分类会有所帮助：你的提议乍一看表现出是获利还是损失；或者，你所采用的策略是出于勇敢还是怯懦。如果对人民提议的事情表面上能够获益，即使表象之下暗含着真正的损失；所采用的策略，看似是勇敢的决定，即使真正后果是共和国的毁灭，那么说服民众接受它是很容易的。相反，那些提议表面看来懦弱或损失，即使他们事实上会带来安全和利益，那也难以说服他们。

147

罗马与外邦、古代与当今能佐证此事的事例不胜枚举。罗马人对法比乌斯·马克西姆斯心生敌意正是源于此，他无法说服罗马人民，采用缓兵之计，容忍汉尼拔推进而又不与之交战，会对共和国有利。人民认为这个提议是懦弱的，不能理解它的真正好处；法比乌斯也没有强有力的理由让他们信服。而人民通常会在荣誉感的驱使下失去理智，于是，罗马人民不仅错误地授权法比乌斯的骑兵首领，即使法比乌斯不同意，他也要与敌人交战，这种错误将会导致权力冲突的危险，若非法比乌斯极为敏锐地加以补救，罗马的军队会四分五裂。然而他们并没有从中得到教训，后来又任命瓦罗为执政官，不是因为他有多少优良品质，而仅仅是因为他在罗马所有公共场所和广场对所遇到的任何人夸下海口，只要授权于

---

[96] 事实上出自 Dante, *Convivio*, I. 11, I. 54。

[97] 与康布雷联盟（the League of Cambrai）战争的时间从 1505 年到 1509 年。

他,就击败汉尼拔。由此直接导致坎尼战役[98]中罗马军队的溃败,并几乎使罗马毁灭。

关于这个问题,我还想再举一个罗马人的例子。汉尼拔在意大利待了八到十年,在这个地区到处大肆屠杀罗马人。这时,马库斯·森特尼乌斯·佩努拉,一个出身极其卑贱的小人(尽管他在军中谋得了一个高级职位),向元老院自荐说,如果他们授权于他,让他能够在其需要的意大利的任何地方,组建志愿军,那么要不了多久,他就能生擒或杀死汉尼拔。元老院认为他的请求过于鲁莽;但是,如果他们拒绝了他,也担心以后他的请求又被人民得知,就有可能引发一些骚乱和对元老阶层的憎恨及忿怼,于是就应允了他,宁愿让他的追随者冒生命的危险,也不愿激起人民新的敌意。因为他们明白,此类提议很容易被人民接受,而劝阻他们,又是何等的困难。于是,他带着一帮乌合之众与汉尼拔交战,战争旋即结束,他和他的追随者被打败并被杀死。

148

再看看希腊,尤其是雅典城。那儿有一位有杰出智慧和极有威信的人尼西亚斯,但他始终无法让人民相信,攻打西西里并非好事。尽管那些明智的人极力反对,他们仍然投票赞成,导致的结果就是雅典彻底覆灭。再者,西庇阿就任执政官后,图谋占有非洲,他声称能够击败迦太基人。[99] 法比乌斯·马克西姆斯让元老院相信这是一个极坏的想法;但西庇阿威胁要把此事提交公民大会,因为他十分清楚,这类提议颇能取悦于人民。

在我们的城市中,也有与之相关的事例。例如,佛罗伦萨的军队统帅梅塞尔·厄尔科勒·本蒂沃利偕同安东尼奥·贾柯米尼在圣文森佐击败了巴特罗梅奥·达尔维亚诺后,去攻打比萨。[100] 此战

---

[98] 于公元前216年。
[99] 公元前205年。
[100] 于1505年。

是人民基于梅塞尔·厄尔科勒乐观的承诺而决定的,尽管有许多明智的公民谴责它。然而,它已势不可挡,因为大多数人皆被统帅乐观承诺的表象所吸引而极力赞成它。所以我断言,要毁灭一个人民拥有权力的共和国,莫过于让它投身于大事业。因为那些人民有决定权的地方,这样的提议总会笑纳;那些反对的人总会受到排斥。但如果说通常可见结果是城市的毁灭,那更为常见的是,提出建议的公民个人的毁灭。因为,人民有了胜利的预期,一旦失败,他们不会责怪命运,也不会怪罪军队统帅的指挥不当,而是指责他的愚蠢或邪恶,他通常会被处死,或者被监禁或软禁,这就是无数的迦太基统帅和雅典统帅的命运。他们过去取得的胜利于事无补,今日之败把它们一笔勾销。这就是我们时代的安东尼奥·贾柯米尼身上所发生的,他没有像人民预期的和自己承诺的那样,攻克比萨,所以,尽管他以往战功赫赫,却仍然遭受人民的极度鄙视。他能够苟活于世,并不是因为人民对他的一丝谅解,仅在于掌权者的仁慈。 149

第五十四章 德高望重之人抑制群情激奋的民众的能力

关于前一章所援引的文本,还有一点应该谈谈的是,要想控制群情激昂的民众,最好的办法就是让某个阅历丰富、德高望重的人与他们正面交锋。维吉尔言辞凿凿:

众人巧遇一人,
此人虔敬而可信,
嘈杂之声旋即遁无,
皆静心倾听其言。[101]

---

[101] Virgil, *Aeneid*, bk. 1, II. 151-152.

可见,统率一支准备兵变的军队,或者掌管一个濒临暴乱的城市,必会面对一群乌合之众,此时应尽可能地庄重威严,身穿所任职务的所有服饰,以激起他们的敬意。几年前,佛罗伦萨分成两大派系,称之为“教士党”[102]和“激愤党”[103]。教士党在双方的火并中被击败,帕格兰托尼奥·索德里尼是当时失败一方的重要人物之一。骚乱期间,暴徒们手持武器,进入他家想要抢劫,碰巧他的哥哥弗兰西斯科,当时是沃尔泰拉的主教,现任红衣主教在家里。他听到嘈杂声,看到人群正向这边冲来,马上穿上最尊贵的长袍,并在外边套上主教法衣,只身面对暴徒,凭借其仪表和言词就阻止了他们。之后的许多天里,他的英勇史迹在整个城市都在传颂着。

由此,我得出如下结论:要控制群情激昂的民众的最可靠或最必要的方法是,是让仪表威严的人出面。回到原先的文本,我们看到,罗马平民是多么决然地接受那个迁居韦伊的建议,因为他们认为它是有益的,因而认识不到它所导致的邪恶结果。倘若不是元老院凭借一些得到广泛尊敬的元老来抑制住他们的愤怒,定会产生很多骚乱。

150

第五十五章　民众尚未腐败的城邦易于管理;社会平等的地方,难以建立君主国;以及不平等的地方,难以建立共和国

关于腐败的城邦所能够想到的好或坏的情况,上文虽然已经谈论了许多,不过,思考一下元老院对卡米卢斯提议的争论,在我看来并非离题。卡米卢斯打算把得自于韦伊人的战利品的1/10

[102] 萨伏那罗拉是教士党的信徒。
[103] 激愤党,即贵族派。

奉献给阿波罗神殿。[104] 由于这些战利品已经分发到罗马的平民手中，并且没有任何方法对他们进行清点，于是元老院下达一项法令，每个人应把自己所得到的战利品的1/10上缴国库。这个法令从未实施，因为元老院后来又采纳了另一个提议，以一种有利于罗马人民的不同方式酬报了阿波罗。然而，通过这个法令显示了，元老院对平民的可靠是多么信心十足，依他们之见，任何人都会以法令之规定如数上缴其所要求的战利品；至于平民，绝没想到以少交其所拥有的来规避法令，而是通过公开抗议的方式使之无效。

这个例子，以及上文讨论过的许多其他例子，证明了罗马平民具有极强的公共责任和宗教虔诚，以及那些信任他们的人是多么理所当然。确实，在一个缺乏共同责任意识的地方，是不能指望有什么好事的。同样，在当今那些腐败的地区，也不会期望其有任何好事，这其中意大利尤为如此，甚至法国和西班牙亦深受其害。如果在这些地区，看不到像意大利那样每日都有的如此之多的骚乱，那么其缘由，并非是平民的公共责任意识，因为多数平民已腐败了；而是在于都有一个维持他们团结的国王，他不仅运用自己的德行而且利用王国尚未腐败的制度。在德意志地区，这种公共责任和宗教虔诚意识在人民中仍然普遍存在，因此，那里依然有许多自治的共和国，它们恪守自己的法律，以致外邦不敢入侵，内奸不敢篡权。

151

为了证明这一点，即这种古老的公共责任意识仍然支配着它们，我想举一个与前述元老院和罗马平民相似的例子。在那些德意志共和国需要为其公共事务支出相当数量的金钱时，习惯的做法是，让分管此事的官员或委员会从城市全体居民的财产中征收1%或2%的税。一旦依据当地法律程序通过法令，每个人都会来

---

[104] 韦伊人的主要神明。这一年是公元前395年。

到税务官面前,先发誓如数缴税,然后本着自己的良心,把他们认为应该交付的钱财投入官方指定的箱子里。他本人是他缴纳多少的唯一见证人。由此可以推断,这些人仍然具有多么强的公共责任和宗教虔诚意识。不能不认为人人都会如实支付其款项,因为如果他没有这么做,税额就会少于预期,其依据是长期以来通常收取的数量;如果收入减少,民众就会知道受骗了;而一旦识破,他们就会变更征税的方法。这种公民的公共精神在我们这个时代益发令人钦佩,因为它极为少见。

确实,它仅在德意志地区得以幸存。其原因有二:一是,德意志人与其邻邦交流不多,邻邦人很少到他们这里,他们也很少去邻邦人那里;他们满足于本地的产品,吃的是本地产的食物,穿的是他们自己的羊毛做成的衣服。由此导致他们不与外邦人接触,也切断了腐败的源头。他们无缘染上法国人、西班牙人和意大利人的习俗,而这三个民族是整个世界的腐败渊薮。二是,这些保持着自治和廉洁的共和国,不能容忍他们的任何公民有绅士作风或像绅士一样生活。人民之间维持着一种真正的平等,对那个地区的领主和绅士极为仇视。如果这些人碰巧落到他们手中,就会被看做是腐败之病菌和一切邪恶之源而统统处死。 152

"绅士"称谓的确切含义,在我看来,是指那些生活上穷奢极欲、游手好闲之辈,其所得虽来自他们的地产,但不必为耕耘而忧,亦不必为其他收支而烦。这样的人,在任何共和国中或任何地方都是有害的;但更为有害的是那些除了上述财富外,还拥有任意处置的城堡和恭顺臣子的人。这两种人在那不勒斯王国、教皇国、罗马涅和伦巴第到处都是。这就是这些地区从来没有产生过共和国或任何自治的生活方式的原因所在,因为这种人与文明生活格格不入。在这种社会结构的地区,要想建立共和国无异痴人说梦;有人若是控制了这些地区,要想引入一种新的政治制度,那别无选择,只有建立君主制。其理由如下:在人民如此腐败之地,仅仅依靠法律已难以规制它们,必须与法律一起组建更为强大的强权,即帝王般的高压手段,以绝对的、无限的权力,制止权贵的过度野心和腐败。

对此,托斯卡纳的事例可以确证。在那个狭小的地带,长久以来一直有三个共和国:佛罗伦萨、锡耶纳及卢卡。此区域的其他城市尽管臣属于它们,但其公民的品性及制度却显露无遗,以此才能保护或至少愿意保护自身的自由。理由显而易见,此地没有拥有城堡的领主,也没有(或极少)绅士。社会如此平等,以致一位通晓古代文明的明智之人很容易确立某种自治形式。但它们极为不幸,至今仍未遇上能做此事或知道如何做此事的人。

鉴于此,可得出以下结论:若要在绅士众多之地建立共和国,153 欲成此事只能把他们一律处死;相反,若要在社会极为平等之地,建立君主国或王国,亦难以成功,除非让许多有野心和不安分的人享有特权,使他们成为名副其实的绅士,赐予他们城堡和地产,给他们财产和臣民,那么他身边皆是权贵之人,利用他们来保有自己的权力,他们则借助他维护自己的野心。其他人则会被套上枷锁,并且只有暴力手段才能让他们忍受这种奴役地位。这使强迫者远胜于受强迫者,所以人们会安于其各自的地位。在适合君主国的地方建立共和国,适合共和国的地方建立君主国,是需要一位卓越才智、极高权威之人。意欲去做之人众多,但鲜有人知其操作之道。因为事业之宏大使他们望而却步,以致刚刚开始就失败了。

我相信,这个见解——有绅士的地方无法建立共和国——似乎与威尼斯共和国相抵触,因为在那里,只有绅士被允许选举官职。对此我的回答是,这个例子并不能驳倒我的观点,因为在威尼斯城市里的绅士仅仅是名义上的,而非事实上的。他们没有来自于地产的大量收入,他们的巨额财富是以商业和贸易为根基的。

此外,他们无人有城堡,也没有对别人的任何管辖权。他们的"绅士"称谓纯粹是一种尊称,与其他城市里那些决定绅士称谓的东西毫无关系。正如共和国用不同的称谓来指代不同的社会等级,威尼斯也被划分为绅士和平民。他们认为,绅士都拥有或有能力拥有一切官职,其余人一概排除在外;这并没有引发冲突,其中缘由上文已述。因此,共和国只应建立在那些社会有大量平等,或人民能争取到平等的地方;相反,君主国只应建立在社会有大量不平等的地方。无视此信条,制度就会失去平衡,也不会维持长久。

第五十八章　民众比君主更明智、更忠诚

154

没有什么比民众更为易变和无用了,我们的提图斯·李维和所有其他历史学家一样也是如此说。因为在叙述政治事件时,经常会看到民众将某个人判处死刑后,很快就为他的死扼腕叹息,并对他极为怀念。罗马平民就是如此对待曼利乌斯·卡皮托利努斯的,先是判他死刑,后又极为怀念他。[105] 李维就是这么说的:"当他不再构成危险时,平民就会想念他。"[106]在别处,当他讲述锡耶罗的孙子锡耶罗尼姆斯死后叙拉古发生的事情时,他说:"这就是民众的天性:要么卑躬屈膝,要么蛮横无理。"[107]

我并不确信,自己着手的这个布满艰难险阻的事业,是否会让我颜面尽失,或者为坚持己见而付出昂贵的代价,因为我并不确信为之辩护的那个观点,是否受到所有权威人士的驳斥。然而,我认为,以后也会这样认为,只要是依据理性,而不是借助权威或暴力来提出观点,就不会有错。因此,以我之见,那些作家们所指责的

---

[105] 曼利乌斯(Manlius)于公元前390年从高卢人手中挽救了朱庇特神庙,但他于公元前384年被判处死刑。

[106] Livy, bk. 6, ch. 20.

[107] Livy, bk. 24, ch, 25.

民众的缺陷,从个体来看,普遍存在于个人身上,尤其是君主身上。因为,任何不受法律约束的个人,都会犯下和不受羁绊的民众一样的错误。这一点很容易确认,因为,君主虽然在过去与现在人数众多,但仁慈而明智之君却很少。我这里所谈论的君主,是指那些能够突破为约束其行为所设置的界限的人,不包括那些史料记载伊始依法而治的埃及国王、斯巴达的国王,以及当今那些统治法国的人,因为相比我们所熟悉的当今其他任何王国,法国更多受到法律的规制。我所谈论的那类君主,不应涵盖这些拥有法下王权的人,155 因为我思考的是他们作为个体自身所呈现的天性,并审视其是否与民众之天性相似。否则,与那些受法律规制的君主相对比的,必须是同样受法律规制的民众,那在这种情形下就会看到,民众与君主一样行为端正,既不卑躬屈膝也不蛮横无理。

罗马平民就是如此,只要共和国没有腐败,他们从不会卑躬屈膝,也从不会蛮横无理;相反,他们极为体面地恪守本分,尊重法律,服从长官。当必须通力合作对抗某个权势者时,他们决不退缩,就像他们所做的对抗曼利乌斯·卡皮托利努斯、十人团及其他企图压制他们的人一样。但为了保卫共和国而必须服从独裁官和执政官的命令时,他们也毫不含糊。如果罗马平民在曼利乌斯·卡皮托利努斯死去之后,又想让他活着,这并不令人诧异,因为他们怀念的是他的德行,对此的回忆足以感染每个人,并且可能在君主身上会产生同样的效果,因为所有的作者都认为,即使敌人也会赞扬和敬重对手的德行。如果曼利乌斯在平民沉痛悼念他时复活了,对他的判决仍可能与从前一样,把他从监狱里放出来,不久之后又判他死刑。然而,我们也会看到,一些明智的君主把某人判处死刑后又为此追悔不已的事例。亚历山大处死克利图斯[108]和

---

[108] 于公元前328年。

其他朋友,希律处死马丽安妮[109],就是如此。然而,我们的历史学家关于民众的本性所说的,并不是针对那些像罗马平民那样受到法律约束的民众,而是针对那些像叙拉古人那样目无法纪的民众;正是这些民众犯下了与怒火中烧及无所约束的个人同样的错误,犹如以上事例中的亚历山大大帝和希律。因此,一般说来,民众的天性不应比君主的天性受到更多的指责,当有机会作恶,并且没有什么能阻止他们时,他们两者会犯下同样的错误。除了上文提到的事例外,在罗马的皇帝和在其他专制者和君主中,还有许多这样的例子,在他们身上看到的行为的不可信及政策与态度的多变,远远多于任何民众。

156

因此,我断定,通常所认为的,人民执政时就会轻率鲁莽、出尔反尔、不忠不义,是错误的。我认为,他们这种恶行,不会比单个君主更多。如果对君主和人民都予以指责,或许还说得过去,但如果把君主排除在外,那就毫无道理可言。因为人民执政时,如果秩序井然、法纪严明,那么他们的坚定、审慎和忠贞,无异于一个君主,甚至胜过一个被认为是明智的君主。相反,一个不受法律约束的君主,会比人民更为不忠不义、出尔反尔、轻率鲁莽。他们这种行为方式上的差别,不在于他们各自的天性,因为所有人的天性都一样,如果有高下之别,那也是人民更善一点;而在于无论君主还是人民,对其生活之下的法律的尊重的多少。

考察一下罗马人民就会明白,四百多年来,他们一直对君主制的想法怀有敌意,而对自己祖国的荣誉和共同利益关爱有加,他们有无数的事例来证明上述两点。如果有人提出罗马人民对西庇阿的忘恩负义来反对我,我的回答是,对此我已做过详细的讨论,在那里已证明了,人民并不比君主更加忘恩负义。

---

[109] 于公元前 29 年,其信息可能来自约瑟夫斯(Josephus)。

但就行事的审慎和可预测性而言,我认为,人民比君主在行事上,更为审慎、更具有可预测性以及更好的判断力。人民的声音能被比作是上帝的声音,是有正当理由的,可以看到,普遍的意见具有某种神奇般的预测能力,就好像它有能够预知祸福的某种隐蔽的德行。就其判断力而言,可以看到,如果人民听到两位演说家各执一词,而他们的德行又难分高下,那人民鲜有不选择更好的政见;他们几乎总能知道其中的真理所在。我已经承认,人民有时会在事关自尊或有利可图的事情上犯错误。但君主通常也会因激情而犯错,并且其次数要比人民多得多。还可以看到,在推选官员上,人民的选择比君主好得多,永远不能说服人民让一位声名狼藉、腐化堕落的人担任公职;而说服君主却很轻易,并且手段众多。可以看到,一旦人民对某事持反对意见,就会历经数百年而不变;而对君主,却不能这么说。对这两件事,仅仅依罗马人民的事例就能佐证,他们在数百年的时间里选举了大量的执政官和护民官,令其后悔的选择仅有两三次。就像我所说的,罗马人民对君主制的观念极为仇视,以致任何公民如有加冕为王的图谋,那不管其功绩有多大,都不要指望能逃脱法律的惩罚。

157

此外,还可以看到,人民执政的城市,能够在极短的时间里扩张地盘,远远超过一直受君主统治的城市。罗马在驱逐了国王后所做的,以及雅典在摆脱了皮西斯特拉图斯后所做的,就是如此。对此,唯一的根据就是,民治要优于君主统治。有人若要以本章开始及其他地方提到的那些历史学家的观点反对我,我是不认可的。因为,细细审查人民和君主的所有恶行,以及他们两者的所有德行,就会看到,人民在善行和荣耀上更为出众。倘若说,君主在制定法律、构建公民生活、制造法律及创建制度方面优于人民,那么人民在维护既定制度方面也毫不逊色,以致把制度创建者所获得的荣耀归功于他们,无人会说三道四。

最后,在结束这一讨论时,我要说,君主国已经存续很长时间了,共和国亦是如此,他们两者都需要受到法律的管制,因为能够为所欲为的国王是一个极为危险的疯子,能够为所欲为的人民则极为不明智。然而,要是谈论受法律管束的君主和受法律约束的人民,就会看到,人民比君主更善于统治;要是谈论不受法律约束的情况,就会看到,人民会比君主更少犯错,而且其所犯错误影响不大,更易于纠正。因为对于肆无忌惮、目无法纪的人民,只要受到贤达规劝,便很容易回归正途;而邪恶君主听不进任何忠言的,除了处死他之外,别无其他救济之策。由此可以推断这两种缺点的轻重:要纠正人民的错误,用语言足够了;而纠正君主的那些错误,则必须用兵刃。世人皆知,微恙易治,而治大病的风险极大。 158

当人民挣脱约束时,不必对其做的蠢事害怕,现有的罪恶亦不必惧,而真正惧怕的是由此可能产生的结果,因为在如此混乱中,暴君会趁机篡夺王位;但对邪恶的君主来说,情况恰恰相反。所惧怕的是现有的罪恶,而将来却让人憧憬,因为确信的是,君主的恶行会激发人们对自由的向往。因此,可以看出这两者的差别:一种畏惧在于当下;另一种畏惧在于未来。

民众的暴行针对的是那些他们担心会践踏公共利益的人;而君主的残暴针对的却是,那些他害怕会危及其利益的人。那为什么会有对人民的不好看法呢?因为人人都可以随意诟病人民,即使他们执政,亦无所畏惧;而在议论君主时,却总是谨小慎微,顾虑重重。在这个问题的导引下,下一章讨论何为最可靠的联盟,是与共和国结盟,还是与君主国结盟的问题,并非离题。

第　二　卷

前　　言

人们总是厚古薄今，却并非总能言之成理。他们如此偏好过去，以致不仅赞颂通过古人的记载而让他们知晓的时代，而且在他们年老时，又赞颂自己年轻时所亲身经历的事情。然而，他们的看法在多数时候会因历史的戏弄而偏离真相。之所以如此，原因如下：

首先，我认为，人们并没有获知古代事物的全部真相。因为人 159 们常常隐瞒那些有损于那个时代的事件，而对能够使其荣耀万世长存的事迹却极尽吹捧夸张之能事；大多数作家也会对胜者大唱赞歌，为了使一时的胜利荣耀后世，他们不但夸大胜者的德行，而且编排对手的行为来彰显前者的伟大。因此，后人无论是生于胜利者之地还是败者之地，都会对那些人和那些时代感到惊奇，不由自主地极度赞美和爱戴他们。

再者，人们对事物的憎恨，不是出于害怕就是出于忌妒。但对于古代事物，这两个有力的动因却难以适用，因为它们不再能够伤害到你,而且你也不再有理由嫉妒它们。而对于那些身边的和亲眼所见的事,情形则正相反。你对它们极为熟悉,它们对你无所隐藏,因此它们虽有优点,同时也会有许多方面令你不满。所以,你会认为,即使当下的行为更应获得声誉和荣耀,它也比古代的事物差得多。我不是在谈论科学和艺术,因为其品性应得的荣誉不会因时间而有丝毫增损;而是人们的行为与风尚,对此的评价难以有确切的标准。

因此,我认为,尽管上述厚古薄今的习惯普遍存在,但这么做并不总会出错,因为有时人们的判断一定是对的。世间事总是变化无定的,或更好或更坏。如果一个城邦或一个地区由某个出类拔萃的人确立了政治制度,并且在一段时间内,由于创建者的德行,其制度越来越好。在此时此地出生的人,如果还是赞颂古代多于现代,那就是一种自欺行为,造成这种错误的原因上文已有论述;但是后来在这个城邦和地区出生的人,正好处于它的衰落期的话,这么做就不是错的了。细细考察这些事情的发展脉络,我得出的结论是,世界不会变化,并且其中善和恶也差不多,两者的差别只是因地而异。

160 从人们所知的古代王国中,可以看到,善与恶因它们行为及风尚的不同而表现各异,但世界仍是那个世界。唯一不同的是:德行首先归属亚述,后来移到了米堤亚王国,然后是波斯,最后到了意大利和罗马。由于罗马帝国并不是一个永恒的帝国,因而之后德行再无集中于某个地方,但仍可以看到它散布于众多的民族中,他们都过着有德行的生活,如法兰西王国、土耳其王国、苏丹王国以及当今的日耳曼民族,尤其是,还有更早的萨拉森人的各个部落,他们取得很多辉煌成就,占有了很多地盘,然后又摧毁了东部罗马帝国。

因此,在罗马人衰败以后,在所有这些地区和所有这些部落中都曾存在过那些仍为人所由衷赞美的德行。如果出生在这些有德行的地方的人,还是赞扬古代优于现代,就是错了。但是出生在意大利或希腊的人,如果不是意大利人中的北方民族的崇拜者,或者不是希腊人中的土耳其人的支持者,那么就有理由颂扬古代而谴责当代。因为古代有很多值得尊敬的事;而现代,没有任何东西能平息无尽的灾难、羞耻和轻视。现在的人对宗教、法律及兵役已无尊敬可言,任何事情上都散发着道德腐尸的恶臭。更为可恶的是,这些罪恶普遍存在于那些拥有官职的人以及那些号令天下并期望受人爱戴的人身上。

但是,回到我们的话题上来。我认为,由于对古代的认识并没有像对现代的认识那样有充分的知识为依靠,以致人们对于古代与现代的善恶判断有所偏差。但这并不能说明老者对他们年轻时代和年老时代的判断偏差,因为他们对这两个时代具有同样的知识和经历。如果人们的判断力和嗜好,终生未变,那他们就应该如此。但是,即使时代未变,人也会随着年龄的增长而有所变化;即使终生居住一地,对事情的看法亦会改变,因为老年时代有不同于年轻时代的嗜好、兴趣和关切。人们在步入老年后,身体在衰退,161 而其判断却更为审慎和敏锐,年轻时尚能接受的好事,到了老年,对此却难以忍受、极力驳斥。他们本应指责自己的判断力,但却把这归咎于时代。

此外,另一个理由是人之欲望难以满足。人之天性是能够和欲求得到一切,而出于天命,收获却很少。因此人总是不满意于现状以及不满足于已拥有的东西,这使他们轻视现代、赞颂古代并把希望寄托于未来,甚至这么做没有说得过去的理由。

然而,我不知道自己是否应归入那些有判断力缺陷的人之中,尽管我被认为是对古罗马极尽赞美之能事,而对现代却严厉指责。其实,如果昔日作为规范的德行和今日到处可见的罪恶,不是显而易见的话，我出言就会异常谨慎，生怕会犯下我谴责别人的那种错误。但问题是，此事清清楚楚，世人皆知，因此我才斗胆敞开心扉，坦诚地表达古罗马与我们的时代之间的差别。我的愿望是，那些读过这些著作的年轻人，在命运赋予他们机会时，受此激励能够摆脱当代，效仿古人。与人为善就是教导他人去做自己因时运不济而不能去做的值得钦佩的事，从而在众人能力具备时，其中最受命运眷顾的人或许会成就它。

前一卷谈论的是罗马人在城邦内部事务上所做的那些决定，在这一卷中，我会讨论罗马人那些帝国扩张的政策。

第一章　罗马建立帝国，主要是因德行还是好运

许多人，包括像普鲁塔克这样受人尊敬的作家[1]，都持有这样的看法，认为罗马人在建立帝国时，更多受惠于好运而非德行。他 162 们为此提出了各种各样的理由，其中之一就是罗马人的行为已经说明了一切，即罗马人把所有胜利都归于好运，因为他们为幸运女神建造的庙宇，多于其他任何神灵。李维似乎也多少持有此见，因为无论何时，在他谈论罗马人的德行时，总会提到运气。

无论如何，我不会接受这种观点，也不相信它有说服力。因为，从来没有一个像罗马一样取得如此多成就的共和国，这显然在于，从来没有比罗马制度更为优良的共和国。军队的德行使他们获得了帝国，而最早的立法者所确立的行事方式，保有着他们所获得的，这将在下文许多章节中详细论述。有人说，罗马人在战场上从没有同时面对两个强大的敌人，这是好运而非德行。这样，他们是为了帮助萨谟奈人而只身与拉丁人交战的，因此，当时如果他们

① Plutarch, *Opera moralia*, 44: *De fortuna Romanorum*.

没有彻底击败萨谟奈人,至少也能得到他们的支持;他们与托斯卡纳人交战,是因为首先征服了拉丁人,并且多次击败萨谟奈人以致几乎完全削弱了他们的势力。如果这两大势力在强盛时期结为联盟,则不难推测,他们会毁灭罗马共和国。

然而,无论如何,事实是他们从来没有同时与两个极强的敌人交战,总是在一方的反抗前,击败另一方,或击败一方后,另一方才反抗。从他们的战争履历中可以很容易看到这一点,因为,在罗马被法兰克人占领之前,他们交战时不会顾虑其他事情,可以看到,他们在与埃魁人和沃尔西人[2]交战时,还没有其他部落在这些民族依然强势时侵扰过他们。征服了他们之后,罗马人才与萨谟奈人交战[3],虽然在战事结束之前,拉丁人反叛罗马人[4],然而,在反叛发生时,萨谟奈人却与罗马人结盟,并派出军队帮助罗马人压制拉丁人的傲慢无礼。在征服了拉丁人之后,与萨谟奈人的战争重又爆发。[5] 在萨谟奈人连吃败仗元气大伤后,才又开始了对托斯卡纳人的战争[6];战事平息后,萨谟奈人由于皮尔胡斯入侵意大利人而再次叛乱[7]。在他被迫退回希腊后,他们才发动了与迦太基人的第一次战争。[8] 这场战争一结束,阿尔卑斯山两侧的所有法兰克人都联合起来反对罗马人,最终在波波罗亚和比萨之间,即今天圣文森佐城的塔楼所在之地,他们被击败,大多数人惨遭杀戮。[9]

163

此战过后,大约二十年的时间里,他们不曾发动过重大的战事,仅仅与利古里亚人[10]和在伦巴第的法兰克人残部交战过。这种

② 公元前 493—380 年。
③ 公元前 343 年。
④ 公元前 340—338 年。
⑤ 公元前 327—314 年。
⑥ 公元前 310—300 年。
⑦ 公元前 281—275 年。
⑧ 公元前 264—241 年。
⑨ 于公元前 225 年。
⑩ 公元前 223—222 年。

相对和平的状况一直持续到第二次迦太基战争的爆发,意大利为此陷入了长达十六年之久的混乱。[11] 在取得辉煌战绩后,他们又同马其顿交战[12];战争结束后,与安提奥库斯和亚细亚人的战事又爆发了[13]。那次战争胜利之后,世界上再无任何君主和共和国,无论是单独还是联合,能够对抗罗马军队了。

然而,无论任何人,只要仔细研究最终胜利之前的罗马人的战争履历及其采用的策略,就会意识到,他们不仅仅依靠运气,还有极为非凡的审慎和德行。这只消问问他们何以如此好运,答案就会立显。可以确定,当一个君主或民族获得了如此高的声望,以致任何邻近的君主和民族都从心底里不敢冒犯他们,畏惧他们,那么除非万不得已,否则任何国家都不会侵犯他们。

后果就是,居于支配地位的国家几乎能够自主决定与之交战的邻邦,并能够毫不费力地安抚其他邻邦。这些邻邦,部分是对强 **164** 大权力的畏惧,部分是被对给予他们的虚假安全感的巧言所蒙骗,很容易就安定下来。那些相隔遥远,与受害方没有任何瓜葛的其他势力强大的国家,会认为此事太过遥远而任其发展。这种错误一直持续到战火烧至城下,此时他们除了依靠自己的军队,没有任何有效的防御措施,然而,到那时他们自己的军队已不足以御敌,因为对方已变得异常强大。

对于萨谟奈人如何在罗马人击败沃尔西人和埃魁人时袖手旁观,我不想坐而论道。为求简洁,我从迦太基人谈起,在罗马人与萨谟奈人和托斯卡纳人交战时,他们已极为强大且广受尊崇,因为此时他们已经控制了整个非洲、撒丁岛、西西里岛以及西班牙的一部分地区。他们如此强大,再加上疆域距离罗马较远,这使他们从

---

⑪ 公元前218—201年。
⑫ 公元前200—196年。
⑬ 公元前193—188年。

未想过要攻打罗马人,或援助萨谟奈人和托斯卡纳人。于是,他们的行为,就像人们在认为时间由自己掌控时所做的那样,他们与罗马人结盟,欲求赢得他们的亲善。在罗马人征服了所有位于他们和迦太基之间的民族后,开始挑战他们在西西里和西班牙的权威时,他们才醒悟过来。

与迦太基人一样,同样的事情也发生在法兰克人、马其顿国王菲利普、安提奥库斯身上。当罗马忙于与另一个民族交战时,他们都以为,罗马的敌人会取胜,并认为他们有足够的时间通过外交或战争手段抵御罗马人的进攻。因此,我认为,在没有同时与两个强敌交战方面,罗马人拥有好运,但这同样适用于任何君主,只要他们像罗马人那样行事,具备罗马人那样的德行。

对于罗马人在占有新领域后所采取的策略,在《君主论》中已有详细讨论。由于对这个问题已有广泛讨论,因此,这里只是顺带提一下。罗马人在获得新领土时,总是力图结交盟友,这些人能够为他们进城提供跳板或通道,或者在占领之后协助维护统治。于是,他们借助于卡普阿人进入萨谟奈[14],借助于卡默林人进入托斯卡纳[15];在西西里,马麦丁人帮助他们[16],在西班牙,萨贡托人帮助他们[17],在非洲,马西尼萨人帮助他们[18],在希腊,埃托利亚人帮助他们[19],在亚洲,欧迈尼斯及其他君主帮助他们[20],在法兰克,马西利亚人和埃杜维人帮助他们[21]。他们从不缺乏辅助他们事业的盟友,这些人帮助他们攻城略地及保有疆土。系统遵循这种策略的国家会

165

---

⑭ 公元前340年。
⑮ 公元前310年。
⑯ 公元前264年。
⑰ 公元前218年。
⑱ 公元前205年。
⑲ 公元前211年。
⑳ 公元前193年。
㉑ 公元前154和公元前122年。

发现,他们比没有遵循这种策略的国家更少需要运气。

为了让每个人都能清晰地认识到,在罗马建立帝国的过程中德行比运气有多么的重要,我会在下一章中谈论他们必须与之战斗的民族的品质,以及他们多么执著地捍卫着自己的自由。

第二章　罗马与之交战的民族,以及他们保卫自由的坚定意志

对罗马人来说,在征服周边以及较远地区的那些民族中所遇到的困难,莫过于这些社会对自由的爱。他们不屈不挠地捍卫自由,以致只有享有极为非凡德行的民族才会使他们屈服。许多例子显示,他们为了维护和恢复自由而甘愿忍受怎样的危险,他们曾对剥夺了他们自由的人施加了怎样的报复。

研读史书者也能洞悉,奴役给那些民族和城市造成了多大损失。虽然在当今时代,只有一个地区可以说还存在着自由城市[22], 166 而在古代,每一地区都有很多完全自由的民族。在意大利,在我们现在讨论的这个时代,从现在托斯卡纳和伦巴第之间的边界亚平宁山脉,一直延伸到南端,到处都是自由的民族,如托斯卡纳人、罗马、萨谟奈人以及其他许多居住在半岛其余区域的社会。史书没有记载,那里曾有过任何国王,除了统治罗马的君主以及托斯卡纳的国王波桑纳,对于后者,史书也没有记载其有多少继承者。但清楚的是,当罗马人与韦伊人开战时,托斯卡纳是自由的。事实的确如此,托斯卡纳人是如此迷恋于自由,如此憎恨王这个称号,以致在韦伊居民任命一个国王掌管防御后,请求托斯卡纳人帮助他们反抗罗马人,托斯卡纳人在经过多次讨论后决定不予提供援助。

㉒ 德国。

他们认为,只要他们服从国王,那保卫一个已经放弃自身自由的民族的自由是没有意义的。

不难理解,人民是如何获得这种对政治自由的热爱,因为经验显示,城邦除了在他们享有自由的时期外,从没有在扩展其地盘或累积其财富上取得过成功。如果考虑到雅典人在摆脱了皮西斯特拉图斯的专制统治后的一百年时间里,所累积的令人惊异的权势和财富,不得不为之惊叹。[23] 但更为令人惊奇的是,罗马人在摆脱了国王的统治后,所取得的辉煌成就。其原因很容易理解,城市之伟业在于,他们追求的是共同利益而非个体利益。毫无疑问,这种公共利益,除非是在共和国中,否则绝不会作为指导原则。在那里,凡是能促进公共利益的事情都会付诸实施,即使这可能对一两个公民不利,但绝大多数人却从中受益,以至于他们能够在少数受害人的抵制下强行推行它。然而,在君主所统治的城市里,情况则恰恰相反,因为通常情况下,符合他的利益的事情却对城邦有害,而符合于城邦的却对他不利。

因此,专制制度一旦在一个曾经享有政治自由的城邦中建立,对居民来说,至少会出现这样的恶果,他们的城邦会停滞不前,其权势或财富也不再增长,并且在通常情况下,毋宁说总是会丧失其曾获得的。假如城邦幸运地遇到一位有德行的专制君主,在其统治下,他能以勇气和军事素养来扩大势力,那社会仍然不会从中受益,只有他才可能是受益人;因为他不能给予那些德才兼备的公民任何奖赏,相反由于担心这些人会危及自身而必须让其处于奴役状态;他也不能使所征服的城邦成为自己家乡城市的附属城市或进贡给它,因为使其强大于己不利;符合其利益的是,把国家分为不同的地区,并让每个城市和每个行省直接受他管辖。因此,自然

167

㉓ 公元前510年。

地,从他的征服中受益的仅是他一人,而不是他的祖国。倘若有人要想找确证我的观点的一些理由,只消读读色诺芬的《论僭主》就可以了。

因此,毫不奇怪,古代人民对专制者是如此痛恨,对政治自由是如此热爱,对自由的思想保有如此的尊崇了。例如,叙拉古的锡耶罗之孙锡耶罗尼姆斯在叙拉古被杀就表明了这一点㉔,其时,他的军队离叙拉古不远,死讯传来,军队开始骚乱,拿起武器要去杀死谋杀者;但当他们听到叙拉古人民高喊"自由"的呼声时,都被这个字眼所打动,他们立刻平静下来,把对弑君者的仇恨搁置起来,转而思考如何在他们的城市里让政治自由制度化。

再者,也不应惊奇于,人民对剥夺其自由的人的刻骨仇恨。有很多这样的事例,我只举一件伯罗奔尼撒战争期间发生在希腊城邦科西拉的例子。㉕ 那时,希腊分为两个联盟,一个由雅典人领导,另一个由斯巴达人领导。因此,许多城邦都有内部分裂,一派追随斯巴达人,另一派则追随雅典人。在科西拉,贵族居优势地位,他们剥夺了人民的自由。平民派在雅典人的帮助下卷土重来,他们把贵族全都抓起来,关进了足以容纳下他们的监牢里。他们每次从那里拖出八到十人,谎称他们被流放到不同的地方,而实际是把他们折磨至死。幸存者意识到了这一点后,决定不惜任何代价逃脱这种可耻的死亡。他们用能够找到的任何东西来武装自己,守住监牢的入口,与那些想进入监牢的人搏斗。人民听到战斗的嘈杂声后,都跑过来,毁坏屋顶,用碎石活埋了那些囚徒。在希腊,有许多类似的可怕而显著的事件。由此可见,相比那些意欲剥夺人民自由的人,人民对那些剥夺他们自由的人的报复更为惨烈。 168

古代人民为何比现代人民更热爱自由呢?我认为这与造成现

㉔ 锡耶罗尼姆斯(Hieronymus)在其执政一年后于公元前215年被谋杀。

㉕ 于公元前427年。马基雅维里的信息出自,Thucydides, bk. 4, chs. 46-48。

代人民比古代人民更为软弱的原因是相同的。以我之见,这是由于我们的教养与古代人的教养的差别所致,而这种差别起因于我们的宗教不同于他们的宗教。我们的宗教向我们传授真理和救世之道,这使我们不看重世俗的荣耀;相反,异教徒却极为看重这种荣耀,把它视为至善,因此他们的行为也更为残暴。他们的许多制度都有此迹象,先看看宗教仪式,他们的宗教仪式之宏伟与我们的宗教仪式之简易,形成鲜明对照;我们的宗教仪式与其说是宏伟倒不如说是精致,不需要任何残忍或英勇的行为;而他们的仪式不仅极为盛大,而且还宰杀大批动物,整个仪式充斥着血腥残忍。因此,祭祀者也由此学会了做一个残忍的人。

此外,古代宗教仅把世俗荣耀等身者奉为神灵,如军队的将帅和城邦的君主等。相比之下,我们的宗教称颂的是那些谦卑及好冥想之人,而非那些有宏伟业绩的人。可见,它把谦卑、自我禁欲和蔑视世俗财富视为至善;而古代宗教推崇的是勇敢的精神、强健的体魄及能够使人强大的任何品质。虽然我们的宗教也要求你内心坚强,但它是想让你具有忍辱负重的能力,而不是克服险阻的能力。这种价值观念使我们现代的人变得意志薄弱,不能抵御邪恶者的劫掠行为,这些恶人把他们玩弄于股掌之中,因为他们明白,普通人为了能进入天国,只愿忍辱负重,而不想进行报复。

169

尽管我们所有人好像变得女性气十足,神灵也恩准了不义行为的泛滥,但这是人性的罪孽之过,因为他们不是根据勇敢之人的品性,而是根据他们自身的慵懒品性阐释宗教教义。因为,如果他们考虑到我们的宗教允许我们称颂并捍卫我们的祖国,他们就会认识到,信仰希望我们热爱自己的祖国,为它增光添彩,为保卫它而做好准备。我们所接受的教育,以及那些宗教的荒谬释义,使得在这个世界上再也看不到古代那么多的共和国了,因而在我们现今的人民中也不会看到像那时那样对自由的狂热了。

另一种解释,它相比前者,也许更好,就是罗马帝国凭借其强大和武力,摧毁了所有共和国和所有的自治城邦。尽管这个帝国后来瓦解了,但除了帝国的少数地区,其余城邦都无法重构政治自由或培育自由的制度。然而,无论真正的起因为何,在罗马人走过之地,他们都会发现有装备齐整的共和国联合起来,誓死捍卫他们的自由。这说明,罗马人民,如果没有一种超凡脱俗的德行,就绝不可能击败他们。

要想在这些共和国中的举一个事例,只消看看萨谟奈人的事例就可以了。萨谟奈人在战斗中如此强大、如此高效,一直抵抗罗马人直到帕珀利乌斯的第一个儿子帕皮利乌斯·柯尔索担任执政官为止[26],前后约有四十六年之久,尽管他们多次失败,家园多次被毁,人民惨遭杀戮;这如此惊心动魄、令人惊叹,李维也承认这一点,尤其看到曾是城市密集、人口众多的地方,现在却几乎荒无人烟的景象,更是如此。因此,若不是遭到了有德行的罗马人的攻击,如此强大及享有如此良好制度的人民是不可能被征服的。

不难理解,这种制度从何而来,今日无序缘何产生。这全在于那时的人民过着自由的生活,而我们现在却过着奴役的生活。那些享有自由的国家和地区,犹如前文所说,都收获良多。这些地方人口更为稠密,因为这里婚姻更为自由,从而人们结婚欲望也更为强烈;人们很乐意生育他们有能力抚养的子女,不担心他们的家庭财富被剥夺。更为让他们兴奋的是,他们不仅生而为自由人而不是奴隶,而且在成人后,能够因自己的德行而获得管理国家的权力。在那儿,来自于农业、手工业和商业的财富得以稳定地增长,任何人都在努力增进自己的财富,因为他相信以后有机会可以享用其所获得的。于是,人们竞相从事私人的和公共的利益,从而使

170

㉖ 公元前298年。

得这两者得到令人惊异的增长。

那些人民过着奴役生活的国家,情况与此截然相反。他们传统的生活方式的弱化与他们受奴役的程度成正比。而在所有严重的奴役中,最为严重的是被一个共和国奴役:一方面是因为,共和国更为持久,从而脱离其统治的希望更少;另一方面是因为,共和国的目的就是通过削弱和消耗其他民族,来增强自己的势力。但迫使你臣服的君主却不以此为目的,除非他是一个野蛮的君主,像东方的君主那样,荒芜乡野、摧毁城市文明生活方式。而如果他有正常的人类情感,那么在大多数情况下,他会平等对待臣属于他的城市,任由他们保持着商业往来,并最大程度地保留他们的旧制度。因此,这些地方即使不像他们自由时那样发展,他们也不会因为被奴役而毁灭。这里所说的奴役,是指城市臣服于一个外来的君主,因为我在上文已经谈论了城市臣属于他们自己的某个公民的情况。

通盘考虑上文所言后,对于萨谟奈人在自由时所拥有的力量,在被奴役时变得如此衰弱,就不会感到惊奇了。李维在多个地方证实了这一点,尤其是论述汉尼拔的战争中,当萨谟奈人遭到驻扎在诺拉的一个罗马军团的压制时,他们派使者到汉尼拔那里,请求他施以援助。[27] 他们在呈词中说,一百年来,他们一直依靠自己的将士抵抗罗马人,并多次顽强抵挡了由两名执政官所统帅的军队,但如今他们却沦落到如此地步,以致在诺拉面对一个小小的罗马军团,也难以抵御了。

171

[27] 公元前215年。Livy, bk. 23, ch. 42.

第三章　罗马城的伟大是依靠毁灭周边的城市，允许外邦人轻易地享用它的恩典

“其时罗马在阿尔巴的废墟上成长起来。”[28]那些以造就一个庞大帝国为目的的人，应倾其全力确保人口众多，因为没有丰富的人力，将难以成就城市的伟大。对此，有两种方法：吸引和强制。所谓吸引，就是为希望来此居住的外邦人保持路线安全畅通，以致人人都渴望居住此地；所谓强制，就是摧毁邻邦，以迫使他们的居民迁到你们的城邦。这一策略罗马人应用得如此娴熟，以致第六位国王在位时期[29]，就有 8 万能够携带武器的人居住在罗马。因为，罗马人效仿的是优秀农夫的做法，他为了使果树成长，长出很多水果并承载它直到成熟，就剪掉了最先长出的枝条，这样它的生命力就留在树干里，以便后来它会更为茂盛，更加多产。

斯巴达和雅典的事例证明了，这种扩大城市和建立帝国的策略，是必要且有效的。这两个共和国都是装备精良且依良法治理，然而，他们从没有取得像罗马那样幅员辽阔的帝国，尽管与他们相比，罗马内乱更多，治理也较差。对此，唯一的解释就是我刚刚提出的那种策略。由于应用这两种策略，罗马逐渐壮大起来，一度能够把 28 万人武装起来，而斯巴达和雅典各自武装的人数从未超过 2 万。这不是因为罗马比它们更有地利之便，而仅仅是因为罗马采用了不同的策略。斯巴达共和国的创建者利库尔戈斯认为，没有 172 什么东西比移民更易于败坏他的法律了，因此他千方百计阻止外邦人与斯巴达人有任何交往，除了禁止通婚，不授予公民权，阻碍人们相聚外，他还颁布法令，在他的共和国里货币由皮革来制作，

[28] Livy, bk. 1, ch. 30.

[29] 塞韦斯·图里乌斯(Servius Tullius)统治时间从公元前 578 到公元前 535 年。

这样就确保了无人想来这里做买卖以及建造任何手工作坊。其结果就是,斯巴达的人口从没增长。

人类之事皆应仿效自然之理。犹如纤细的树干支撑沉重的枝条,既不可能,亦非自然之道,一个小小的共和国也难以掌控比它更强更大的城邦或王国。即使能够战胜它们,其命运亦如干细枝粗的树一样,只有尽力支撑,但任何微小的风都会使它折断。斯巴达就曾发生过这种事。它征服了希腊的所有城邦,然而底比斯一反叛,其他城邦亦都跟风而行[30],枝叶散去,只剩下光秃秃的树干。这在罗马是不可能发生的,因为它的树干是如此厚重,以致能轻易支撑任何枝条。这些策略,再加上我下面要谈其他策略,使罗马变得人口众多并无比强大。李维简明扼要地阐明了这一点,他说:"其时罗马在阿尔巴的废墟上成长起来。"

第十五章　弱国总是难下决断,以及决断迟缓总有危险

关于这个问题,仍要谈谈拉丁人和罗马人之战的起因,这里值得注意的是,每逢必须作出决定时,最佳方式就是直面必须解决的具体问题,而不要模棱两可、犹豫不决。从拉丁人打算与罗马人绝交而作出的决定中,即可显现这一点。对于弥漫于拉丁民族中的敌对情绪,罗马人早有所闻。为验证此事,也看看能否不动用武力再把他们争取过来,罗马人通知他们派 8 个公民到罗马来,以便能够与他们磋商。拉丁人很清楚自己做了很多违背罗马人意愿的事,因此在得知此事后,便召开会议以确定谁去罗马并对他们要说什么作出指示。在会议对此事进行讨论时,他们的执政官安尼乌

173

---

[30] 公元前 379 年。

斯说:“依我之见,我们当前至为重要的是,决定应做什么,而不是应说什么。一旦决定了,再选择适合行为的言辞并不难。”[31]

毫无疑问,这个观点绝对正确,每个君主和共和国都应深思其所指。因为,如果对想做之事模模糊糊,犹豫不决,那也不知道要说什么;但一旦决定要做,也知要采取何种策略,那不难觅得合适的言辞。我一直强调要注意这个问题,因为我经常留意到,模棱两可的论调妨碍了公共政策的制定,使我们共和国蒙受伤害与耻辱。难下决断之时,亦是最需决断勇气之时,此时每逢软弱之人通过讨论来决断,总会犹豫不决。迟缓的决定与模棱两可的决定同样有害,尤其在所做决定事关援助盟友时,更是如此。因为延误对任何人都不利,也会危及到自身。这些决定要么是所做决定之人缺乏勇气与实力,要么是他们恶意为之;他们在自身欲望的驱使下,不是想要毁灭国家,就是想实现他们其他的目的,因而,他们不会让争论达成决议,而是对它百般阻挠。

相反,优秀的公民即使看到民众的狂热使决断更易犯错时,也绝不会使决定延误,尤其在延误会有恶果时,更是如此。叙拉古的暴君锡耶罗尼姆斯去世时,正值迦太基人与罗马人之间的大战,这在叙拉古人之间,对与罗马人还是与迦太基人结盟的事情上出现分歧。双方互不相让,以致争论悬而未决,直到阿波罗尼厄斯,一位叙拉古的公民领袖,做了一次充满睿智的演讲,他认为,不应指责那些想要与罗马人结盟抑或是要与迦太基人结盟的人,现在绝不容忍的是,决断时的模棱两可或犹豫不决,他担心这会导致共和国的毁灭;但一旦作出决定,无论是什么,都可能有某些好的预期。[32]

174

李维在这些段落里对犹豫不决的危害做了更为清晰的阐述,

---

[31] Livy, bk. 8, ch. 4. 这一年是公元前341年。

[32] Livy, bk. 24, ch. 28. 这一年是公元前215年。

在叙述拉丁人的那一节中他再次指出，当拉丁人向拉维尼人请求援助抵御罗马人后，拉维尼人延迟决定如此之久，以致他们的援军刚出城门，就有消息传来，拉丁人战败了。他们的执政官米罗尼乌斯说道："路程虽短，在罗马人那里付出的代价却极大。"[33]无论帮与不帮拉丁人，他们都应早做决断。因为，如果不提供援助，那也不会激怒罗马人；如果提供援助，且出兵及时，那就会有足够的兵力来赢得胜利，但由于决定延误，那无论怎样，他们都会一无所获，事实证明就是如此。

如果佛罗伦萨人留意到这段文献，就不会与法国人有如此大的麻烦了。即在法国国王路易十二进军意大利攻打米兰大公卢多维科时[34]，如果他们注意到此，就不会遭受那么多的损失。因为在法国国王筹划这次远征时，曾请求佛罗伦萨人允许其横穿他们的疆域。佛罗伦萨的法国大使与路易斯达成协议，佛罗伦萨会保持中立，而国王在入侵意大利后则要维护佛罗伦萨，并把他们置于他的保护之下。国王给予佛罗伦萨城一个月的时间来批准这个协议。然而，有些人却极为愚蠢，竟要支持卢多维科，使这一协议迟迟得不到承认，直到国王就要取得胜利时，佛罗伦萨人才想要批准它，但国王拒绝了，因为他明白，佛罗伦萨人是被迫与他们结盟，而非自愿。这耗费了佛罗伦萨城市大笔钱财，甚至差点毁了国家，如同后来在相似情形下它所做的一样。[35] 这种策略更应受到谴责，因为它对卢多维科也没有好处。如果他赢了，他会比法国国王更为仇视佛罗伦萨人。尽管我在前面的章节中讨论了这种软弱给共和国带来的恶果，但在不同的主题下又有机会谈论它，所以我想重申这个话题，因为我认为这是类似于我们这样的共和国尤其需要重视的事情。

175

---

[33] Livy, bk. 8, ch. 11. 这一年是公元前340年。

[34] 于1499年。

[35] 在1512年，其时梅蒂奇家族在西班牙人的帮助下复辟。

第十六章　我们时代的士兵不符合古代的水准

在罗马人同任何对手的任何战争中,最为重要的战役是在托克图斯和德希乌斯担任执政官时期与拉丁民族的战争。[36] 因为,毋庸置疑的是,如同拉丁人因为战败而被奴役一样,罗马人如果没有赢得战争,也会被奴役。李维就持有这种看法,他强调双方的军队在军纪、德行、顽强斗志和士兵数量等方面都是对等的,唯一的区别是罗马军队的首领比拉丁军队的首领更有德行。

这里应谈及的是,在战争期间发生了两个史无前例,也鲜有后来者的事例:这两个执政官为了保持士兵的斗志,服从命令,决意战斗,其中一个自杀身亡,另一个则杀死了自己的儿子。[37] 就像李维所强调的,这两支军队各个方面几不可辨,是因为他们长时间地并肩作战,在语言、训练和武器方面难有差别;他们的战斗队形是一样的,他们的部队和军官的番号和头衔也相同。既然他们在势力和德行上难分伯仲,那就必须有某种非比寻常的事情发生,才会促进一方的斗志,比另一方的意志更为坚定。就像前文所说,意志力决定了战争的成败,只要士兵个个意志顽强,军队就绝不会撤退。罗马人之所以比拉丁人的意志力更为持久,是因为执政官的德行和命运,使得托克图斯不得不杀死了自己的儿子,德希乌斯不得不自杀身亡。 176

李维在解释两支军队的对等性时,指出了罗马军队在行军和战斗中所采用的编制。他的解释较为详细,我就不想再重复了,只想谈谈我认为其中值得注意的教训,因为它被现今的所有将帅所

---

[36] 于公元前340年。

[37] 执政官发誓如果军队撤退的话他们就自杀。德希乌斯(Decius)做到了,而曼利乌斯·托克图斯(Manlius Torquatus)的儿子违反了命令,他命令将其处死。

忽视,这使军队在行军及战斗中的编制极为混乱。根据从李维文本中所搜集的材料,我得出,罗马军队有三个主要的分队,托斯卡纳人称之为三个“队列”:他们称第一个队列为“枪兵”,第二个队列为“主力兵”[38],第三个队列为“后备兵”[39],每个对列都有自己的骑兵。作战时,他们把“枪兵”置于前列,紧随其后的是“主力兵”,第三列在最后,是“后备兵”。所有这些队列的骑兵都被安置在这三个对列左右两边;这些骑兵队列根据其呈现的形状和位置,被称之为“翼”,因为它们看起来就像身体上的两只翅膀。

他们让在处于前面的第一队列“枪兵”,保持密集的阵形,以便于能推进,首当其冲面对敌人的攻击;第二队列,即“主力兵”,由于不是直接对敌,而是在第一支队遭受打击而阵形大乱后提供援助的,因此,他们就让它的队形不是很紧密,而让其疏散开来,以便于接纳为敌人所迫而不得不后撤的第一队列而且不会自乱阵脚;第三个队列,即“后备队”,比第二个队列更为疏散,以便于在必要时接纳在其前面的“枪兵”和“主力兵”两个队列。这些队列以这种方式编排后,他们才投入战斗。如果“枪兵”被打散或被迫后撤,他们就撤退入到“主力兵”队列的间隙中,所有士兵结合起来,把两个队列合并为一体,再次投入战斗;如果这种新的队列再次被迫后撤,他们就都退到“后备队”队列的空隙中,三队合并为一体,再次投入战斗。这时,如果他们又被打败,由于再无可以后撤之队,他们就战败了。因此,每当最后的“后备队”投入战斗时,就意味着军队危在旦夕了,于是,就有了这样一句谚语:“只有后备队了”,用托斯卡纳人的话说就是:“我们正在投下全部赌注”。

177

我们现今的将领,就像他们已经丢掉了所有其他常规,不再遵从所有古代军事方略一样,他们也放弃了这种策略;这并非无足轻

[38] 即第一队列。
[39] 即第三队列。

重,因为,如果在战斗中,你能够三次重组自己的军队,就有三次击败敌人的期望,而且在成败之际有三次机会显示你回击的决心。但如果只能经受一次攻击,就像今天所有的基督教军队那样,那就很轻易被击败,因为在编排中的任何缺陷,德行中的任何不足都会让你与胜利无缘。

我们的军队难以重组三次,是因为他们遗忘了如何让一个队列接纳另一个队列。之所以发生这种事情,在于现今人们在战斗中的编队,采用了以下两种不令人满意的方式中的一种:要么是让队列保持肩并肩的队形,使战线过宽而稀松,这导致它很脆弱,因为前后队列的间距很短;要么,为了补强队列,他们吸取罗马军队深度的长处,极力压缩队形。但是,如果第一队列被打散了,由于没有安排第二队列来接纳第一队列,他们就会纠缠在一起,自毁阵形。因为,如果前列被迫后撤,就会冲撞第二个队列;而如果第二队列打算攻击,又会被第一个队列所阻。结果就是,第一个队列冲撞第二个队列,第二个队列冲撞第三个队列,最终乱作一团。因而,一次小小的后退常常毁灭整个军队。

依据我们现代的标准,拉韦纳战役(法军统帅富瓦伯爵就阵亡于此),是打得相当好的一场战役。[40] 交战双方法国军队和西班牙军队,就是以上述方式的一种来编队的,即两支军队都是一字排开,其结果是,两支军队都没有任何后备军,因而,两军编队都是宽度有余,纵深不足。当有广阔的空间便于调动军队时,如拉韦纳那样,他们总是如此做。因为,他们知道后撤会造成混乱,为了避免这一弊端,他们都会把军队编成单列,以使战线拉长,就像我上文所述那样。但当地形限制他们时,他们就会采用我所述的另一种 178 不令人满意的形式来编队,那恶果就难以避免了。他们就是以这

[40] 1512年4月11日。法国人赢了,但由于失去了富瓦(Foix)伯爵,不久就退兵了。

种令人不满的编队挺进敌人的领土，或是掠夺，或是从事其他的军事行动。

法王查尔斯率军进入意大利后，比萨人奋起反抗。佛罗伦萨人与比萨人开战，在比萨[41]领地圣雷格罗及其他地方被其击败，其失败的原因仅仅是由于佛罗伦萨自己的骑兵所致。因为，在前面的骑兵被敌军击退后，径直撞入到步兵队列中，使其余所有军队都乱作一团，仓皇而逃。佛罗伦萨步兵的前任首领摩赛尔·西里亚科·德·博格，多次在我面前说，倘若不是正对自己的骑兵，他们绝不会失败。瑞士人是现代士兵的翘楚，当他们作为法国人的盟友作战时，最为留意的是，要确保他们处于盟军骑兵的侧翼，以便于他们被迫后撤时，不至于冲入他们中间。

虽然这看起来不难理解，也很容易避免，然而，还没有看到一个当代将领效仿古代方法，纠正现代的做法。他们确实把军队分为三个队列，把一部分称之为先锋队，另一部分为主战师，第三部分为后备军；但除了在扎营时应用这种队列外，再无其他用途。事实是，如上所述，在作战时，整支军队几乎总是不得不遭受同样的命运。

许多人为自己的无知辩解说，炮兵的引入使我们时代不可能采用古代军队的许多做法。我想在下一章中讨论这个问题，看看炮兵的威力是否不允许我们适用古人的良好做法。

第十九章　获得新地盘的共和国，除非拥有良好的法律及罗马人的德行，否则只会给自己带来更多的伤害而不是伟大

这些意见（即骑兵优于步兵），尽管与真理不符，却由于几百年

---

[41] 1498年5月21日。

来的腐败而使那些恶劣的先例成为常态，它们使人们不想背离自 179
己的习惯做法。怎么能使三十年前的意大利人相信，1 万名步兵能在广阔地带攻击 1 万名骑兵和同样数量的步兵，不仅保留了自己的势力而且还击败了他们呢？然而，事实确实如此。对此，我在谈到诺瓦腊战役时已多次提及。虽然史书中不乏此例，但迄今仍无人相信它们，即使他们相信，也会说，在现今时代，最好的还是武器更为精良的骑兵，一队骑兵便能够无坚不摧，更别提对付那些步兵了。这样错误的托词歪曲了他们的判断力。他们也不会考虑，卢库卢斯仅率领少量步兵，就打败了提格兰的 1.5 万骑兵，并且其中有些骑兵几乎完全类似于我们现今装备精良的骑兵。[42] 既然北方民族的事例已证实这个意见是错误的，而且，我们也明白了史书中有关步兵的记载完全真实，那么就应确信，他们关于古代军事策略和政治制度的其他言论都是真实的和有用的。

如果采纳了古人的策略，共和国和君主就会少犯一些错误，尤其是，他们会更为强硬地对抗骑兵的攻击，也不会让自己的美好愿望付诸东流。那些掌管自由政治制度的人也会有更好的管理之道，无论其目的是夺取新地盘还是保有其所有。他们会认识到使共和国伟大并最终成就帝国伟业的合理政策是：增加都城的居民数量；广授公民权而非让人称臣；派遣殖民来控制新获得的地盘；剥夺死刑犯的公民权和财产权；以突袭和激战而不是围城来击败敌人；维持国家的丰裕和个人的贫穷；尽力保持高标准的军事训练。如果这种扩张方式无法令其满意，他们应考虑到，以其他方式所带来的收获会导致共和国的毁灭，因此，他们会收敛自己的野心，以良法和良俗来管理城邦的内部事务，禁止扩张，只考虑防御；他们会使防御措施井然有序，就像日耳曼共和国所做的那样，他们 180

---

[42] 在公元前 69 年的亚美尼亚（Armenia）。

依靠这些策略在相当长的时间里维持着自由的生活。

然而,就像我早先在谈论征服的制度和防御的制度之间的差别时所说的那样,共和国不可能在一个狭小的区域内安然享有其自由,因为,即使它没有攻击别人,别人也会攻击它。而如果它遭到攻击,那征服别人的意愿和需要就会产生。即使在外部没有敌人,也会在国内发现敌人,这在所有大城邦里中都曾发生过,难以避免。那些日耳曼共和国能够依靠这种策略而生活,并且已经维持了一段时间,是因为他们具备了其余地方不具备的特别条件,没有这些条件,这种策略也不会成功。

我正在谈论的日耳曼地区,同法兰西和西班牙一样,都是罗马帝国的一部分。但是,在罗马帝国衰落后,帝王称号被享有权势的日耳曼人所把持,于是,那些更有权势的日耳曼城邦,抓住神圣罗马帝国懦弱及贫穷这一时机,开始谋求独立,通过付给皇帝少量年税来赎回自身。因此,渐渐地,那些直接服从于皇帝而不臣服于任何君主的城邦,都以这种方式获得了自由。在这些城邦为自己赎身的同时,一些臣服于奥地利大公的共同体也开始反叛他,其中有弗里堡人,瑞士人等等。[43] 他们起始就颇为昌盛,随着势力的逐渐强大,他们不但摆脱了奥地利人的统治,而且让所有邻邦生畏,这些人就是我们现在所称的瑞士人。因此,日耳曼地区逐渐被瑞士人、一些被称为自由城邦的共和国、君主和皇帝瓜分了。

在许多不同的政治制度之间却没有战争,或即使有战争,也不会持续很久,其原因在于皇帝的余威仍在。尽管他的权力已微不足道,但声望仍在,能在它们之间发挥调解者的作用;并且他凭借权威,以调解人的身份介入党派之间,很快就能制止一切冲突。在日耳曼地区发生的规模最大、持续时间最久的战争,都是发生在瑞

---

[43] 首次瑞士联盟形成于1291年。

士人和奥地利大公之间。虽然许多年来,皇帝和奥地利大公是同一个人,但他从未制服胆大妄为的瑞士人,在他们之间除了武力,别无任何解决方式。日耳曼的其他地方也不想给他提供支持,因为那些自由的城邦并不想攻击像他们一样渴望自由生活的人们;至于君主,有些是因过于贫穷而无力提供帮助,有些是因嫉妒皇帝的权力而不愿提供帮助。因此,这些城邦才得以幸存下来,并自满于其所占有的狭小区域,因为皇帝的权威仍在,他们没有任何理由要求得更多。他们必须在城墙内和睦相处,因为他们的敌人近在咫尺,如果他们之间有纷争,敌人就会趁机征服他们。假如日耳曼地区并不是这种构造方式,他们也会寻求对外扩张,如此一来,就不再能够享受他们的安宁生活了。其他地方没有这样的条件,因而那些国家就不可能接受这种生活方式,必须通过结盟的方式或像罗马人所做的那样,增强自己的权势。

任何与罗马人的行为相悖的人,不是企求生存,而是寻求死亡和毁灭,因为众所周知,征服所遇到的危险无处不在。确实在没有增强势力的情况下能够很容易地取得领土,但如果在取得领土的同时没有加强自己的势力,就注定会毁灭。因战争而耗尽国家资源的人,即使是战胜方,也难以增强势力,因为征服的代价远远大于收益。威尼斯人和佛罗伦萨人就曾如此,前者曾满足于其海域地带,后者曾满足于方圆六英里的地盘,但前者征服伦巴第[44],后者征服托斯卡纳后[45],都变得更为虚弱了,其问题在于他们只想扩张,却不知如何做。他们理应受到更多的谴责,因为他们没有任何托词,罗马人的事例还历历在目,他们也是有能力效仿他们的;相反,罗马人没有任何先例可循,仅通过自己的智慧,就知道要做什么。

---

[44] 即15世纪后半期。
[45] 在15世纪的后二十五年。

182 此外,即使制度健全的共和国,获得一个享乐至上的城市和地区,也会给它带来相当大的伤害,因为在与被征服者交往中,它难免会沾染上他们的奢侈之风。罗马人占领卡普阿后就是如此[46],汉尼拔占领此地后也是如此[47]。如果卡普阿与罗马相距遥远,士兵的错误不能及时纠正;或者,如果罗马彻底腐败了,那么对卡普阿的征服无疑会导致罗马共和国的毁灭。李维亦是如此说:"尽管征服了卡普阿,但此地最不利于军事训练,因为那儿到处是奢靡之气,困乏的士兵很容易乐不思蜀。"[48]确实,这样的城市和地区不用战争也不必流血,便报复了征服者,因为他们用恶习来腐蚀征服者,使任何进攻者都能将其打败。对此,尤维纳利斯在其《讽刺诗》中表达得极为清晰。他说,由于对外邦的征服,罗马人也接受了外邦人的习俗,他们所秉持的节俭和其他优秀的德行被取代了,"贪婪和奢华占据着我们,征服者的世界得以复仇。"[49]

在罗马人拥有杰出智慧、卓越德行的时代里,获得新地盘尚且危险,对于那些没有效仿他们的人会发生什么呢?尤其是那些只会利用援军或雇佣军的人,先不谈前文所述他们所犯的错误,又会怎样呢?下一章将对其所造成的伤害做扼要论述。

第二十章 君主或共和国利用援军或雇佣军所遭受的危险

对于援军和雇佣军的无用以及拥有自己军队的必要性,我在另一部著作中没有详细讨论[50],因此在本章中应做更为详细的论

[46] 公元前343年。
[47] 公元前216年。
[48] Livy, bk. 7, ch. 38.
[49] *Satires*, bk. 6, II. 291-92.
[50] *The Prince*, ch. Twelve.

183

述。但我在别处已经谈得较多,在此还是会删繁就简,之所以没有对此略去不谈,是因为在李维著作中找到了许多利用援军的事例。所谓援军是指,那些被君主或共和国派来援助你,由他委派军事指挥官和支付薪饷的军队。查阅李维的文本,我注意到,罗马人用他们援助卡普阿人的军队,在两个不同的地方击败萨谟奈人的军队[51],终止了萨谟奈人对卡普阿人的侵犯。他们想撤军返回罗马,又担心没有军队守卫的卡普阿人,会再次沦为萨谟奈人的阶下囚,于是他们便留下两个军团,以保护卡普阿人。这些军团在百般无聊之际,开始奢靡享乐,以致把自己的祖国和遵从元老院的职责忘之脑后。最后,他们竟然想以武力来掌控,那个他们曾经以英勇和德行保卫过的地方,因为他们感到,那些居民不配拥有他们无力保护的财富。罗马人意识到此事后,采取必要措施制止了它。对此,我会在讨论阴谋时做详细说明。

在此,我要重申,在所有的军队中,援军是最有害的,因为利用他们来为自己战斗的君主和共和国,却不能控制他们,只有派他们来的人才有此权力。就像上面所言,援军是由一个君主派给你的士兵,由他委派将领和支付薪饷,按他的要求战斗,就像罗马人派到卡普阿的军队一样。这种士兵一旦获胜,通常会既劫掠他们对抗的人,又掠夺他们保护的人;他们这么做,有时是因为派遣他们的君主的恶意,有时是因为他们自己的打算。罗马人并不打算破坏他们与卡普阿人的联盟和协议,然而,罗马军队却认为突破它们极为容易,以致他们蠢蠢欲动,打算夺取卡普阿人的土地,创建属于自己的国家。

这样的事例不胜枚举,但我想这个事例以及雷吉尼人的例子就足以说明此问题。[52] 雷吉尼人的性命和土地被派来保护他们的

---

[51] Livy, bk. 7, chs. 32-41. 战斗发生于公元前443年到公元前442年之间。

[52] Polybius, bk. 1, ch. 7, 于公元前279年。

184 罗马军团夺走了。因此，一个君主（或一个共和国）应采取任何措施来保卫自己，而不是让援军进入自己的国土作战，那样的话，就会完全依靠他们了。你与敌人订立的任何协定、任何条约，无论多么苛刻，对你来说都比这种策略更为有利。细查古今之事，就会明白，任何一个地方因这种策略而得益时，就会有无数的地方因它而衰败。热衷于扩张的君主和共和国，最想得到占领某个城市和地区的机会，莫过于得到请求派遣自己军队来保卫它了。而对那些热衷于扩张的人，他招来这样的援军，就不仅仅是为了保卫自己，而且还要侵犯别人，那他就是妄图获得自己没有能力保有的东西，因为帮他夺取的盟友，也很容易从他那里将其夺走。

然而，人们的野心如此之大，以致此时此刻想要获取的渴望，使他们不会考虑到不久后因此而发生的恶果。他们也不会留意古代的事例以及本书所说的其他事例，因为，如果他们留意了，就会明白，对邻邦越是慷慨大度，越是没有虎狼之心，就越是能把他们争取过来，就像下面要谈的卡普阿人的例子那样。

第二十七章　明君和共和国应满足于胜利；因为那些贪得无厌的人通常会失败

羞辱敌人，常常是因胜利或误以为会赢而产生的自负所致，这种自负不仅使人们会说一些而且也做一些令其追悔莫及的事情；因为，当它占据着人们的心智时，会使他们忘乎所以、难以自持，常常会放弃肯定能得到更好利益的机会，得到的反而是难以掌控的东西。这一问题值得考虑，因为人们常常会因为在这件事上的过错而使他们的政治利益受损害。对此，我认为抽象的论述难以把它说清楚，最好的方式就是用古代和现代具体事例加以说明。

汉尼拔在坎尼击败罗马之后，派使者到迦太基报告得胜的消

185

息并请求增援。[53] 迦太基的元老院对此展开争论,一位谨慎的资深公民汉诺建议,应当明智地利用这次胜利与罗马人讲和,因为以目前他们是胜者的有利条件,是能够争取到和平的,而一旦被击败,此种条件将不复存在;因为迦太基人的目的是向罗马人显示,他们是有能力抵抗他们的,不应在赢得一场胜利后,就希望有更多的胜利,以致错失良机。这个观点没有被采纳,但后来迦太基元老院认识到它是多么明智时,为时已晚。

再如,在亚历山大大帝征服整个亚洲后,提尔共和国(当时是个伟大而强势的城邦,因其像威尼斯一样立基于海上)看到亚历山大的巨大成功,便派使者来告诉他,他们愿意成为他忠诚的仆人,遵从他的任何指令,但他们不想让他或他的军队进驻城内。[54] 亚历山大对此勃然大怒,在整个世界都为其敞开大门之时,这个城市竟敢将他拒之门外。他拒绝了他们,没有接受他们的提议,并围攻提尔。这座城市四面环海,并储备了充足的防御所需的粮草和器械。四个月后,亚历山大不得不承认,这一个城市阻挡其行军的时间,比整个系列的征服所耗费的时间都长。于是他决定尝试和解,同意他们之前所提出的条件。但提尔人却变得极为自负,不仅不愿意和解,而且还杀死了前来协商的使者。这激怒了亚历山大,随即集中绝对优势兵力再次攻打,很快就突破了防线,摧毁了整个城市。城里的居民要么被杀,要么沦为奴隶。

1512年,一支西班牙军队开进佛罗伦萨的领地,为的是恢复梅蒂奇家族在佛罗伦萨的权力,并要求这座城市支付赎金。他们这么做,是因为一些佛罗伦萨市民怂恿他们说,一旦他们到达佛罗伦萨的边境,人民就会拿起武器支持他们。然而他们到达平原后,却发现无人出来声援他们,自身又缺乏供应,因而试图议和。然而,

---

[53] 公元前216年。

[54] 公元前333年。信息可能来自昆图斯·库尔提乌斯(Quintus Curtius)。

186 佛罗伦萨人却因此而傲慢起来，拒绝了他们提供的方案。结果就是，普拉托之役的失败和政府的垮台。

因此，受到攻击的君主，如果攻击者的势力远大于他，其犯的最大错误莫过于拒绝任何和解，尤其是拒绝对方向他提出的方案。因为无论对他多么苛刻的建议，总会有一些方面对他是有利的，由此来看，任何建议都可以看做是部分胜利。对于提尔人来说，如果亚历山大接受他之前拒绝的条件，他们也就满足了；而且，他们以武力迫使这样的大人物屈服于他们的愿望，这种胜利已足够了。佛罗伦萨人亦应如此，即使西班牙军队仅满足其部分需求，没有完全令其满意，这种胜利也足够了。因为，西班牙人的意图，是推翻佛罗伦萨政府，迫使他们放弃与法国人的结盟及勒索他们的钱财。如果他们只想满足其中两项，又假如是后面两个目的，而让佛罗伦萨人得到一个，即保留他们的政治制度，那双方都会感到体面和满足。人们对那两个他们必须做的让步的担忧是不足道的，因为民族尚存，就是大幸。即使他们认为坚持一下，就肯定能获得更好的条件，也不应冒此风险，因为极有可能导致毁灭。除非迫不得已，明智的人是不会这么做的。

汉尼拔离开意大利时，已经在那儿度过了十六年的辉煌岁月。他被召回保卫自己的祖国迦太基，回来后他发现，哈斯德鲁巴和西法克斯已被打败，努米底亚王国已沦陷，迦太基的领地除了自己的城市外丧失殆尽[55]，他和他的军队是他们的唯一指望。他知道自己的祖国危亡在即，可他并不想冒险一战，除非其他任何可能的救济办法无济于事。他并不耻于祈求和平，因为他相信，只有通过协商而不是战争，才会使自己的祖国获得一线生机。敌人拒绝后，尽管无胜之望，他仍决意一战，因为他认为自己仍可能摆脱困难而赢得

---

[55] 公元前202年。

胜利,或者,即使战败,也会光荣地战斗到最后。汉尼拔德行卓著,其军队的战斗力依然强大,都想着战争之前协商和平,在看到自己的祖国一旦战败就会遭受奴役的情况下,尚能在战前祈求和平。那些德行与资历都不如他的人,又当如何呢?犯错的人,就是不知如何克制自己希望的那些人,他们只做实现其希望的打算,从不考虑失败的可能性,结果自取其亡。

第二十九章　命运不想让人们阻挠她的计划时,就会遮蔽他们的心智

耐心地考察人类事务的进展,常会看到,一些事件和事故的发生,上苍对此完全听之任之。罗马人的德行、虔诚及制度超凡脱俗,尚且发生这类事情,那些缺乏上述品质的城市和地区更为经常地发生这类事情,也就不足为怪了。如果想谈谈上苍对人类事务的影响,这个话题颇为得当。李维对此的论述极为详尽,言辞也极为有力。[56]

他说,上天出于某种目的,希望罗马人认识到他们的能力。它首先让作为使者被派往法国的法比乌斯犯错,从而利用他们的行为煽动法兰克人与罗马人交战,然后,它又安排罗马人以远低于他们正常规格的方式备战。于是,上苍安排卡米卢斯,这个唯一能够解决危局的人,被流放到阿尔代亚。当法兰克人向罗马进军时,之前在面对沃尔西人和其他有敌意的邻邦来犯时通常会设立独裁官的罗马人,此时却没有任命独裁官以对付法兰克人。此外,在挑选士兵时,他们没有丁点投入,选择得极差。这些士兵行动极为迟缓,以致恰好在距罗马10英里之地的阿列河上迎击法兰克人。护

---

[56] Livy, bk. 5, chs. 37-38.

民官在那儿安营扎寨，没有采取任何正常的预防措施，既不勘察地形，也不在营地周围挖壕沟、修围栏，也没有利用任何人间的或神灵的预防手段。在部署战斗时，他们把队列铺展开来，以致战线拉188 得太长而丧失了战斗力。因此，无论是士兵还是军官，其所作所为都与罗马军队的威名极不相符。此次战斗未流一滴血，因为罗马人在受到攻击前，都逃跑了，大部分人逃到韦伊，其余的都逃回罗马。[57] 这些人到达罗马后，连家也没回，就径直冲进朱庇特神庙里，这使得元老院慌了手脚，根本不想保卫罗马，甚至都没有关闭城门，除一部分人逃走外，另一些人连同别人一起涌进朱庇特神庙。不过，最终在保卫神庙时，他们组织得很有秩序。为了顺利防御，他们没有让那些无用的人进入神庙，同时尽可能收集粮草，以便挨过围攻。那些无用的人绝大部分是老人、妇女和孩子，他们中的大部分都逃到周边的乡下，其余的留在罗马任凭法兰克人宰割。

读过罗马人在过去的岁月里所取得的成就的人，然后再看看这些事件，真不敢相信这竟是同一民族所为。李维在叙述这一系列的错误时，感叹道："当命运之神不想让人们改变她前进的动力时，她会极力遮蔽他们的心智。"[58]这一结论极为确切，如此，对于常常遭遇极端的逆境或顺境的人们，不应过多地谴责或赞颂。因为，通常会发现，他们所遭受的灾难或成功，在于上苍激励他们的方式，是让他们轻松获得，还是让他们丧失卓越行为的能力。

命运之神就是如此行事，当她希望由某人完成伟大的事件时，她所挑选的这个人将具备足够的胆识和德行以便能认识到她提供的机会。同样，当她希望让某人招致灾难时，她所挑选的这个人将会自我毁灭。如果有人妨碍了她，她就会杀死他，或让他失去行善事的所有能力。这在李维的上述文献中有清晰的揭示，命运之神

---

[57] 公元前390年。

[58] Livy, bk. 5, ch. 37.

认为,为使罗马取得权势,以使它成就宏伟大业,就有必要让它遭受一次严重的打击(我会在下一卷的开头部分做详细论述),但此时她并不想彻底毁灭它。所以,她让卡米卢斯被流放而不是被处死;让罗马被敌人占领,而保留下神庙;让罗马人在保卫罗马上的决定处处犯错,而在保卫神庙时无错可犯。为了让罗马落入敌手,她让在阿列河战败的大部分士兵逃亡韦伊,从而摧毁了保卫罗马的一切手段。但在这么做时,她也为罗马的再生做好了准备:一支完好无损的军队在韦伊随时待命,卡米卢斯就在附近的阿尔代亚,因此,在没有蒙受战争耻辱,声誉依旧的将领的统帅下,他们能够尽一切努力来解放他们的祖国。 189

也许可以举一些现代的事例来支持上文所言,但我认为,这一事例足以让人信服,也就没有这个必要了,因此我将进入新的话题。但我重申,这是为历史所确认的人生真谛:人应顺应命运,切不可与之对抗;只能顺应潮流,决不可悖逆而行。当然,他们绝不应气馁,因为他们难以洞察到命运之神的心思,她行踪诡秘,难以辨别,因此,希望总会存在,只要保有希望,那无论面对多么敌意的命运,无论遭遇的境况有多么可怕,都不会气馁。

第 三 卷

第一章 政治党派、宗教团体以及共和国若想长久生存，就必须经常恢复其创立时的基本原则[①]

世间之事皆有其寿限，这是千真万确的。不过，一般来说，万物都会得享天恩，有个完整的归宿，它们不会妄用自己的机体，而是让机体保持极佳的状态，以致要么保持状态不变，要么即使改变，也会变得更为强健，而不是更为脆弱。现在要谈的是混合性机体，如共和国、政治党派和宗教团体，因而，我认为，有益于自身健康的改变，是回到它们创立时的基本原则。存在时间最久，结构极佳的团体所采用的方式，是经常进行革新，或是因一些外在事由迫使它们革新。不能自我革新的团体，也不会长久，这是再清楚不过的事情。

如上所述，团体革新的方式就是恢复其创立时的基本原则。

---

① 本章用做第三卷的前言。

因为,所有的政治党派和宗教团体,所有的共和国和君主国,初创时必有某种善。否则,难以获得最初的声望和早先时代的发展能力。但随着时间的流逝,原初的善腐化了。除非发生一些事情,使其恢复基本原则,不然的话,它必然会毁掉整个团体。医生在谈到人的身体时,言道:"身体每天都在吸收一些东西,最终需要治疗。"

就国家而言,这种对基本原则的恢复,或凭借一些外部事件,或源于内部智慧。对于前者,可以说,如果希望罗马得到重生,就有必要让她落入法兰克人之手②,由此获得新的实力和新的德行,恢复对宗教和正义的敬畏,而这些在旧罗马时代已腐化了。这在李维的史书中得以清楚地揭示,他指出,当他们派军抵抗法兰克人,授予护民官拥有执政官权力时,并没有进行任何宗教仪式。更为让人侧目的是,他们不仅没有惩罚那位违背万民法攻击法兰克人的法比乌斯,而且还任命他为护民官。由此,可以想到,人们对洛慕路斯和其他明君所制定的良好法律,日益失去敬重,而它们对罗马维持政治自由是合理且必要的。

于是,这种外部的打击,使罗马的所有制度得以复兴;这向罗马人民表明了,不仅有必要维护宗教和正义,而且要敬重杰出的公民,更为看重的是那些公民的德行,而不是他们认为那些由于采纳那些公民的策略所损失的利益。事情确实如此进展,因为,罗马光复后,他们马上恢复了古代宗教的所有制度,惩罚了法比乌斯违背万民法的行为,此外给予卡米卢斯的德行和仁慈以极高的尊重,以致元老院和另一些人尽释前嫌,把统治共和国的重任委任给他。

因此,就如前文所言,无论共同生活于何种制度下的人都有必要在外部打击或内部因素的激励下,时常自我检省。就内部因素致使的自我革新来说,最好要么源自于制度下的人时常自我检省

191

② 于公元前390年。

的法律需求，要么源自于他们中有一位善人问世，他凭借自己的事例和有德行的行为，发挥着同法律相同的作用。因此，共和国的这种改善，要么是由于某个人的德行，要么是由于法律的卓越。

就法律而言，使罗马共和国回到其本原的法律制度，是护民官、检察官以及抑制人们的野心和傲慢的所有法律。这些法律制度需要通过一个公民的德行为其注入生命力，他能意志坚定地实施法律，即使无视法纪的人是有权势者。关于法律付诸实施的事例，在罗马遭受法兰克人劫掠之前，有布鲁图斯的儿子之死、十名公民之死和谷物商麦利乌斯之死。[3] 在罗马遭受洗劫之后，则有曼利乌斯·卡皮托利努斯之死、曼利乌斯·托克图斯的儿子之死、帕皮利乌斯·柯尔索对他的骑兵长官法比乌斯的检控以及对西庇阿家族的指控。[4] 这些事情因行事极端而引人瞩目，无论何时这种事情一发生，就会使人们重新审视自己的行为；而当它们变得更少时，就会使人们有更多腐败的机会，相应的革新也会面临更大的危险以及更多的冲突。这样两个引人注目的法律判决之间的时间间隔不应超过10年，因为如果间隔过长，人们就会形成恶习，开始违反法律；如果没有发生任何事情以使他们重新忆起惩罚，恢复其恐惧意识，那不久之后，犯法者就会遍地开花，此时再惩罚他们，就有危险了。

那些从1434年到1494年执掌佛罗伦萨政权的人[5]，谈论这个话题时常说，每隔5年就必须重掌政权，否则权力就会不复存在。他们所说的“重掌政权”，意指在人们心中激起在他们初次获得政权时曾产生的害怕和惊恐，那时他们严厉打击了那些违背新的政

③ 分别为：公元前509年、公元前449年（其实十人委员会的成员仅仅是被流放）、公元前440年。

④ 分别为：公元前384年、公元前340年、公元前326年和公元前189年。后两人是西庇阿·阿弗里卡纳斯（Scipio Africanus）和他的哥哥卢修斯（Lucius）。

⑤ 梅蒂奇家族。

治制度的标准干坏事的人。但当对这种打击的记忆消失后,人们又有胆量诋毁其统治者,企图革新。因此,必须采取措施,让事情回归本原。

这种依据其本原的革新,有时仅仅因某个人的德行而产生,不必依靠促使他严厉行事的任何法律;这样的人受到极高的敬重和钦佩,以致好人都想效仿,恶人也耻于过与他们的道义相违背的生活。在罗马历史上具有如此影响的杰出人物,有赫拉提乌斯·科柯卢斯、斯凯沃拉、法伯利乌斯、两位德希乌斯、雷古卢斯·阿提利乌斯以及其他一些人。他们非凡的、卓越的事例,对其同胞发挥着与优良的法律制度同样的作用。倘若上述法律实施的事例,连同这些受人敬仰的个人事例一起,在罗马至少每十年就发生一次,那么罗马就永远不会腐败。但当这两者变得更少时,腐败的现象也就就蔓延开来。马库斯·雷古卢斯之后,再也不见如此的范例了,尽管之后出现过两位加图,但在雷古卢斯和第一位加图之间,第一位加图与第二位加图之间的间隔如此长久,是如此孤立的事例,以致他们自身的优良典范难以起到任何影响。[6] 尤其是第二位加图,他看到城邦已经彻底腐败了,已无法以自己的典范改善其同胞的行为。关于共和国,就说这么多吧。

关于宗教团体,同样的革新也是必要的。以我们自身的宗教为例,可以看到,如果圣方济各和圣多明我没有将其回溯到本原,它可能会彻底消亡。[7] 他们以自己的清贫和对基督人生的效仿,恢复了在人的心灵中一度消失了的对宗教的献身精神。他们创建的新秩序影响深远,高级教士和僧侣统治集团的不法行为没有毁灭这种宗教,全赖于此。因为修道士们生活清贫,并由于听取忏悔和

193

⑥ 雷古卢斯(Regulus)死于公元前 250 年;老加图(Cato)死于公元前 149 年;小加图死于公元前 46 年。

⑦ 圣方济各(St. Francis)于 1210 年创建圣方济各会(Franciscans);圣多明我(St. Dominic)于 1216 年创建圣多明我会(Dominicans)。

布道才对人们产生如此大的影响,他们让人们相信,谴责邪恶亦是一种恶,安静地听从教会的裁断方为正道,如果他们犯错了,就把他们留给上帝去惩罚。有些神职人员之所以无恶不作,是因为他们不惧怕那种他们看不到也不相信的惩罚。因此,这种革新运动维持了,并仍将继续维持着这种宗教。

王国也需要自我革新,把法律恢复到原初的样子。可以看到,在法兰西王国这一策略取得了多么好的效果。这个王国比任何其他王国都要更多地受到法律和制度的管理。这些法律和制度受到了各地的议会,尤其是巴黎的议会的维护。每当他们对抗王国的君主或谴责国王的一个判决实施法律时,就为它们注入了生命力。迄今为止,议会依靠其顽强地对抗贵族的破坏,依然发挥着作用。但是,一旦他们听任了任何一种违法行为,那不被惩罚的贵族就会越来越多,这无疑会导致这样的结果,不是凡事公正而必然激起更大的危机,就是整个王国的崩溃。

因此,可以断定,在任何共同的生活方式中,无论是一个派别,还是一个王国或共和国,最为根本的是恢复它在初创时的名声,并努力确保让好的制度或好的人取得这样的效果,而不要依靠一些外部的干预。因为,尽管外部干预有时是极佳的救济手段,如罗马那样,但它极为危险,并非在任何条件下都是可取的。

为了表明个人的功绩如何使罗马伟大,为那个城邦带来无数的好的后果,我将对他们的事迹进行论述并作出评价。本书的第三卷和李维前十卷的最后一部分,将解决这个问题。尽管罗马的国王取得了伟大且非凡的业绩,但史书对此做了详细的论述,因此我将略而不谈,除了提一两个他们的所作所为涉及其私人利益的事情外,不再多说什么。我将从罗马的自由之父布鲁图斯谈起。

194

第三章 如果要保护新获得的自由，就有必要杀死布鲁图斯的儿子

布鲁图斯为保护他为罗马赢得的自由而采取的严厉措施，不仅有用，而且也是必要的。他的事例极为特别，史上罕见：一个父亲坐在审判席上，不仅判处自己的儿子死刑，而且还亲自监督死刑的执行。[8] 那些研究古代史的人从此认识到，政治制度变更之后，无论是从共和制变为专主制，还是从专主制变为共和制，对于那些想推翻新政权的人，就必须在公众场合采取果断行为反对他。创立专主制而没有杀死布鲁图斯，缔造自由的国家而没有杀死布鲁图斯的儿子，都维持不了多长时间。因为上文已对这个问题做过细致的研讨，这里我仅是重温上述言论。

这里我只举一个发生在我们时代、我们的祖国的令人难忘的例子，即皮耶罗·索德里尼的事例。他相信，他能够通过耐心和善意，克服布鲁图斯的儿子们[9]恢复旧制度的欲望。然而他错了。虽然他很睿智，知道必须做什么，那些反对他的人的境况和野心也使他有机会消灭他们，然而他从未决心这么做。因为，他不但相信他能以自己的耐心和善意克服敌意，通过奖赏能够收买一些对手，而且他认为（他经常向朋友们申明这一点），如果他大胆地攻击并摧毁他的对手，他就需要掌握一种特别的权力，这不仅使法律被废止，而且危及到政治平等的原则。即使他以后没有应用这种专制君主的权力，它也会让公众惊恐不已，以致他死后，人们绝不会再次同意设立终身掌旗兵之职，而他认为，这个职位是应被保护和加以巩固的。

---

⑧ 参见 Livy, bk. 2, ch. 5. 时间是公元前 509 年。

⑨ 在此，是指梅蒂奇家族的支持者。

这种顾虑是真诚的,也是有益的。但是,如果恶果轻易地就能根除一些善时,那就绝不应为了一些善而容忍那种恶的存在。既195 然他的行为和意图由其结果来评判,他就应当(假设他活得足够长,形势也并非不利),在适当时候向所有人证明,他所做的事是为了确保祖国的安全,而不是出于个人的野心。他能够采取措施,确保他的继任者不能为了腐败的目的,而做他在爱国动机的驱使下所做的事。但是,原初的想法让他没有洞察这种错误,因为他不明白时间并不能消除敌意,奖赏也难以收买对手。因此,由于他不知道如何效仿布鲁图斯,他失去了自己的权势和名声,被迫流亡海外。

保存自由的国家确实异常艰难,但保存君主国也并非容易,这将在下一章谈论。

第七章　奴役取代自由或自由取代奴役的变革,缘何有些没有流血,有些却血雨腥风

人们也许想知道,发生的许多由专制取代政治自由,抑或相反的变革和政变,为什么有的流血,有的却不流血呢?因为史书记载了,在相似的政治大变动中,有时杀人无数,有时却无人受伤。比如,在罗马执政官制度取代君主制的变革中,只有塔尔昆家族被驱逐,其余无人受到伤害。

此事的关键在于,被推翻的政权是否是依靠武力起家的。如果是以暴力夺取的政权,那么必然有许多人遭受伤害,因而当它被毁灭时,那些受到伤害的人必然想着报复,这种复仇的欲望导致了流血冲突和杀戮。但是,当政权是通过使之强大的群体的共识创建起来时,当它被毁灭时,除了首领外,这个群体就不必攻击任何人了。驱逐塔尔昆家族的罗马就是如此,佛罗伦萨的梅蒂奇家族

的政权亦属此类。后者在1494年垮台时,他们是唯一遭受攻击的人。因此,这样的变革不会有太大的危险;但是,由强烈复仇欲望的人所造成的变革,却是极为危险的。读过它们的人都会为之胆寒,更别提经历此事的人们了。由于历史充斥着这样的事例,我也就不再多言。

第八章　若想推翻一个共和国,就应顾及它的居民

196

上文讨论过,邪恶的公民在尚未腐败的共和国里不可能作恶。这种看法,除了已经提到的理由外,还可以用斯普利乌斯·卡修斯和曼利乌斯·卡皮托利努斯的例子进一步证实。这个斯普利乌斯野心勃勃,欲在罗马获得不受法律约束的权力。为了把平民争取过来,他做了很多让其受惠的事,例如把罗马人从赫尔尼基人手中夺得的耕地分给他们。元老院察觉到他的真正动机后,在平民大会上揭发此事,从而让他招致普遍的猜忌。因此,当他对平民提议说,把政府从西西里输入的谷物变卖所得的收益分给他们时,他们断然拒绝了他,因为他们认为,斯普利乌斯是要收买他们的自由。但是,如果罗马平民已经腐化,就不会拒绝这种价码,从而让他迈向本已封堵的专制之路。[10]

这方面更为重要的是曼利乌斯·卡皮托利努斯的例子。[11] 这个例子让我们明白了,无论身心多么具有德行,无论做过多少有利于祖国的善行,一旦产生攫取权力的邪恶贪念,这些都会变得一文不值。他心中的贪念,在于他对卡米卢斯所获得的荣誉的妒忌。[12] 野心过度膨胀使他方寸大乱,全然不顾那时的政治文化,也没有留

---

⑩ 他于公元前486年被处死。

⑪ 于公元前384年被处死。

⑫ 他击败了法国。同上,bk. 2, ch. 29。

意到城邦的居民还不适合接纳邪恶的制度,就开始在罗马煽动针对元老院和国家法律的骚乱。后面发生的事确证了那个城邦的卓越及其居民的良善。因为,在他的案子中,没有一个贵族给予支持,尽管他们在平常相互之间戒心很重;甚至他的亲属中也没有人给他一丁点的帮助。依据惯例,被指控者的亲属会在审判时头发凌乱、面容凄凄,身穿黑衣,摆出一副哀伤的样子,以博得对被指控者的同情;而曼利乌斯被审判时,却没有这样的悲伤者。护民官通常会对有利于平民的事情给予支持,而且尤其热衷于支持对贵族不利的事情,但在这个案子上,他们却与贵族们联合起来消除了对他们所有人的共同的灾祸。罗马平民虽然总是热心于捍卫自身的利益,赞成对贵族不利的事情,过去也对曼利乌斯提供过一些支持;然而,当护民官控告他,并把他提交给平民大会来审判,平民对这个曾支持的人作出判决时,显示了他们绝无任何偏袒之心,判他为死刑。

197

我认为,在这部史书中,没有其他事例比它更适于证明那个共和国所有传统的卓越,因为,在那个城邦中没有一个人袒护一个德行完美、对公众和个人做了很多值得赞颂的事情的公民,他们对祖国的爱是无价的,对曼利乌斯,他们更为关注的是当前的危险,而不是他过去的功绩。他们把他处死,从而获得了自由。李维说:“这样一个人消失了,如果他不是生在一个自由的城邦,就有可能在历史上留有印记。”[13]这里有两点应予考虑:一是,在一个已经腐化的城邦里,与一个仍然是自由体制的城邦里,获得荣耀所采用的方式是不同的;二是(与第一点差别不大),人们做事时应该考虑他们所处的时代,并使自己顺应其所处的环境,尤其在干大事时。那些与时代不合拍的人,要么是其错误决断所致,要么是其性情使

[13] Livy, bk. 6, ch. 20.

然,这些人通常生活得不幸福,他们的行为会导致恶果;而那些与时代合拍的人则与此相反。

毫无疑问,由刚刚引用的李维的话可以断定,如果曼利乌斯生在马略和苏拉[14]的时代,此时罗马人已经腐化了,就会迅速迎合他的野心,那么他会取得像马略、苏拉以及后来其他企图建立专制的人同样的成功。同样,如果马略和苏拉生在曼利乌斯的时代,那么他们的阴谋一开始就会被粉碎。因为,一个人邪恶的言行虽然能够腐化一个城邦的居民,但其生命不可能延长到把他们腐败到自己能够从中获利的地步。即使他生命之长使他可能促成此事,也不能成功,这是人性使然,人是缺乏耐心的,他们不可能年复一年地推迟满足自己愿望的计划。因此,他们就会在处理自己的事情上,尤其是他们强烈渴望的事情上犯错。所以,那些欲迅速夺权而着手腐败城邦的人,要么因为缺乏耐心,要么因为错误的判断,而落得个悲惨的下场。

198

如果想攫取共和国的权力,建立邪恶的制度,只有其公民在长久的、一点一滴的、一代一代的腐败直到彻底腐烂了才能成功。这是必然要发生的事,因为如上所述,共和国利用杰出公民的行为典范加以更新,或者通过新的法律重回其本原,这种事极为少见。所以,曼利乌斯如果生在一个腐败的城邦里,就可能会在历史上留有其印记。因此,共和国的公民欲成大事,无论是为了自由还是为了专制,都应顾及其同胞,并依据他们的评判来决定其事业是否能够成功。想过奴役生活的民族却给予他们自由,想过自由生活的民族却奴役他们,这都是困难且危险的事情。上文已述,人们欲施展其抱负时,应考虑其时代的特性,以顺应时代的要求。对此,我们会在下一章进行更为详细的论述。

---

⑭ 即三百年后。

第九章 若想总有好运,就应因时制宜

我已多次指出,人们运气的好坏,取决于他们的行事方式是否适应时代的要求。因为很显然,有些人做事冲动,有些人则谨小慎微。这两种方式都使人们的行为不当,偏离了正确的轨道,所以他们总会出错。但是,如我所言,如果你的行事方式与时代相符,也总能顺应时代要求,那就会较少出错,亦能交上好运。

人人都知道法比乌斯·马克西姆斯行事谨小慎微,他总让军队置身战争之外,毫无罗马人的胆大妄为。⑮ 好运使他的作风与时代的需求极为协调。因为,当年轻的汉尼拔率军开进意大利时,便事事遂意,两度击败罗马人;罗马的精兵良将已失大半,军队士气低落,此时他极佳的运气便是得到这样一位将领,以其迟缓和谨慎减缓敌军的行军速度。法比乌斯也不可能遇到更适合他的作风的时刻了,他也因此而荣耀等身。法比乌斯如此行事,显然是由于其本性如此,而不是其有意选择如此。因为,当西庇阿希望率领罗马军队入侵非洲结束战争时,法比乌斯对此强烈反对⑯,他无法摆脱其先前的习惯而采取不同的作风。如果这事由他来决定,汉尼拔仍会留在意大利,因为他没有认识到战局已变,他必须改变自己的作战方式。如果法比乌斯是罗马的国王,他就可能输掉这场战争,因为他不知道行事方式应因时而变。然而,他生在一个共和国里,那里有无数的不同性情的公民,他们都有发言权。于是,就像避免失败的最佳人选是法比乌斯时就让他来领导他们一样,现在赢得胜利的最佳人选是西庇阿,他们就让他来做统帅。

199

⑮ 于公元前217年兵败特拉西美诺湖(Lake Trasimene)之后。

⑯ 于公元前205年。

因此,共和国比君主国存续时间更为长久,所享有的运气也更为频繁,是因为共和国能号召不同性情的公民,使自己更为适应时局的变化。如上所述,一个习惯于一种特殊的行事方式的人,绝不会轻易改变,所以当时代已变,变得不适合他的方式时,他必然会被毁灭。

上文多次提到的皮耶罗·索德里尼,行事总是具有亲和力及耐心。当时代有利于他的这种行事方式时,他和自己的祖国就会进展良好;而当时代已变,需要他放弃耐心和仁慈时,他却不知如何去做了,他和自己的祖国一起毁灭了。教皇尤利乌斯二世,在其整个任期内行事一贯无耐心、易冲动;然而由于时代与这种行事方式相符,因而他做的任何事都很成功。但是,如果时代已变,需要不同的策略时,他必然会毁灭,因为他不会改变自己行事方式或施行不同的策略。

我们之所以不变,其原因有二:一是,天性让我们不得不如此;二是,如果一种行为方式在我们以往的生活中很有效,那就不可能让我们相信,换一种行事方式会更好。因此,对个人来说,人之命运的不同,就在于时代变了,而人的行事方式没变;对共和国来说,其后果就是毁灭,因为共和国的制度根据时代的变化而做出调整,对此上文已有详细论述。共和国的行动更为迟缓,因为它的变化太麻烦,必须在整个社会都感到危机时才能进行,只有一人改变其行动方式是不够的。 200

既然我已经提到了法比乌斯·马克西姆斯,他成功牵制住了汉尼拔,那么我想在下一章讨论一下,一位决意与敌人交战的将领,能否因对方的拖延战术而受阻。

第二十二章 曼利乌斯·托克图斯的严厉和瓦勒利乌斯·科维努斯的温和，为他们赢得了同样的荣誉

罗马在同一时期里有两个杰出的将领：曼利乌斯·托克图斯和瓦勒利乌斯·科维努斯。[17] 他们有着同样的德行，赢得了同样的胜利，也获得了同样的荣誉。在对待敌人时，他们都显示了同样的德行，但是，在对待士兵和军队的管理上，他们的举动大为不同。曼利乌斯在统领士兵时以严厉著称，让他们总是处于劳役之中，惩罚也极为严厉。相反，瓦勒利乌斯对待士兵极为友善，把他们当亲兄弟一般看待。为了让士兵顺从自己，他们中的一个杀死了自己的儿子，而另一个从未没有伤害过任何人。然而，尽管他们在行事上大相径庭，却取得了同样的成效，不仅在对抗敌人上，而且也在为了国家和自己的利益上。士兵们都衷心服从他们，不曾有一个士兵临阵逃脱或谋反。然而，曼利乌斯的命令是如此的严酷，以致凡是超越常规的命令，都被称之为"曼利乌斯式的命令"。于是，以下的问题就应运而生：(1) 曼利乌斯为何必须如此严厉？(2) 瓦勒利乌斯为何能够如此的友善？(3) 这些行事迥异的方式为何取得相同的效果？最后，哪一种做法更好，更值得效仿呢？

如果有人从李维首次提到曼利乌斯时就留意其品质，就会发现，他是一个非常坚强的人，忠于自己的父亲和祖国，极为尊敬他的上级。从法兰克人的死中，从对抗护民官以保护自己的父亲中，从在与法兰克人交战之前他对执政官的言语："除非得到你的命

201

[17] 曼利乌斯(Manlius)是公元前353年、公元前349年以及公元前320年的独裁官；瓦勒利乌斯(Valerius)是公元前343年以及公元前301年的独裁官。

令，否则我决不会攻击敌人，即使我确信会赢”[18]中，即可确证以上所言。这样的人来执政时，他就会要求每个人都要像他一样，他坚定的意志让人们对他推崇备至，以致全身心地服从他。一条颠扑不破的规则是，如果你的命令极为严厉，那么对顺从的要求就必须无情，否则就是自欺欺人。你应记住的是，想让人服从，那就必须知道如何发号施令；把你的品质与服从者的品质比较一番，就会知道如何做了，如果你更为优秀，那就可以发号施令，否则，就应保持沉默。

鉴于此，一个明智的人曾说过，要想依靠暴力来维持权力的人，就必须能够制服那些屈服的人。只要做到这一点，那就可以相信权力能够维持；但那些受到压制的人一旦变得比你更为强大，则不难推断，有朝一日你会失去权力。

回到我们的话题，我认为，要让军队对你推崇备至，你就必须有此能力；如果你与他们中任何人一样刚强，命令他们去做只有刚强者能做之事，那么绝不应以温和的方式使其服从；但是，如果你没有这种坚定的意志，则应避免对你的军队发布不同寻常的命令，而应依靠你的仁慈，发布正常的命令，因为合乎常规的惩罚受到的责怪不应是发布命令者，而是法律和制度。由此，应当相信，曼利乌斯是因为他对军队的异乎寻常的命令而不得不如此严厉地行事，这是他的天性使然。这些命令对共和国是有益的，因为它们使其制度重回其本原，恢复其古老的德行。就像我上文所言，如果共和国十分幸运，经常有人以自己的典范为法律注入新的活力，不仅使其悬崖勒马，而且把它拉回到原初状态，那么它会永世长存。

曼利乌斯就是其中的一个，他以严厉的命令维持着罗马的军纪；他不得不如此，首先是其品性如此，其次是希望别人服从其命

---

⑱ Livy, bk. 7, ch. 10；发生于公元前361年。

202 令的本能欲望。相反,瓦勒利乌斯却能够友善行事,因为对他来说,士兵做了罗马士兵通常所做的就足够了。因为军队有着优秀的传统,尊敬它们足以让他赢得荣誉。因而服从他并不麻烦,而且瓦勒利乌斯也没有必要惩罚那些不服从者或是因为每个人都服从他,或是,即使有一些不服从者,他们遭受的惩罚,如前所述,应归咎于法律,而不是发号施令者。因此,瓦勒利乌斯充分发挥了其友善的本性,由此获得了士兵的善意和认同。这样,两人都得到了他们的士兵的顺从,尽管遵循不同的策略,却取得了同样的成就。但是,那些打算效仿他们的人,必须意识到有可能会招致轻视和憎恨,在讨论汉尼拔和西庇阿时谈论过这一点。为了避免这些恶习,你必须具备卓越的德行,否则,绝不会取得成功。

还剩下的问题是,这些统帅士兵的作风哪一个更值得称赞呢?对此,我搜集了两个观点,因为一些作家赞成其中的一种,一些作家则赞成另一种。尽管如此,那些讨论君主应如何统治的作家更多地倾向瓦勒利乌斯而不是曼利乌斯。我前面引用过的色诺芬,举了居鲁士许多友善的事例,这与李维谈及瓦勒利乌斯时的观念基本一致。[19] 瓦勒利乌斯被任命为执政官对抗萨谟奈人,战争到来时,他以自己特有的仁慈对士兵发表讲话。李维记述了这些话后说:"再也没有与士兵相处得如此融洽的将领了,他能为最下层的士兵排忧解难,且毫无怨言。此外,在军事竞赛中,当他和士兵们比拼速度和力量时,无论胜败,他总是宽宏大度、神态自若,他从不会敌视向他提出挑战的人;他慷慨大度,对人民讲话时,既照顾到人民的自由,也不失个人尊严。他最得人心的方面,莫过于在他做统帅后仍然以友善的方式来追求官位的晋升。"[20]

李维同样称赞了曼利乌斯,认为在他担任执政官后,正是因为

---

⑲ Xenophon, *Cyropaedeia*, bks. 4 and 5.

⑳ Livy, bk. 7, ch. 33.

严厉地执行了对其儿子的死刑，才使得军队完全服从，罗马人才可能击败拉丁人。他极力赞颂曼利乌斯，在记述了战争的过程、罗马人所面临的种种危险以及不得不克服的所有困难而赢得胜利后，得出结论，罗马人的取胜全赖曼利乌斯的德行。他在对两支军队的势力对比后，断定曼利乌斯无论统率哪一方都会取胜。因此，考虑到作家们谈及这样的人时所说的一切，要在他们之间选择值得称赞的是很困难的。

然而，为了不使问题悬而未决，我认为，对于生活在共和国法律下的公民，曼利乌斯的方法更值得赞扬，危险也更少，因为这种方式是完全为了公共利益，与个人野心毫无关系；采用这种策略的人，不可能有"朋党"，因为他一心为公，对所有人都铁面无私，因而不会赢得自己的盟友，这些人我们上述称之为"朋党"。这种行事方式对共和国最为有益，应大力支持，因为它有利于公益，不会出现对个人权力的猜忌。瓦勒利乌斯的行事作风则与此相反，它虽然能带来同样的公共利益，但由于是在士兵中所确立的对将领的个人忠诚，从而会引发更多的猜忌，如果他长久执政，那就会危害自由。普布利科拉执政时确实没有产生这样的恶果[21]，但那时罗马人尚未腐败，他也没有长久地、不间断地执政。

但是，如果我们像色诺芬那样，考察的是君主的品行，那么我们尽管不能完全赞成瓦勒利乌斯，但我们会更少认同曼利乌斯。因为君主应寻求的是士兵和臣民的顺从和爱戴。如果他敬重法律，被认为是一个有德行的君主，就会赢得顺从；如果他友善、温和、宽厚以及拥有瓦勒利乌斯和色诺芬笔下的居鲁士所有的那些品行，就会赢得爱戴。因为对君主来说，让其臣民感受到他的慈爱，让军队成为他的忠诚拥戴者，是与其管理地位完全相符的；但

---

[21] 瓦勒利乌斯·普布利科拉（Valerius Publicola）于公元前509年担任执政官。

204 对一个公民来说，使军队成为他本人的忠诚拥戴者，就不符合共和国的利益了，共和国要求的是公民遵守法律，服从当权者。

在威尼斯共和国的古史中，我读到过这样一个事件。威尼斯的战舰回到祖国的港口后，那些战舰上的人与人民发生了一些争执，并且由争吵逐步升级到武装冲突。负责维持秩序的当地官员的强权、对公民应有的尊重以及对负责此事的长官的畏惧，都难以平息事态。这时，一位前一年担任船员将领的绅士突然出现在他们面前，出于对他的爱戴，他们停止了械斗。这种服从引起了元老院极大的猜忌，不久以后，威尼斯人就通过监禁或处死的方式把他除掉了。[22]

因此，我断定瓦勒利乌斯的统帅风格，对君主有益，而对公民是有害的；这种危害不仅对其国家，对其本人也是如此。对国家有害，是因为这种统率风格使他有机会建立专制制度；对他本人有害，是因为这种方法会招致猜忌，城邦基于这种成见而不得不消除他。相反，我坚信，曼利乌斯的统率风格，对君主是危险的，而对公民是有益的，并且对其祖国尤其有益。那些被认为是严厉的将领是不可能受到伤害的，除非由于严厉的举措所招致的憎恨，又被你的其他的杰出德行所带来的巨大声望所招致的猜忌所加强。在下一章，我将谈谈这种事是如何发生在卡米卢斯身上的。

第二十九章　君主应对其臣民的过失负责

君主不应抱怨在他统治下的臣民身上所发现的任何过失，因为这些过失要么是君主自己的疏忽大意，要么君主也有同样的过错。考虑一下我们这个时代被当成抢劫犯和类似罪名的人民，就

---

[22] 这可能是对事关威尼斯舰队司令韦托尔·皮萨尼（Vettor Pisani）的事件一种模糊的叙述，他于1379年被监禁，于他死去的那年即1380年击败了热那亚人（Genoese）。

会明白,这完全来自于那些与他们有着同样品质的统治者。罗马涅,在教皇亚历山大二世清除统治它的贵族之前,堪称一切罪恶生活的楷模。世人皆知,在那儿一点点小事就会引发抢劫和杀戮。 205 其原因就是君主的邪恶,而不是如君主所宣称的那样,是其臣民的邪恶本性。因为,罗马涅的君主很贫穷,却想过富豪的生活,他们只好去抢劫和设置名目繁多的苛捐杂税。他们的欺诈手段之一是,首先通过法律,禁止一些行为,然后他们怂恿人民无视法纪,并且绝不惩罚那些触犯法律的人,只有在他们确信许多人都如此时,才开始实施法律;这并不是因为他们想使人民遵守法律,而是为了收取罚金。由此导致了无数的恶果,最为严重的是,人民变得极为贫穷,却没有改邪归正;那些变穷的人又想方设法压制那些比他们更弱的人。由此导致上面所提到的所有罪恶的产生,而所有这一切都是由君主造成的。

这在李维的描述中可见其端倪,当罗马使者带着他们从韦伊人那里得到的战利品作为供品献给阿波罗时,在西西里被利帕里的海盗劫持,并被带到那个城市。当他们的君主提马西托斯得知这是什么货物、它将送向何地以及谁去送后,他的举动就像他是罗马人一样,尽管他生在利帕里。他向民众说明了抢劫宗教供品是大逆不道的行为。于是,在民众同意后,他让使者带着他们的全部物品离去。我们的历史学家言道:“提马西托斯激发了民众对宗教的虔诚,因为民众总是效仿他们的君主。”[23]洛伦佐·德·梅蒂奇表达了同样的观点,他评论道:“君主之作为,众人必效仿之,因为所有的目光都盯着他。”[24]

㉓ Livy, bk. 5, ch. 28.

㉔ 洛伦佐·德·梅蒂奇,*Opere*, ed. A. Simioni (Bari, 1914), vol. 2, 100。

第三十章　想用自己的权威为共和国造福的公民，首先要消除嫉妒心；以及当敌人来犯时，应组织好城市防务

罗马元老院得悉整个托斯卡纳正在招兵买马以便进犯罗马，罗马人以前的盟友拉丁人和赫尔尼基人，也与罗马的世仇沃尔西人达成协议。元老院推测，这场战争将会极为险恶。那时，卡米卢斯担任有执政官权力的护民官，元老院认为，假如其他护民官同僚把他们的所有权力授予给他，那么不必任命独裁官也能过得去。这些护民官完全同意这么做。对此，李维说："他们不认为授予他权力，会有损自己的身份。"㉕因此，卡米卢斯在获得他们的服从后，下令征召三支军队。他打算亲自统率第一支军队，攻打托斯卡纳人；任命昆图斯·塞尔维利乌斯为第二支军队的首领，命令他们驻扎在罗马附近以阻挡拉丁人和赫尔尼基人的进犯；任命路西乌斯·昆提乌斯掌管第三支军队，由他们驻防城市，危急之时守卫城门和元老院；此外，任命他的同僚赫拉提乌斯负责供应武器、粮草以及其他战争必需品；安排另一位同僚科涅利乌斯掌管元老院和民众大会，以便于他能听取他们就其日常必须做的事情所提的建议。这就是当时的护民官要做的，无论是发号施令还是服从，都是为了祖国的安全。

206

这段文字昭示，一个善良而聪慧的人只要依其善心和德行消除了嫉妒心，他就做什么事，取得多大的成功，对其祖国都很有益。嫉妒通常会让人无功而返，因为在关键时刻，它会抵制人们拥有必要的权威。有两种办法可以消除这种嫉妒：一是，人们发现自己身

㉕ Livy, bk. 6, ch. 6；发生于公元前389年。

处险境，感到生命受到威胁，便把个人野心弃置一边，急切地服从他们认为其德行能够挽救他们的人。这就是卡米卢斯所经历的情况。他的非凡才能人人皆知，他三次担任独裁官，每次在履行职务时，都能使公众受益，其个人利益却无增进。因此，权力集中于他手，无人会担心受到伤害。又由于他如此伟大，如此受人敬仰，所以无人会认为服从其命令是不光彩的事情（因此才有上文刚刚引用的李维对其明智的评判）。

消除嫉妒的另一情形，就是那些在谋求地位和职位时的对手，因暴力或自然原因而死亡。因为，他们在世时，绝不会认同你的声望胜过他们，也没有耐心容忍此事。这样的人，如果习惯了腐败城邦的生活，而在那儿不会有任何宽厚品质的教育，那么他们无论如何不会放弃争斗。为了能够为所欲为，满足其反常心理，他们不惜看到祖国毁灭。消除这种嫉妒，除了那些沉迷于此的人的死亡外，别无他法。如果命运垂青于有才干的人，他的有嫉妒心的对手自然死亡了，那么他会赢得荣誉，而无须挑起一场危机，因为那时他能够在没有异议，也不必冒犯别人的情况下展示自己的德行。但是，如果他没有这种好运，那就必须想尽一切办法除掉他们。他在做任何事情之前，必须找到解决这种困难的办法。

207

如果你仔细研读《圣经》就会明白，摩西为了让他的法律被认可、建议被采纳，被迫杀了无数仅仅出于嫉妒而反对他的人。[26] 教士吉罗拉莫·萨伏那罗拉十分清楚采取这种行动的必要性，佛罗伦萨的掌旗手皮耶罗·索德里尼亦是如此。首先，教士没能消除它，因为他没有做这事的权力，也因为他的那些能够这么做的追随者没有很好地理解其意图。虽然这并不是他的错，但他的布道中仍充满了对那些精于世故者——即他所称的那些嫉妒他和反对他

---

[26] Exodus, 32.25-28.

的计划的人——的抨击和谩骂。索德里尼相信,假以时日,凭借其友善、好运以及时而施惠于某些人,就会消除这种嫉妒。他年纪轻轻,又经常因其管理作风赢得一些新的支持,于是,他认为他能够最终消除那些出于嫉妒而反对他的人,而不必挑起危机、冲突和暴乱。他没有领悟到,时间是不能等待的,友善是不足以成事的,命运是多变的,憎恨是难以收买的。因此,这两人都被毁灭了,这是由于他们不知如何消除或没有能力消除这种嫉妒所致。

另外值得一提的是,卡米卢斯为了保卫罗马而在城内外所做的安排。优秀的历史学家,就像我们的李维一样,把某些事件描述208得极为详细且措辞谨慎,这是为了让后人学会在类似情况下如何保护自己。这段文献让人铭记的是,匆忙决定、毫无章法的防御是最为危险、最为无用的。这从卡米卢斯为了守卫城市而征召的第三支军队就可以看出来。无论是现在还是将来,许多人都可能会认为,此项决定是没有必要的,因为罗马人通常都持有武器,且极为好战,因此没有必要把他们征召入伍,在必要时把他们武装起来就可以了。但是,卡米卢斯却不这么认为,而且任何和他一样明智的人都会赞成他这么做。武装民众必须有组织、有计划,绝不应允许他们自己武装自己。因此,任何负责城市防务的人都应从此例中洞悉防务之道,即应像躲避瘟疫一样,避免毫无章法地让民众自己武装自己;首先必须选择和征召那些自己打算武装的人,任命他们的长官,决定他们集合以及开赴的地点;那些没有征召的人,必须命令他们待在自己家里,保卫家园。采取这种策略的城市,在遭受侵犯时很容易自卫;如果不这么做,没有遵循卡米卢斯的事例,那么防务之举措也难以奏效。

第三十一章　强大的共和国和杰出的人，都应持有同样的观点，即无论发生什么，绝不应丧失其尊严

我们的历史学家为了展示一个杰出之人应有的行为，讲述了卡米卢斯一些高尚的言行，其中一例，就是他借卡米卢斯之口说："独裁官之位并没有让我自傲，流放也没有使我气馁。"㉗由此可见，伟人面对任何事情都会处变不惊，即使命运多变，一会把他们抬高到无以复加的地步，一会又给予其重创，但他们始终镇静自若，决心依旧，从未改变自己的行事作风，使每个人很容易看到，命运对他无能为力。弱者的行为就不同了，交运时，就会变得自负又自大，把他们所得到的好处，全都看做是他们不曾拥有的杰出德行的赏赐。因此，他们变得使身边的人都无法忍受和憎恨。这使他们的命运发生突变，一旦厄运临头，他们相反的恶习立显，变得懦弱而自卑。有如此软弱性格的君主，在时局艰难时宁愿逃跑也不愿自卫，是因为他们滥用了那时期的好运，没有为防卫做好准备。

209

我刚才所谈的个人身上的这种坚强性格的德行与软弱性格的恶行，也存在于共和国中。以罗马人和威尼斯人为例。就前者而言，厄运从未让他们丧失斗志，好运也从未使他们过于自信，这从他们坎尼之役的失败和战胜安提奥科斯以后的行为中明显可见。尽管那次战败之后，形势已极为不妙，因为这是他们第三次战败了㉘，他们也绝没有气馁，仍然派军队奔赴战场，他们拒绝赎回俘虏，这与他们的传统做法相违背；他们也没有派遣密使到汉尼拔或

㉗ Livy, bk. 6, ch. 7.

㉘ 紧接着是公元前218年的提基努斯河(Ticinus)会战，以及于公元前217年的特拉西美诺湖之战。

迦太基人那里求和，而是对所有这些卑躬屈膝的策略置之不理，一门心思去战斗，兵力不足，那就把老人和奴隶征召入伍。当迦太基人汉诺听到这事后，就像上文所提到的那样，他向迦太基元老院指出，他们在坎尼战役中的收获微乎其微。可见，无论时局有多艰难他们都不会气馁，也不会自暴自弃。

另一方面，好运也不会使他们过于自信。安提奥库斯在他即将输掉战争之前派使者到西庇阿那儿祈求和平。[29] 西庇阿提出了讲和的条件，即他们必须撤回叙利亚，其他一切尚未解决的事情都交由罗马人来决定。安提奥库斯拒绝了这些条件，同罗马人开战并被打败。他又派遣使者到西庇阿那儿，授权他们接受战胜方所提出的任何条件。西庇阿所提出的条件就是其战前所提出的条件，仅补充了这样一些话："罗马人，如果战败，绝不会丧失信心；如果战胜，也不会骄横无礼。"[30]

210 威尼斯人的例子与此相反。在事事顺遂时，他们认为其所获是由于他们事实上并不具备的杰出德行所致，于是他们变得极为狂妄自大，以致竟把法国的国王称为圣马克之子[31]；也不尊敬教会；他们的野心已不仅仅是控制意大利，竟妄想创建一个像那样的帝国。后来，他们背运时，在维纳被法国国王部分地击败后，他们不但因人民的叛乱而失去了整个国家，而且还屈辱地把大部分的领土割让给教皇和西班牙。[32] 他们变得如此自卑，以致派使者去觐见皇帝，表示甘愿向他称臣；他们也奴颜婢膝地给教皇写信，以期获得他的怜悯。他们在 4 天之内，仅在部分失败后，他们就变得这么凄惨，因为当他们的军队在战斗以及战败后撤退时，仅约有一半的兵力被打垮。

---

[29] Livy, bk. 37, chs. 35-45，时间是公元前 190 年。

[30] 此引语是虚构的，最有可能出自，Livy, bk. 37, ch. 45。

[31] 圣马克(St. Mark)是威尼斯的守护神。

[32] 于 1509 年。

然而,有多达2.5万名步兵和骑兵由一个逃出来的将领带领着来到了维罗纳。假如威尼斯人和他们的制度稍微具备一些高尚的德行,他们也能重整旗鼓,经受命运的考验。他们仍有时间来赢得胜利,即使不能取胜,也要虽败犹荣,或者获得更为体面的合约。但他们由其制度的品性所导致的懦弱精神,难以符合战时要求,以致他们在输掉一次后,便丧失了他们的领土和自信。

任何与他们那样行事的人,迟早会有这样的下场。因为好运时自大轻狂,厄运时卑鄙下贱,是你的行事习惯和所受的教育所致。如果你所接受的教育理念是荒谬的、软弱的,那么你也会如此;如果它不是这样,那么你也会有不同的命运。它若让你对世事有更为高尚的认识,那么你就不会在身处顺境时而轻狂,身处逆境时而气馁。就个人来说,这是极为确切的,就生活在同一国家里的民众来说亦是如此,因为他们的品性来自于他们的社会行为习惯。

我早先说过,所有国家都要依靠一支优良的军队,缺了它,就不要奢望有良好的法律或其他任何好事,我认为重复这一点并不多余。因为在阅读这部史书时,处处可见这种基础的重要性。我们看到,军队如果没有经常训练,就不会成为优秀的军队;而如果不是由自己的臣民所组建的军队,也不可能让它经常训练。国家不可能总有战事,如果那样,它们也难以维持很久,因此必须在和平时期训练他们,而由于训练的花销过于昂贵,除了臣民之外,对其他人是无法加以训练的。

211

上文说过,卡米卢斯曾率军对抗托斯卡纳人,当他的士兵看到敌人的阵容后,都吓坏了,因为对方人数如此庞大,他们难以抵挡住敌人的进攻。卡米卢斯听到这种士气低落的声音后,他走了出去,在军营里边走,边与士兵闲聊,让他们抒发自己的恐惧。最终,没有调整其所做的任何部署,他说:“让每个人去做他知道如何做的事,他习惯于做的事。”[33]仔细斟酌其言辞,以及鼓励士兵勇敢面对敌人的方式,就会认识到,要不是对这样一支没有事先在和平时期和战争时期组织起来加以训练的军队,是不能这样说或利用这种策略的。因为将领不会信任一无所知的士兵,也不会期望他们会有什么英勇的表现;即便再有一个汉尼拔统领他们,他们也会被击败。因为一旦开战,将领就不可能无处不在,所以,除非他事先确保全军了解其战略部署,让士兵熟悉其行事方式,否则必败无疑。

如果一个城邦像罗马那样来武装和组织自己,让公民无论在个人事物还是在公共事物中,每天都有机会来磨砺他们自身的德行和命运的力量,那结果一定如此,即无论面对什么,他们都会保持同样的信念,毫不动摇地捍卫自己的尊严。但是,如果他们不愿武装自己,不依靠自己的力量,而只等命运的光顾,那么他们的性情也会随命运的变化而变化,其表现难免会和威尼斯人一样。

212

第三十四章　人民支持某个公民时,传闻、言辞和民意所发挥的作用;以及人民在任命政府官员时,是否比君主更英明

早先我们讨论了提图斯·曼利乌斯,后来被称之为托克图斯,如何成功地挽救了他的父亲路西斯·曼利乌斯免遭护民官马库斯·庞波尼乌斯对其的指控[34];尽管他挽救的方式有些暴力且不合乎常规,然而,他对父亲的孝敬却受到了民众的极力称赞,以致他不仅没有因这种行为受到指责,而且当他们选举军团的护民官时,让提图斯·曼利乌斯位列第二席。这一成就促使我们思考,人民在授予公职时是如何判断一个人的,由此能够检测上面所提出的

---

[33] Livy, bk. 7, ch. 6.

[34] *Discourses*, bk. 1, ch. 11; bk. 3, ch. 22.

结论是否正确,即人民在任命官员时比君主有更佳的判断力。

以我之见,人民在决定是否任命某人时,并不仅仅基于有关他的传闻和流言蜚语。如果他们没有事关他本人行为的足够的信息,才会依据对他的先入之见或民意来决定。这种先入之见是基于他们对候选人的父亲的了解。假如后者是一个伟人,在公共事务中取得了很多的成就,人民就会相信儿子跟他差不多,至少要到儿子的行为证明了事实并非如此为止;民意立基于候选人自身的行事风格。其最好的办法就是结交那些行事严谨、品行端庄、众人皆视为明智的人。因为一个人是何种类型的人从其交友中最能显示出来,与优秀的人交友,理应获得好名声,因为他不可能不与所交往的朋友有相似的一面。再者,公众声誉也可以通过你本人所做的一些非比寻常的、引人注目的事情而获得,哪怕是私人行为,也能为你赢得荣誉。

在从事公务之前,这三种能带来好名声的事情中,最能产生影响的莫过于最后一种了。第一种办法,即靠的是你的父亲和亲属的品性,这需要人们对之有更多的认识,如果候选人自身的品行被证明与其不符,那就难以为继了。第二种办法,即依靠你的朋友来判断,虽好于第一种,但比第三种就差远了,因为只要对你的判断并不是立基于你自己所做的一些事情,你的名声就只是建立在一种先入之见上,而这很容易被证明是错误的。但第三种办法,是以你自己的功绩和行为为基础,一开始就让你获得了极为牢靠的名声,以致你需要做很多与之相悖的事情,你才能消除它。因此,在一个共和国出生的人应该采用这种办法,尽力依一些杰出的成就来引起公众的注意。很多罗马人在年轻时就是这么做的,或是提出一项能增进公益的法案,或是指控一些卓越的公民违背法律,或是做出一些肯定会引起广泛议论的新颖而显著的事。

213

这种行为不仅在开始博取名声时是必要的,而且在保有并强化这种名声时也是必要的。若想做到这一点，就必须像提图斯·曼利乌斯那样自始至终在缔造新的奇迹。他保护自己父亲的举动是如此成功、如此引人注目，因而获得了起初的名声；几年后，他与那个法兰克人交战并杀死了他，从他那儿获得了金项链，从而为自己赢得了"托斯卡纳"之名[35]；他并没有止步不前，在其中年时，他又把没有准许就参战的儿子处死，尽管他打败了敌人。这三个史迹在当时给他带来了巨大的声誉，并在以后数百年里更让他声誉远扬，比他的任何凯旋和胜利为他带来的声誉都多，尽管其他罗马人与他一样取得了很多的成就。原因在于，其他人尽管与曼利乌斯一样打了很多胜仗，但在这些特殊的史迹方面，无人或很少有人能够与他相媲美。

老西庇阿在其所有的胜仗中所赢得的荣誉都没有以下事迹赢得多，在年轻时，他就在提契诺河之役中保护了他的父亲；在坎尼战役失败后，他手持利刃，声色俱厉地迫使许多年轻人发誓，像他们早先所做的那样，绝不放弃意大利。这两个史迹是他获得名声的开始，为他在西班牙和非洲的胜利铺平了道路。在西班牙，他把女儿归还给父亲，妻子归还给丈夫，这进一步提高了他的公众声望。[36]

214

此类行为，不仅对那些想在共和国中获得名气以便赢得荣誉的公民来说是必要的，而且对于想要保持国内威望的君主来说也很有必要，因为君主赢得尊敬的最佳方式，莫过于其言行举止，虽不合常规但能促进民众利益，堪称楷模，而这种言行可以彰显出君主的坦荡、宽厚和公正，以致在其臣民中成为这种品性的代名词。

回到本章开始的话题，我认为，当人民最初任命某个公民担任官职时，如果依据上述三个因素中的一个，是颇为妥当的。但后

㉟ 即佩戴金项链的人。

㊱ Livy, bk. 26, ch. 50.

来,当他因为一些良好的行为而使其更为有名时,他们的依据就更为可靠了,因为在这样的情况下他们很少犯错。然而,我只想谈论最初任命人们官职的情况,是在人们通过他们的许多行为了解了其品性,或他们有能力做值得敬佩的事之前。在这种情况下,人民总是比君主具备更佳的判断力,因为他们更不容易受到误导,也更少受到腐败。

当然,公众可能被一个人的名气、声誉和史迹所误导,因而可能对他的评价要高于其实际。而君主就可以避免这种差错,因为他的谋士会提醒他;鉴于此,明智的共和国创立者也应确保人民有其自己的谋士。他们下令,在任命城邦的最高官员时,让不称职的人当选是很危险的。因此,任何公民如果相信民众意见会产生这样的人,他就有权在公民大会上公布这个人的缺点,以便人民在充分了解他的基础上作出更好的判断。这样一种引导民众意见走向的方式,应被视为是一种高尚的行为。

罗马采用这种做法,从法比乌斯·马克西姆斯在第二次布匿战争期间对民众的演说中可寻其端倪。当在选举执政官时,民众赞成任命提图斯·奥塔希利乌斯。法比乌斯认为在这样的形势下他不能胜任执政官的工作,便公开声明反对他,指出了他的缺点。[37] 215 由此,他制止了对他的选任,并确保了人民选举那个更为称职的人。因此,在民众选举官员时,是根据他们所掌握的某个人的最为可信的表现作出决定的,当他们能够像君主一样获得建议时,他们就会比君主更少犯错;任何想获得民众善意的公民,都应像提图斯·曼利乌斯那样,做某些引人瞩目的事情来赢得它。

---

[37] Livy, bk. 24, ch. 8; 时间是公元前215年。

第四十一章　保卫祖国应不计荣辱，不择手段

上文说过，执政官和罗马军队被萨谟奈人围困，他们向罗马人提出了极为耻辱的投降条件，要他们套上轭门[38]，解除武装后返回罗马。执政官对此大为震惊，整个军队也陷入绝望。这时罗马的大使路西乌斯·伦图卢斯却说，依他之见，只要能拯救祖国，什么条件都应答应；罗马的存亡与这支军队休戚相关，所以他认为，应采取任何必要的措施来保住这支军队；挽救祖国就应不择手段，不计荣辱。因为，军队保住了，罗马就有机会一雪前耻；而如果军队没了，即便死得壮烈，罗马和其政治自由也注定会毁灭。他的建议得到了采纳。[39]

这个事例应为任何想为自己的国家提出谏言的公民所关注和效仿。对那些只关注祖国安危的人来说，绝不应关心其行为是正义还是不正义，是仁慈还是残忍，是令人钦佩还是为人不齿。应把所有这些顾虑置之脑后，倾其全力把最有可能挽救祖国维持自由的策略贯彻下去。法国人在捍卫国王的威严和王国的权力时，其言行显示其深谙其中之道。因为，他们没有任何人耐心倾听这样的说辞："这种建议有辱国王的尊严。"他们认为，国王无论做什么，不管其最终成功与否，都不会使其蒙羞，因为无论有没有收获，那都是国事。

216

---

[38] 一种羞辱仪式的形式。

[39] Livy, bk. 9, ch. 4, 时间是公元前 321 年。

第四十三章　特定地域的人群，其相同的天性历经数百年而几乎不变

智者常言，要想预知未来，就应看看过去。这并非一点道理也没有，因为世间所发生的事情，无论何时何地，在古代都有其对应的现象。个中缘由在于，人是事情的主导，而人类之情感总是相同的，故他们的情感不可避免地会导致相同的结果，其行事方式也会始终如一。诚然，他们的表现会因地域而变，在一地会比另一地更有德行，又在另一地会更成功，这取决于塑造他们生活方式的教养。认识到一个民族长期保持着相同的生活习惯，或吝啬成性，或一贯不诚实，或有其他类似的恶习或德行，就不难依据其过去，预知其未来。

读读我们佛罗伦萨城市的历史，再想想最近几年所发生的那些事，就会发现日耳曼人和法国人中充斥着贪婪、傲慢、残暴和不讲信用，因为我们的城市在不同时代都遭受了这四种习性的极大伤害。就不讲信用而言，人人都知道，我们经常给国王查尔斯八世送钱，作为回报，他承诺把比萨要塞归还给我们，然而他始终没有兑现。[40] 这种举止，显示了这个国王是多么的不守信、多么的贪婪啊！但还是让我们先把这些记忆犹新的伤害放在一边吧。

众人皆知，佛罗伦萨人和米兰大公维斯孔蒂家族交战期间所发生的事。佛罗伦萨人在无计可施的情况下，便打算说服法王进军意大利，以攻打伦巴第。他们恭维道，他的声望会和他的军队一样令人生畏。法王承诺率一支大军前来攻打维斯孔蒂家族，保护佛罗伦萨免受敌军侵犯，条件是佛罗伦萨要给他 10 万达克特招募

---

[40] 1494 年。

军队,他到达意大利后再付 10 万达克特。佛罗伦萨人接受了这些条件并分期支付了这两笔款项。但他到了维罗纳后,什么事也没做就回去了,还抱怨说,他不得不停止进攻,是因为佛罗伦萨人没有满足他们之间的协议。[41]

佛罗伦萨人是受形势所迫或囿于情感而不得不如此做的,但如果他们研究和了解了那些蛮族的古老习性,他们也不会再三为其所骗。因为那些蛮族总是如此,无论他们在哪里,无论与何人打交道,他们都施展同样的伎俩。在古代,他们对托斯卡纳人就是如此。托斯卡纳人正遭受罗马人的压迫,因为他们在多次被罗马人击败后,已处于全面溃败的境地。他们意识到,仅依靠自己的势力难以抵抗罗马军团的进攻,于是,他们便与阿尔卑斯山南侧的居住在意大利的法兰克人达成协议,给他们一些钱,他们则承诺加入到托斯卡纳的军队,一起抗击罗马人。随后所发生的事情是,法兰克人拿到钱后,却并不想为托斯卡纳人而战,他们说,拿这笔钱不是为了与托斯卡纳人的敌人交战,而是为了不去托斯卡纳的领土上劫掠。[42] 就这样,由于法兰克人的贪婪和不守信用,托斯卡纳人既被剥夺了钱财,同时又失去了他们打算从法兰克人那里得到的援助。因此,从古代托斯卡纳人的这个事例以及最近佛罗伦萨人的那个案件中可以看出,法兰克人总是采用一贯的伎俩,由此也不难推测出,君主应对他们保有多大的信任。

---

[41] 1401 年。

[42] 公元前 300 年。

索　　引

（索引中出现的页码为原书页码，即本书边码）

Acheans, the, 阿契亚人,11.

Achilles,阿克琉斯,47, 54.

Aedui, the, 埃杜维人,165.

Aeneas,埃涅阿斯,85, 87.

Aequi, the, 埃魁人,120, 162, 164.

Aetolians, the, 埃托利亚人,10, 11, 69, 165.

Agathocles, tyrant of Syracuse, (317-289 B. C.), 叙拉古的暴君阿加托克雷, xxi, xxii, xxvi, xxxvi, 28, 30.

Agesilaus II, King of Sparta (398-360 B. C.), 斯巴达的国王阿格西劳斯二世,111.

Agis IV, King of Sparta (244-240 B. C.), 斯巴达国王阿基斯四世, xxii, 109.

Alba, 阿尔巴,19, 171—172.

Albinus,阿尔皮诺,61.

Alexander: Severus, Emperor (222-235), 亚历山大·塞韦罗皇帝, 59, 60, 62- 63; VI, Pope (1492-97), 亚历山大六世教皇, xv, 12—14, 22—23, 25—26, 29, 36—37, 54; the Great (356-323 B. C.), 亚历山大大帝 14, 16, 45, 47, 50, 85—87, 131, 155, 185—186.

Alexandria, 亚历山大城, 61, 79, 85, 87.

Annius Setinus, 安尼乌斯·萨特乌斯,173.

Antiochus the Great, war with (192-190), 与之交战的是安提奥科斯大帝,11, 69, 163—164, 209.

Antoninus, Emperor(138-161), 安东尼乌斯皇帝,111; see also Caracalla. 也见卡拉卡拉。

Antonius Primus, 安东尼·普瑞穆斯,134.

Apollonides, 阿波洛尼厄斯,173.

Appius: Claudius, 阿皮乌斯·克劳多斯,139; Herdonius, 阿皮乌斯·厄尔多尼乌斯, 120.

Aquileia, 阿奎莱亚,62.

Aragon，阿拉贡，134.

Ardea，阿尔代亚，187，189.

Ardinghelli，papal secretary，教皇的秘书阿尔丁杰里，4.

Arezzo，battle of（1502），阿雷佐战役，88.

Arno，阿尔诺，xii，xxxiii，85.

Aruns，阿伦斯，104.

Athens，雅典，17，84，91，148，157，167，171.

Augustus，Emperor（27B. C.-A. D. 14），奥古斯都皇帝，85.

Austria，奥地利，xiv.

Austria，Duke of，奥地利大公，180—181.

Bacon，Francis，弗朗西斯·培根，xxxvi，xxxvii.

Ballioni：family of，巴利奥尼家族，26；Giovampaglo，tyrant of Perugia，乔旺帕格罗·巴利奥尼，佩鲁贾的专制者，132.

Barbaro，Ermolao，阿莫烙·巴巴罗，xiv.

Bartolomero of Bergamo，贝尔加莫的巴尔托洛梅奥，41.

Bene，Tommaso del，托马索·德·贝尼，2.

Bentivoglio：Annibale，安尼巴莱·本蒂沃利，57；Ercole，厄尔科勒·本蒂沃利，148；family of，本蒂沃利家族，57，66，132；Giovanni，乔万尼·本蒂沃利，12，57—58，76.

Bertini，Pagolo，帕高洛·贝特尼，4.

Bologna，博洛尼亚，xii，23，37，57—58，66，76，79，132.

Borgia，Cesare，恺撒·博尔吉亚，xv，xvi，xxi，xxii，xxxiii，xxxv，xxxvi，14，22，24—27，30，37，43，51，66—67.

Borgo，Ciriaco dal，西里亚科·德·博格，178.

Braccio，Andrea，布拉齐奥，40—41.

Brunelleschi，Filippo，布鲁内莱斯基，xii，xxxiii.

Brutus：Lucius Junius，Rome's first consul，路奇乌斯·尤尼乌斯·布鲁图斯，罗马的第一任执政官，xxxv，122，124—125，191，193—195；Marcus Junius，tyrannicide，马库斯·尤尼乌斯·布鲁图斯，xi，111，125，194.

Buondelmonti，Zanobi，扎诺比·布昂德尔蒙蒂，xxiv，xxv，81.

Bussone，Francesco，Count of Carmagnola，卡尔马尼奥拉伯爵弗朗西斯科·布索尼，40.

Caesar，Julius（d. 44B. C.），尤里乌斯·恺撒，xxii，xxvi，xxx，47，50，61，111—113，124—125，135，

137,141.

Caligula, Emperor (37-41), 卡里古拉皇帝, 112.

Camerino, 卡梅里诺,12.

Camertini, the, 卡默林人,165.

Camillus, Marcus Furius (fl. 396-365B. C)福里乌斯 ·卡米卢斯 105,117,119,135,150,187—190,196,204,206—208,211.

Cannae, battle of (216B. C.),坎尼战役,114,147,184,209,213.

Capitol, the, 朱庇特神庙,105,113,120,188—189.

Capua, 卡普阿, 17, 79, 97, 164, 182—184.

Caracalla, Antoninus, Emperor (211-217),安托尼诺·卡拉卡拉皇帝, 59—61, 63.

Caravaggio, battle of (1448), 卡拉瓦焦战役, 39.

Carthage, 迦太基, 17,28,184,186, 209.

Casavecchia, Filippo, 菲利波·卡萨维吉亚,1,3,4.

Cassius,Spurius, 斯普利乌斯·卡修斯,196.

Castracani, Castruccio of Lucca (1281-1328), 卡斯特拉卡尼,xxvi,xxvii, xxviii.

Catiline, 喀提林,xxii, 111.

Cato the Elder (234-149B. C.), 老加图,135,192.

Cato the Younger (95-46B. C.), 小加图,192.

Cesena, 切泽那,24.

Charlemagne (742-814), 查理曼大帝,118.

Charles VII (1422-61) King of France, 法王查尔斯七世,44—45.

Charles VIII, King of France (1483-98),法王查尔斯八世, xiv, 11, 12,36,38,42,178,216.

Chiron, 54.

Christianity, 基督教, xi, xii, xxix, xli, 83,117,131,168—169,192—193.

Cicero, Marcus Tullius (106-43 B. C.), 马库斯·图里乌斯·西塞罗,xxix, xxxiv, 95.

Cincinnatus, Titus Quintius, 提图斯·昆克提乌斯·辛辛那图斯,144.

Clearchus, tyrant of Heraclea (365-353B. C.), 赫拉克利亚的暴君科里尔库斯,123.

Cleitus, 克利图斯,155.

Clement VII, Pope, 主教克莱门特七世,see Medici, Giulio de', 见朱利奥·德·梅蒂奇。

Cleomenes III, King of Sparta (237-221B. C.), 斯巴达国王克列欧美涅斯三世, xxii, 109—110, 129.

Clusium，丘西，104.

Cocles，Horatius，赫拉提乌斯·科柯卢斯，192.

Colonna，family of，科隆内家族，22—23，36—37.

Columbus，哥伦布，xiii.

Commodus，Emperor（180-192），科姆多皇帝，59—61，63.

Conio，Alberigo of，科尼奥的阿尔贝里戈，41.

Constantinople，君士坦丁堡，43.

Corcyra，科西拉，167.

Coriolanus，科里奥拉努斯，102—103，135.

Cornelius，Servius，塞尔维乌斯·科涅利乌斯，206.

Corvinus，Valerius，瓦勒里乌斯·科维努斯，200，202—204.

Cyrus，King of the Persia（559-529 B. C.），波斯国王居鲁士，18—20，47，50，77，202—203.

d'Alviano，Bartolommeo，巴特罗梅奥·达尔维亚诺，148.

d'Amboise，George，archbishop of Rouen，Cardinal（1498），罗阿诺的大主教乔治·维尔，14，27.

Dante，xxxiv，但丁，2，3，116，146.

Darius I，King of Persia（521-485 B. C.），波斯国王大流士一世，21.

Darius II，King of Persia（336-330 B. C.），波斯国王大流士二世，14.

Darius III，King of Persia（336-330 B. C.），波斯国王大流士三世，16.

David，大卫，44，131.

Decemviri，the，十人团，139—140，155.

Decius Mus：the Elder，老德希乌斯，175—176，192；the Younger，小德希乌斯。192.

Deinocrates，德诺科拉特，86.

Delos，提洛，117.

Duke of Ferrara（1471-1505），费拉拉公爵 7，12.

Diogenes Laertius，第欧根尼·拉尔修，xxvii.

Dion of Syracuse（d. 354），叙拉古的狄翁，111，124.

Dionysius I，tyrant of Syracuse（405-367 B. C.），叙拉古的暴君狄奥尼修斯一世，111.

Dominic，Saint，圣多明我，192.

Egypt，埃及，19，62—63，77，86，154，160.

Empire，the Holy Roman，神圣罗马帝国，41，180.

Epaminondas，埃帕米农达斯，39，126，130.

Euffreducci, Oliverotto, 利韦罗托 xxi, xxii, 29, 30.

Eumenes, the, 欧迈尼斯,65.

Fabius: Maximus Cunctator, 法比乌斯·马克西姆斯 53, 147—148, 198—200, 214; Maximus Rullianus, 191; Vibulanus, Quintus, 昆图斯,139.

Fabricius, C. Luscinus, 法伯里希乌斯,192.

Faeza, 法恩扎,12, 22-23.

Ferdinand, King of Spain (1474-1516), 西班牙国王费迪南德 xv, xviii, xx, 13, 14, 25, 42, 50, 55, 67, 70, 76, 134, 185—186, 210.

Fermo, 费尔莫,29, 30.

Ferrante, Gonsalvo (1453-1515), 冈萨尔沃·费兰特, 134.

Ferrara, 费拉拉,36, 42—43。

Florence: constitution of, 佛罗伦萨的制度, xiv, xvii, xix, xx, xxiv, xxxii, 33, 88, 103—104, 106—107, 143—144, 186; foreign policy of, 佛罗伦萨的外交政策, xv, xx, 12, 26, 36, 69, 148, 174—175, 178, 185—186, 216—217; founding of, 佛罗伦萨的创立,85, 143; military forces of, 佛罗伦萨的国民军, xiv, vvi, 40, 43, 107, 178; 佛罗伦萨的地域, territories of, xii, xiv, 17, 43, 51, 152, 181, 185。

Fogliani, Giovanni, 乔万尼·弗利西尼,29, 30.

Foix, 富瓦, 177.

Forlì, 弗利, 43.

Forlì, Countess Caterina Sforza of, 弗利的卡特琳娜·丝佛札伯爵夫人, xxx, 12, 67.

Fortune, 命运, xxv, xxix, xxx, xxxi, xxxvi, 1, 6, 9, 19, 21—23, 27, 45, 55, 65, 69, 74—78, 91—92, 112, 115, 133, 148, 156, 159, 161—165, 187—189, 207—211

France: constitution of, 法国的宪政, xxxi, 15, 16, 58, 123—124, 154, 193, 215; military forces of, 法国的军队, 44—45, 79, 130, 177; territories of, 法国的地域, 8; see also Louis. 也见, 路易斯。

Francis: I, King of France (1515-1547), 法国的国王弗朗西斯一世, xix; Saint, 圣方济各, 192.

Fribourg, 弗里堡人, 180.

Fulvius, Marcus, 马库斯·福尔弗斯,96.

Gaeta, 加埃塔,25.

Gaius Caligula, 盖尤斯·卡里古拉, 124.

Galba, Emperor (68-69), 加尔巴皇帝,112.

Gauls, the, 高卢人,104, 105, 162—164, 187—188, 190—191, 217.

Genoa, 热那亚,12, 79.

German republics, 德意志共和国, 151.

Germany, 德国人,34, 75, 151, 160, 180—181.

Geta, 盖塔,1.

Ghibellines, 吉伯林,xxxii, 65.

Giacomini, Antonio, 安东尼奥·贾柯米尼, 148.

Ginori, Filippo 菲利普·吉尼奥尼, 2.

Giovanna II, Queen of Naples (1414-1435),那不勒斯女王焦万娜二世, 39.

Goliath, 歌利亚,44.

Gonzaga, Francesco II, Marquis of Mantua, 曼图瓦侯爵弗朗西斯科·宫二世,12.

Goths, the, 哥特人,45.

Gracchi, the brothers, 格拉古兄弟, 33, 94, 97.

Granada, 格拉纳达,67.

Greece, 希腊, xiii, 9—11, 16—17, 21, 33, 43, 69, 100, 127, 131, 148, 160, 165, 167—168, 172.

Guelfs, 格尔夫,xxxii, 65.

Guicciardini: Antonio, 安东尼奥·圭恰迪尼, 2; Batista, 巴提斯塔·圭恰迪尼, 2; Francesco, 弗朗西斯科·圭恰迪尼, xxxvi; Giovanni, 乔万尼·圭恰迪尼, 107.

Hadrian, Emperor (117-138), 哈德良皇帝,111.

Hamilcar, 阿米乌卡雷,28.

Hannibal, 汉尼拔, 52—53, 114, 147, 170, 182, 184, 186, 198—200, 202, 209, 211.

Hanno, 汉诺,185, 209.

Hasdrubal, 哈斯德鲁巴,186.

Hawkwood, John, 琼·奥库特, 40.

Heliogabulus, Emperor (218-222), 埃利奥加巴洛皇帝,59, 62,.

Henry VIII, King of England, 英格兰国王亨利八世,130.

Heraclea, 赫拉克利亚,123.

Hernici, the, 赫尔尼基人,196, 205, 206.

Herod, 希律,155.

Hiero II, King of Syracuse (217-215B. C.), 叙拉古国王锡耶罗二世,154, 167, 173.

Horatius Pulvillus, 赫拉提乌斯,206.

Imola, 伊莫拉,43.

Israel,以色列人,19, 77.

Julian, Emperor (193), 尤利西诺皇帝,59, 60, 62.

Julius II, Pope (1503-1513), 教皇尤里乌斯二世, xv, 7, 26—27, 37, 42—43, 49, 70, 76, 132, 199, 210.

Juno, 朱诺,117

Jupiter Ammon, 朱庇特·阿蒙,117

Juvenal, 尤维纳利斯, 182

Lacedaemonia, 拉克戴蒙人,130.

Latins, the, 拉丁人, 162, 172, 174—175, 203, 205—206.

Lavinians, the, 拉维尼人,174

Lentulus, Lucius, 路西乌斯·伦图卢斯,215.

Leo X, Pope, 教皇利奥十世, see Medici, Giovanni de'.

Ligurians, the, 利古里亚人,163.

Lipari,利帕里, 205

Livy, 李维,xii, xxxiv, xxxvii, 82, 84, 87, 102, 104, 117, 119—120, 140, 154, 162, 169—170, 172, 174—176, 182—183, 187—188, 190, 193, 197, 200, 202, 205—207.

Locri, 洛克里人, 53.

Lombards, the, 隆格巴德,118.

Lombardy, 伦巴第,12—14, 40, 70, 77, 104, 152, 163, 166, 181, 216.

Louis: XI, King of France (1461-1483),法国国王路易斯十一世, 44; XII, King of France (1498-1515), 法国国王路易斯十二世, xv, xviii, 8, 11—14, 23—25, 27, 36—37, 42, 44, 50, 69, 76, 118, 130, 134, 174—175, 186, 210.

Luca [Rainaldi], 卢卡,72.

Lucca, 卢卡, xxvi, xxvii, xxxiii, 12, 26, 107, 152.

Lucretius, 卢克莱修,xii.

Lucullus, L. Licinius, 卡库卢斯, 179.

Lycurgus, 利库尔戈斯,88, 91, 99, 109, 115, 171.

Macedon, 马其顿, 11, 82, 131, 163, 164.

Macedonians, the, 马其顿人,109.

Machiavelli, Giovanni, 乔瓦尼·马基雅维里, 2

Macrinus, Emperor (217-218), 马克里诺皇帝,59, 62.

Mamelukes, the, 马默卢可人,86.

Mamercus, Tiberius Aemilius, 马默尔库斯,142.

Mamertini, the, 马麦丁人,165.

Manlius: Lucius Manlius Capitolinus Imperiosus, father of Titus, 路西乌斯·曼利乌斯,提图斯的父亲,

114, 212; Marcus Manlius Capitolinus, 马库斯·曼利乌斯·卡皮托利努斯, 105, 107, 154—155, 191, 196—198; Titus Manlius Torquatus, son of Lucius, 提图斯·曼利乌斯·托克图斯,路西乌斯的儿子,114, 175—176, 191, 200—204, 212—213, 215.

Mantua, Marquis of, 曼图瓦侯爵。

Marcus Aurelius, Emperor (161-180), 马库斯·奥勒流皇帝,59, 62—63, 111—112.

Mariamne, 马丽安妮,155.

Marignano, battle of (1515), 马里尼亚诺战役,xix.

Marius, Gaius, 盖尤斯·马略,96, 125, 197.

Marranos, the, 马拉诺人, 68.

Masinissa, the, 马西尼萨,165.

Massilians, the,马西利亚人, 165.

Maximilian, Emperor (1493-1519), 马克西米利安皇帝, 72.

Maximinus, Emperor (235-238), 马克西米诺斯皇帝,59, 60, 62—63, 112.

Medes, the, 米堤亚人,19, 77, 160.

Medici: family of, 梅蒂奇家族, xi, xv-xviii, xx-xxiii, xxv-xxix, xxxii, 4, 185, 195; Giovanni de' (1475-1521), Pope Leo X (1513-1521), 乔万尼·德·梅蒂奇,教皇利奥十世,xi, xv, xviii, 37; Giuliano de' (1479-1516), 朱利亚诺·德·梅蒂奇,xi, xv, xvii-xxi, xxv, xxviii, 3, 4; 朱利奥·德·梅蒂奇,即红衣主教克莱门特七世, Giulio de' (1478-1534), Cardinal (1513-1523), Pope Clement VII (1523-1534), xviii, xix, xxv, xxvii; Lorenzo de' (1492-1519), Duke of Urbino (1516-1519), 洛伦佐·德·梅蒂奇,乌尔比诺的公爵,xv, xvii, xix, xxiv, 5, 205.

Menenius, Marcus, 马库斯·梅内尼乌斯,96.

Mento, Gaius Julius, 格纳乌斯·尤里乌斯·门图斯,144.

Mercenaries, xiv, 雇佣军, 38—45, 64, 140, 182.

Mestre, 梅斯特里,79.

Micheletto,麦克勒托, xvi.

Milan, 米兰,xiv, xviii, xix, xxvii, 6, 8, 12, 22—23, 36, 39, 41, 46, 67, 68, 125, 174, 216.

Milionius, 米洛尼乌斯,174

Militia, 国民军, xvi, 21, 45—46, 86: see also Sparta

Modena,摩德纳, xviii.

Mose, 摩西, 18—20, 77, 85, 109, 207.

Mucianus, 穆西亚努斯,134.

Nabis, tyrant of Sparta (207-192 B. C.), 斯巴达的暴君纳比斯, xxi, 33, 56.

Najemy, John, xvi.

Nantes, 南特, 14.

Naples, 那不勒斯, xiv, xv, xviii, xxi, xxiv, 6, 13, 25, 36, 40, 73, 76—77, 125, 134, 152.

Nero, Emperor (54-68), 尼禄皇帝, 112, 124.

Nerva Emperor (96-98), 涅尔瓦皇帝,111-12.

Nicias, 尼西亚斯,148.

Niger, 尼格罗, 61.

Nola, 诺拉,170—171.

Novara, second battle of (1513), 诺瓦腊战役, 179.

Numa Pompilius, second King of Rome (715-672 B. C.), 努马・庞皮利乌斯, 罗马的第二任国王, 87, 113—115, 142.

Numantia, 努曼齐阿, 17.

Numidia, 努米底亚,186.

Oliverotto of Fermo, 费尔莫的利韦罗托, xxi.

Orco, Remiro d', 雷米罗・德・奥尔科, xxxv, 24.

Orsini: family of, 奥西尼家族, 22—24, 26, 30, 36—37, 43—44; Niccolò, 尼科洛・奥西尼,41; Paolo,保罗・奥西尼, 24.

Otacilius, Titus, 提图斯・奥塔希利乌斯,214.

Ovid, 奥维德,2.

Paganism, 异教徒, xxix, 116, 168.

Panzano, Frosino da, 弗洛西诺・达・潘扎诺, 2.

Papirius Cursor: Lucius, 路西乌斯・帕皮利乌斯・柯尔索, 169, 191; Spurius, the first Papirius, 帕珀利乌斯的第一个儿子斯皮利乌斯・帕皮利乌斯・柯尔索,169.

Parma, 帕尔玛,xviii.

Peloponnesian war, 伯罗奔尼撒战争, 167.

Penula, Marcus Centenius, 马库斯・森特尼乌斯・佩努拉,147.

Persus, King of Macedon (179-168B. C.), 马其顿国王佩尔修斯,82.

Persians, the, 波斯人,19, 77.

Pertinax, Emperor (192-193), 佩尔蒂纳切皇帝,59, 60, 63, 112.

Perugia, 佩鲁贾,24, 25, 132.

Pesaro, 佩扎罗,12.

Petrarch, 彼特拉克,2, 80.

Petrucci, Pandolfo, ruler of Siena (1487-1512), 锡耶纳君主潘多尔夫·彼得鲁奇, 65, 70—71.

Phalaris, tyrant of Agrigentum (570-554B. C.), 阿格里根顿的暴君法拉里斯, 111.

Philip: II, King of Macedon (360-336B. C.), 马其顿的国王菲利普二世, xxii, 39, 45, 131; V, King of Macedon (220-159 B. C.), 马其顿的国王菲利普五世, 11, 73, 164.

Philopoemen, 菲利波门, 47.

Piacenza, 皮亚琴察, xviii.

Piombino, 皮昂比诺, 12, 25.

Pisa, 比萨, xii, xxxiii, 12, 17, 25—26, 40, 43, 64, 148, 163, 178, 216.

Pisistratus, 皮西斯特拉图斯, 91, 157, 167.

Pistoia, 皮斯托亚, 51, 64.

Pitigliano, Count of, see Orsini, Niccolò

Plutarch, 普鲁塔克, 161.

Polybius, 波利比乌斯, xiii.

Pomponius, Marcus, 马库斯·庞波尼乌斯, 114, 212.

Popolonia, 波波罗亚, 163.

Posenna, King of the Tuscans, 土耳其的国王波桑纳, 136, 166.

Prato, battle of (1512), 普拉托战役, xv, 2, 88, 186.

Publicola, Publius, Valerius, 瓦勒利乌斯·普布利科拉, 203.

Pyrrhus, 皮尔胡斯, 16, 163.

Quintius: Lucius, 路西乌斯·昆提乌斯, 206; Titus Quintius Flaminius, 提图斯·昆提乌斯·弗拉米尼乌斯, 73, 120;

Ragusa, 拉古萨, 86.

Ravenna, battle of (1512), 拉韦纳战役, xiii, 43, 79, 177

Reggio, 里吉欧, xviii.

Regulus Attilius, Marcus, 马库斯·雷古路斯·阿提利乌斯, 192.

Religion, 宗教, 28, 36, 68, 83—85, 87—88, 91—96, 100—108, 110—111, 115—118, 124—126, 129, 134—139, 141—148, 150, 152—153, 155, 160, 168, 190, 205: see also Christianity; Paganism; Rome (Church of); Rome (papal state of)

Rhegium, 雷吉尼人, 183

Rimini, 里米尼, 12, 22.

Roberto of San Severino, 圣赛维里诺的鲁贝托, 41.

Romagna, 罗马涅, xv, 12—14, 23—26, 37, 41, 43, 51, 152, 204—205.

Rome：Church of，罗马的教会，41，116—118，193；papal state of，教皇国，12—14，22，36—38，40—41，63，68，77，118—119，132，210.

Romulus，King of Rome（753-715B.C.），罗马国王罗慕路斯，18—20，87，91，108，110，113—115，129，142，190.

Rouen，Cardinal of，see d'Amboise.

Ruberius，Publius，帕珀利乌斯·卢伯乌斯，120.

Rucellai：Cosimo，科西莫·鲁塞莱，xxiv，xxv，81；family，xxv，xxvi.

Saguntines，the，萨贡托人，165.

Sallust，萨卢斯特，141.

Samnites，the，萨谟奈人，130，162—164，166，169，170，183，202，215.

San Vincenti，battle of（1505），圣文森佐战役，148.

Santo Regolo，圣雷格罗，178.

Saul，所罗门，44.

Savonarola，Girolamo（1452-1498），吉罗拉莫·萨伏那罗拉，xiii，20，116，149，207.

Scaevola，Mucius，斯凯沃拉，192.

Scali，Giorgio，乔治·斯卡利，33.

Scipio Africanus Major，P. Cornelius（234-183B.C.），西庇阿，47，53，110，114，135，148，156，191，199，202，209，213.

Selim I，Sultan of Turkey（1515-1520），土耳其的苏丹谢里姆一世，86.

Servilius，Quintus，昆图斯·赛尔维利乌斯，206.

Servius Tullius，King of Rome（578-534B.C.），罗马国王塞尔维乌斯，142.

Severus，Emperor（193-211），塞韦罗皇帝，59-61，63，112.

Sforza：family of，斯福尔扎家族，xxvii，67；Francesco Maria，Duke of Milan（1450-1466），米兰大公弗朗西斯科·马里亚，6，22，39—41，46，67；Ludovico，Duke of Milan（1494-1500），米兰大公卢多维科，xiv，8，69，73，174；Muzio Attendolo（d. 1424），默兹奥·阿特坦杜洛，39.

Shakespeare，莎士比亚，xxxvi.

Sicily，西西里，28，102，114，148，164—165，196，205.

Siena，锡耶纳，xii，12，26，65，71，152.

Sinigallia，massacre of，西尼加利亚惨案，24，30.

Sixtus IV，Pope（1471-1484），教皇

西克斯图斯四世,36.

Soderini: family of, 索德里尼家族, 4; Francesco, Bishop and Cardinal, 弗朗西斯科,红衣主教和主教, 149; Pagolantonio, 帕格兰托尼奥·索德里尼,149; Piero, Gonfaloniere a Vita (1502-1512), 皮耶罗, 终身旗手,xv, xvi, xviii, xxi, 103—104, 194, 199, 207.

Solon, 梭伦,91, 109, 115.

Spain: and Naples, 西班牙和那不勒斯,6; military forces of, 军队, 79, 177; see also Ferdinand. 也见,费迪南德。

Sparta: constitution of, 斯巴达的制度,91, 95-96, 98-100, 109, 129, 154, 172; legislators, 立法者, xxii, 33, 88, 91, 109; militia, 国民军,39, 56, 171; see also, Agesilaus; Lycurgus; Nabis.

Sulla, Lucius Cornelius, dictator (81-79B. C.), 路西乌斯·科尼利乌斯·苏拉,独裁者,85, 197.

Swiss, 瑞士, xiv, xix, 39, 42—44, 79, 118—119, 178, 180—181.

Syphax, 西法兰克斯,186.

Syracuse, 叙拉古, xxi, 20, 21, 28, 44, 82, 124, 154—155, 167, 173.

Syria, 叙利亚,209.

Tacitus, Cornelius,塔西佗·科涅利乌斯, xiii, 133.

Taro, battle of (1495), 塔罗战役, 78.

Tarquins, the, 塔尔昆,92, 93, 109, 121, 124—125, 136, 195.

Tegrimi, Nicolao, 尼可洛·泰格,xxvi, xxvii.

Terentillus, 特伦提卢斯,120—121.

Thebes,底比斯, 17, 39, 100, 126, 130, 171.

Theseus, founder of Athens, 雅典的创建者忒修斯,18—20, 77, 84.

Tibullus 提布卢斯, 2.

Ticinus, battle of (218B. C.),提契诺阿战役, 213.

Tigranes, 提格兰,179.

Timasitheus, ruler of Lipari, 利帕里的君主提马西托斯,205.

Timoleon, ruler of Syracuse (d. 337), 叙拉古的君主提莫勒翁, 111, 124.

Titus, Emperor(79- 81 A. D.),提图斯皇帝,111—112.

Titus Tatius, the Sabine King, 萨宾人的国王提图斯·塔提乌斯,108, 110, 129.

Trajan, Emperor(98-177), 图拉真皇帝,111.

Tullus Hostilius, third king of Rome (672-640B. C.), 图鲁斯·赫斯提

利乌斯,129—131, 142.

Turkey,土耳其, 9, 15, 16, 43, 62—63, 86, 160。

Tuscany, 托斯卡纳,12, 23, 25, 46, 77, 104, 152, 165—166, 181, 205, 217.

Tyre,提尔, 185—186.

Ubaldo, Guido, Duke of Urbino, 乌尔比诺公爵奎多·乌巴尔多, 66.

Urbino, 乌尔比诺,xix, 23—24, 66.

Vailà, battle of (1509), 维拉战役, 41, 65, 79, 210.

Valerius, Publius, 瓦勒里乌斯,200: see also Corvinus, Valerius. 也见瓦勒里乌斯·科维努斯。

Valori, Francesco, 弗朗西斯科·瓦洛里,103.

Varro, 瓦罗,147.

Veii, 韦伊人,117, 119—120, 145, 149—150, 166, 188—189, 205.

Venafro, Antonio of, 弗纳弗罗的安托尼奥,70.

Venice: constitution of, 制度, 95—96, 98—100, 138, 144—145, 153; founding of, 创建, 84, 98; lack of virtue, 缺乏德行, 209—211; order in, 秩序, 204; territories of,地域, xiv, 7, 12, 13, 22—23, 36—37, 39, 40, 65, 69, 76, 100, 118, 146, 181, 185, 210.

Vespasian, Emperor(69-79), 韦斯巴芗皇帝,134.

Vettori: Francesco, 弗朗西斯科·韦托里, xi, xiv-xvi, xviii, xix, xxiv, xxv, xli, 1; Paolo, 保罗, xviii, xix, 1.

Vinci, Leonardo da, 莱昂纳多·达·芬奇,xxxiii.

Virgil, 维吉尔, 51, 130, 149.

Visconti: Bernabò, ruler of Milan (1354-1385), 米兰的君主贝尔纳博·维斯孔蒂 68; family of, dukes of Milan, 216; Filippo Maria, Duke of Milan (1412-1447), 菲利普公爵,39, 125.

Vitelli: family of, 维泰利家族,26, 30, 43—44; Niccolò·维泰利, 尼可洛,66; Paolo,保罗·维泰利, 29.

Vitellius, Emperor (69A. D.), 维特利乌斯皇帝,112, 134.

Vitelli, Vitellozzo, 维泰洛佐·维泰利, 29, 30.

Volsci, the, 沃尔西人,120, 162, 164, 187, 205.

Xenophon, 色诺芬,47, 167, 202—203.